Ferrari'yi Çalan Fil

Şafak Altun

Hayykitap - 440
Bize Söylenmeyenler - 37

Ferrari'yi Çalan Fil
Şafak Altun

Kapak Tasarımı: Latif Çetinkaya
Sayfa Tasarımı: Turgut Kasay

ISBN: 978-975-2477-41-4
1. Baskı: İstanbul, Ekim 2017

Baskı: Yıkılmazlar Basım Yay.
Prom. ve Kağıt San. Tic. Ltd. Şti.
Evren Mah. Gülbahar Cad. No: 62/C
Güneşli - İstanbul
Sertifika No: 11965
Tel: 0212 630 64 73

Hayykitap
Zeytinoğlu Cad. Şehit Erdoğan İban Sk.
No: 36 Akatlar, Beşiktaş 34335 İstanbul
Tel: 0212 352 00 50 Faks: 0212 352 00 51
info@hayykitap.com
www.hayykitap.com
facebook.com/hayykitap
twitter.com/hayykitap
instagram.com/hayykitap
Sertifika No: 12408

Ferrari'yi Çalan Fil

Şafak Altun

Şafak Altun

Şafak Altun ömrünün ilk tokadını, Tokat'ın Niksar ilçesinde yediğinde tarihler 1967 yılını gösteriyordu. Şafak vakti doğduğu için ona babası "Şafak" adını verince, onun bu hayattaki misyonu da belirlenmiş oldu. O bir öğretmen gibi fırından yeni çıkmış taze fikirleriyle etrafını aydınlatacaktı.

1989'da İstanbul Üniversitesi Siyasal Bilgiler Fakültesi'ni bitiren Altun, bilimi ve araştırmayı çok sevdi. Üniversite yıllarında arkadaşlarıyla "N'olcak bu memleketin Hali?" içerikli konuşmaları, tiyatroyu, şiir okumayı ve şarkı söylemeyi çok sevdi. Şakacı kişiliği nedeniyle kısa sürede fakültenin en popüler kişiliklerinden biri olmuştu. Onun bu özellikleri gelecekte ne gibi işler yapacağının da âdeta bir ön habercisi gibiydi. 1990'lı yıllarda bazı TV programlarına skeç ve parodiler yazdı. Ardından da Radyo Mega ve Açık Radyo'ya stand-up programlar yaptı. Artık kariyer basamaklarında hızla yükseliyordu ve karar verme aşamasına gelmişti. Ya bu yolda ilerleyecek mesaj verme kaygısı olan bir mizahçı olacaktı ya da düsturu bilim ve araştırma olan ünlü bir yazar olacaktı. O tabii ki zor olanı seçti. Gazeteci oldu, Nokta, Radikal, TV8, Dünya, CNBC-e gibi yayın kuruluşlarında çalıştı.

Yolsuzluk, toplumun kanayan bir yarasıydı ve "tüyü bitmemiş yetimin hakkı" aranmalıydı. İşte bu nedenle ilk kitabında bu konuyu işledi. "Osmanlı'dan Günümüze Yolsuzluğun 100 Yıllık Tarihi"ni yazdığında röportajlar, TV programları vs. derken artık para ve şöhrete doymuştu. Fakat misyonu gereği artık başka bir konuya daha odaklanması gerekiyordu. İyi de o konu neydi ve ne olmalıydı?

O da sizin gibi bugün hâlâ, yolsuzluktan inovasyona nasıl bir geçiş yaptığını anlamış değildir. Bu sır perdesi gizemini korurken ve siz bu satırları okurken, o bu arada inovasyon üzerine ilk eserini de yazmış oldu. "İnovasyonla Başarıyı Yakalayan Türkler"de Hezarfen Ahmet Çelebi'ye, Mevlana'ya, arabalı vapura ve dolmuşa dikkat çekti. Yenilikçi fikirlerin her toplumda olduğu kadar Türklerin genetiğinde olduğunu iddia etti. Fakat o sıralar aklını içten içe bir soru kemiriyordu: "Madem ki yenilikçi bir milletiz neden geri kalıyoruz ve başarısız oluyoruz?". Çok geçmeden "Başarısızlığa Övgü" de piyasaya çıktı. Ünlü yazar haklı olarak soruyordu: Vecihi Hürkuş başarısız mıydı? Tesla'nın hakkını yediği için Edison, acaba geceleri rahat uyuyabildi mi?

Hayatı sorgulamaya bugün de devam eden Altun, halen CNN Türk'te yarı popüler bilim programı olan "Gündem Özel"in yapımcı-editörlüğünü sürdürüyor. Aynı zamanda üniversitelerde girişimcilik, inovasyon, kriz yönetimi ve görsel medyada seçilmiş konular üzerine dersler vermeye, konferanslarda konuşmaya ve yeni kitaplar yazmaya devam ediyor. İkiz erkek çocukları olan Altun, kefiri evde kendisi yapıyor ve sevgili eşiyle sabahları yürüyüş yapmayı çok seviyor.

***Önemli Not:** Bu kitapla geçen olaylar çoğunlukla doğrudur.*
Kimi olayların üzerinde çok değil, biraz oynanmıştır.
Bazı bölümler, yaşı küçük olanlar için sakınca içerebilir.

İçindekiler

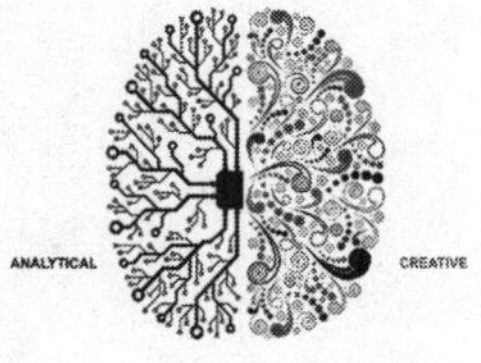

İçindekiler

Birinci Bölüm

[illegible] Zamanda [illegible]? [illegible]

İkinci Bölüm

Fabrika Ay[illegible] Dönemi?

Üçüncü Bölüm

Akıllı [illegible] Mümkün mü? [illegible]

Giriş

Başımıza gelenlerin nedeni bizzat yol açtığımız olaylar mıdır, yoksa hayatımızın akışını olaylar mı değiştirir? Kararlarımızı her zaman özgür irademizle mi alırız yoksa birileri irademizi yönlendiriyor mu?

Hayatımızın büyük bir kısmı ve belki de en önemli bölümü gelişigüzel mutluluklara ve tesadüflere bağlıdır. Yolda yürüyen bir adam köşeyi dönerken pek de acelesi olan bir kadınla çarpışır. Bu ilk temas iz bırakır, birbirlerinden hoşlanırlar aralarında bir ilişki başlar. Derken birkaç yıl sonra evlenirler, çocukları olur. O çocuklardan biri, belki de sizsiniz. O gün o kadın hızla köşeyi dönmeseydi ve o adamla o köşe başında çarpışmasaydı, o ilişki, o evlilik ve sen, belki de hiçbir zaman olmayacaktın. Konuştuğumuz olayın "tesadüf mü, kader mi" olduğu bilinmez ama bu durumun sonuçları binlerce yıl devam edebilir. O tek bir saniye, hayal edilemeyecek kadar uzun bir geleceğe etki edebilir. Birkaç saniyelik gecikme olsa, o çarpışmaya teğet geçseniz, hayatınızın tüm akışının çok daha farklı bir şekilde gelişeceği muhakkaktır. Aynı satranç hamlesi gibi. Farklı bir hamle sizi çok farklı sonuçlara götürebilir. Ya da başka bir deyişle, küçük bir fitilin ateşlenmesiyle birçok hayat değişebilir. Aslında kader çok ilginç bir kavram. Karşılaştığımız bazı durumlarda yaptığımız bazı tercihler hayatlarımızın bir başka yöne doğru akmasına neden oluyor.

Peki, tercihlerimiz nasıl yapıyoruz, bizi kim yönlendiriyor?

Psikoloji bilimine göre, insan algısal olarak cimri davranmayı seviyor, zorda kalmadıkça, kafa yormak yerine kestirmeden gitmeyi tercih ediyor. İnsan fazlasıyla sosyal bir yaratıktır ve bizler çoğunluğa uyum sağlarız. Çevremizdeki insanların ne düşündüğünü iyi biliriz ve beğenilmek isteriz. Grubu bozan kişi olmak istemeyiz dolayısıyla çoğunluğa uyum sağlarız. İnsanların ne söylediğine inanmasak bile yine de çoğunluğa ve onların kararlarına uyarız.

O iyi insanlardan biri tek başınayken yerde yatan birine yardım eder fakat kalabalık bir ortamda bu yardımı ondan esirger. Acaba neden?

Yemek yemek için kalabalık olan restoranı tercih etmişseniz, bir siyasi partinin adayına sırf güzel gülümsediği için oy verdiyseniz, siz de bu durumdasınız demektir çünkü böylesi çok daha kolaydır. İnsanlar karar verme aşamasında başkalarının yolundan gitme eğilimi içindedir. Bir şey satın alacağınız zaman sosyal medyadaki arkadaşlarınızın yazdıklarına bakmamızın temelinde de bu ilke devreye girer. Farkında olalım ya da olmayalım, fazlasıyla dış etkilere açık bir psikolojik altyapımız var.

Her ne kadar insanlar nevi şahsına mahsus kişiliklere sahip olsa da belirli özel şartlar altında aldıkları kararlar ve davranışlar birbirine benzer. İnsanlar genel olarak kötü "etkiler" altındadır. Bu kötü etkiler, öyle bir zaman gelir ki, "iyi insanlara" kötülük yaptırır çünkü insan ruhunda "kötü iyiden daha güçlü"dür. O iyi insanlar, yanlış olduğunu bildikleri halde kötülük yapmaktan geri duramazlar.

Bu çalışmada, hayatımızda sıklıkla karşılaştığımız "etkileri" sizlere aktarmaya çalıştım. Etkileri, etkilere bağlı bazı sendromları, safsataları ve zihnimizin geliştirdiği kısa yolları derledim. Dolayısıyla, "bunları bil, akıllı ol, yanlış karar almana neden olan şeyleri yapma" demek istedim. İpleri kimin nasıl çektiğini fark edersek, en azından karşı koymaya çalışabiliriz çünkü biliyoruz ki, bu bilgiler yanlış bir elde toplandığında kötüye kullanma söz konusu olabilir, bizim zihnimizi kiralamış olabilirler.

Hayatımız bir film sahnesi gibi âdeta. Her şey planlanmış ve yönetmen kimsenin setin dışına çıkmasına izin vermiyor. Oyunun kuralları ve sınırları çok belli. Herkes kendisine biçilen rolü oynamak durumunda. Bu düzende insanı kurallar, ilkeler, etkiler ve algılar yönetiyor. İnsanlar bir piyon gibi âdeta. Alıcı ayarlarıyla oynuyorlar, istedikleri şekilde yönlendiriyorlar.

Hepimiz aslında üzerimizdeki ince etkileme çabalarının yönlendirdiği birer kukla gibiyiz. Günümüz insanı siyasetin, medyanın, reklamların ve daha nice çeşitli manipülasyonların etkisi altında ya yaşıyor ya da yaşamak zorunda bırakılıyor.

Günümüz toplumlarında anlamın karşılığı, bir şeye ne kadar sahip olduğunuz ve o şeyin ne kadar pahalıya mal olduğunda yatıyor. Hiçbir şey üretmeden sürekli tüketen, ilişkilerini online yaşayan, mutsuzluk, depresyon, stres, öfke, gelecek kaygısından kendini bir türlü kurtaramayan, artan rekabet ortamında sadece kendini ve çıkarını koruyan bir anlayıştan söz ediyoruz. Trendlere, tüketim toplumunun pazarlama ve satış taktiklerine o kadar yenik düştük ki, başka türlü yaşamanın mümkün olabileceği fikri bize imkânsız gibi geliyor.

Aslında bir dönüm noktasındayız. Peki artık sizce de, insanı ve doğayı merkeze alan yeni ekonomi politikalarının konuşulduğu günümüzde tüm bunlara "dur" demenin zamanı gelmedi mi? Eşitsizlik, kıtlık ve yoksulluk yaratan büyüme odaklı anlayıştan, insanı merkeze oturtan ve daha küçülmüş bir dünya görüşüne sahip olmanın vakti gelmedi mi? Artık krizler yaratan, çevresel ve sosyal etkiler bırakan, sürdürülebilir bir ekonomik düzen olmaktan çıkmış 200 yıllık kapitalist büyüme modelinden hâlâ vazgeçmeyecek miyiz? İklim değişikliği ve çevre kirliliği, yoksulluğun ve işsizliğin artmasına, gelir dağılımı adaletsizliğine sebep olan kapitalist sistem bu dünyayı geleceğe taşıyamıyor. Yeni dünyanın yeni kuralları yeni baştan yazılırken, sürdürülebilir ve yenilenebilir bir ekonomik sisteme, yeni nesil insan modelinin eskisinden çok daha fazla ihtiyacı var.

Artık günün sorusunu sormanın zamanı gelmedi mi?

Fazlalıklarından kurtulmak, eşyalarından arınmak, tüketim

çılgınlığını azaltmak, sahip olduklarımızın bize sahip olmasını engellemek için ne yapmalıyız?

Artık hayatımızı sadeleştirmeli, minimalist bir yaşamı benimsemeli ve en önemlisi de tüm olumsuzluklara rağmen, iyileşmeye inanmalıyız. Tüketim toplumunun bize dayattığı dinamikleri reddederek sadece "gerekli" olan şeyleri satın almalıyız. Kısır tartışmaların başrolündeki siyasetçilerin, dolandırıcıların, reklamcıların ve pazarlamacıların konu mankeni olmadan kararlarımızı "hür iradEmizle" verebilmeliyiz. Bu düşünce tarzında, insanların ihtiyaç duymadıkları şeylerden kurtulması, bir zihin boşaltma terapisi gibidir.

Günümüz toplumunda her şey "virüs hızıyla" yayılıyor, olumluluk da olumsuzluk da bulaşıcıdır. Nasıl tek bir hasta nezle salgınının başlaması için yeterliyse, küçük ama isabetli bir değişim de bir moda akımının patlaması, bir ürünün ya da fikrin kitlesel rağbet görmesi ya da sosyal bir sorunun çözülmesi için yeterli olabilir. Ne kadar olumlu davranışta bulunursanız, çevrenizdekiler de bu olumlu enerjiyle dolacak, benzer davranışlar sergileyeceklerdir.

Sözün özü, aslolan, Çarpan (çoğaltan) Etkisi yaratmaktır.

Çünkü iyi şeyler de yaparak dünyanın değişebileceğine inananlar hâlâ var. Kendiniz ve başkaları için iyi şeyler yaparak yaşamınızda ve çevrenizdekilerin hayatlarında gerçekleşebilecek olumlu gelişmeler için esinlenmeler sağlayabiliriz. İyilik, durgun suya atılan bir taş gibidir, etrafında olan herkesi ve her şeyi etkiler.

Kitabın henüz proje aşamasındayken oluşum sürecinde katkılarından ve yönlendirmelerinden ötürü Dr. Muzaffer Kaşer ve Dr. İlker Küçükparlak'a, kitabın isim babası Prof. Dr. Uğur Batı'ya, arka kapak yazıları ve destekleri için Psikolog Prof. Dr. Acar Baltaş, sevgili dostlarım Dr. Özgür Bolat, Serdar Kuzuloğlu'na ve Deniz Bayramoğlu'na teşekkürü bir borç bilirim.

İkiz oğullarım Özgür ve Barış ile sevgili eşim İlknur Ceylan Altun'un varlıkları olmasaydı bu kitap da olmazdı.

Kozyatağı, Kadıköy 2017

Sunuş: Etkilerin Etkisi

Geçen yıl yaz aylarında İstanbul'da meydana gelen otomobil hırsızlıklarıyla ilgili çalışma başlatan İstanbul Emniyet Müdürlüğü Oto Hırsızlık Büro Amirliği ekipleri, İstanbul'daki çeşitli mülki erkân mensuplarının makam otomobillerinin de aralarında olduğu çok sayıda otomobilin "vale" kılığında alınan anahtarlarla çalınması üzerine harekete geçmişti. Daha önceden çökertilen çetenin firardaki mensubu "Tosun" lakaplı Y.M. (38) ile çete üyesi "Sibop" M.K.'yi (32) yakın takibe alan güvenlik güçleri, benzer suçlardan çok sayıda sabıkası bulunan kişileri de yakın izleyerek suç makinesi bir çeteye ulaşmıştı. Polis, organize şekilde hareket eden ve kayıtlı 130'un üzerinde suç kaydı bulunan çetenin lideri "Fil" lakaplı N.U. (16) ile yanındaki "Hırbo" lakaplı E.S.(72)'yi, Pendik Esenyalı'da bir restoranda vale kılığına girerek yaptıkları otomobil hırsızlığı üzerine başlattıkları çalışma sonucu, Tuzla'da yaşadıkları lüks villada yakalayarak gözaltına almıştı. Özellikle adamların magazin parlağı genç popçunun kırmızı Ferrari'sini çalmaları bir şanssızlık olmuş, polisten çok magazin muhabirleri çeteyi çökertmişti. Arabanın peşine takılan magazin muhabirleri, popçuyu bulacaklarını sanırken çete ile karşılaşmışlardı. Popüler bir ulusal gazetenin daha sonraki günlerde olayı üçüncü sayfasından koca puntolarla "Ferrari'yi Çalan Fil" manşetiyle vermeleri ise hırsızlığı unutulmazlar arasına sokuyordu.

Neden bu başlık atılmıştı, burası da ilginçti ama bir mantığı vardı başlığın! Polisin lider N.U'yu gözaltına aldığı sırada evde bir de Afrika Çalı Fili denilen türden, 4-5 ton ağırlığında, omuz başı 2 metre, boyu 7 metre olan bir fil, iki çita, bir kaplan, bir timsah, birkaç da vahşi sürüngen bulunuyordu. Son derece saçma diyebilirsiniz ama adamlar evde bildiğiniz bir fil ve diğer bazı vahşi hayvanları besliyordu. Hatta çetenin çocuk yaştaki lideri de daha sonra anlaşılıyordu ki, lakabını bu filden alıyordu.

2 yıl kesinleşmiş hapis cezasını çekerken hastanede jandarmanın elinden kaçarak firar eden zanlı N.U. ile çete üyesi E.S.'nin yanında bir silah ya da kesici alet yoktu. Kan tahlillerinde uyuşturucu maddeye de rastlanmamıştı. N.U'nun cebinden sadece eskimiş yapraklarıyla "Fil Tyke Olmak" adında bir öykü kitabı çıkmıştı.

Bilenler bilir, Tyke, binbir işkenceyle eğitilen, sirklerde kahkahalar atıp izlediğimiz hayvanların duyguları olduğunu bütün dünyaya gösteren sembol bir olaydı. 20 Ağustos 1994 günü Honolulu şehrinde bir sirk gösterisinden isyan ederek kaçmış, kaçarken bakıcısı ezmiş ve sonunda 86 kurşunla vurularak durdurulmuştu. 20 yıllık esaretin ardından can veren Tyke'ın ölürken gururla ağlaması ise zamanında dünya gündemine oturmuştu. Ölümünden sonra fili çalıştıran Hawthorn Şirketine dünyanın her yerinden yüzlerce dava açılmış, 1994'te federal hükümet, Hawthorn'un sahibi John Cueno Jr.'ın sirkindeki 16 file el koymuştu. Fil Tyke'ın gösterdiği direniş toplumsal değişmelere neden olmuş ve Fil Tyke adeta tarih yazmıştı.

Firari hükümlü N.U. ile beraberindeki yardımcısının, yeni çete oluşturmak için çalışmalarda bulundukları kaydedilirken, olayda birkaç ilginç husus bulunuyordu. Fil N.U, suç anında bile sadece 16 yaşındaydı. Kayda geçen ilk suçunu seyis olarak çalıştığı gezer bir sirkten fil çalarken yapmıştı. Emniyetteki sorguları tamamlanan şüpheli, Anadolu Adalet Sarayı'nda verdiği ifadesinde "arabaları çalmadıklarını, sadece arabalar karşılığında para alıp, onlarla doğada olması gereken vahşi hayvanları beslediklerini" söylemişti.

Durumun bu kitap açısından, dolayısıyla bizim açımızdan ise bir başka önemi vardı ki, etkilerin hayatımızı nasıl yönlendirdiği konusunda ilham verici bir durumu aydınlatıyordu bizim için. Çocuk yaşta olduğu için adliye sonrası görüştüğü pedagogun ifadeye not ettikleri bize gerçekten ders niteliğindeydi. Bu kısmı o ifadelerden anlatayım.

"Hadi artık ismini de kısaltmadan kurtarıp söyleyelim, Nehir, adını aldığı Yeşilırmak'ın doğduğu Sivas'ın kuzeydoğusundaki Kösedağı'nda bir köyde doğmuştu. Baba ve annesini doğumundan bir yıl sonra nehir almış, sabi bebek öksüz ve yetim büyümüştü. Hiçbir akrabası olmadığı için de fakir köyde o ev senin bu ev benim sefil bir şekilde büyümüş, bu şartlar da onun bütün güzel özelliklerini güzel ruhunun derinliklerine göndermişti. Hırçın çocuk sadece hayvanlarla münasebete girer, mecbur olmadıkça insanlarla hiç konuşmaz, çocuk yaşına rağmen deli gibi çalışıp kazandığı üç beş kuruşu da köyde her işe koşturulan atlarla paylaşırdı. Onlara kesif yem, kaba yem alırdı. Atları tongurağından (bir çeşit at ahırı) çıkarıp özgürce gezdirmesi, dağ bayır dolaştırması da doğrusu köylülerin pek tepkisini çeker, bu yüzden de az da dayak yememişti. Onun bu tutumunu yabancılayan köylüler ise onun adını "at hırsızı koymuşlar", çocuğa yıllarca "at hırsızı yukarı, at hırsızı aşağı" diye seslenmişlerdi. Köyden ayrıldığı 14 yaşına kadar da aslında yaşadığına çok da bakmadıkları sabi çocuğa laf değdiğinde, "Müneccim olmaya gerek yok, bundan hırlı olur, hırsız olur. Ne olacak boşuna adı at hırsızı değil" demekten başka bir şey de dememişlerdi."

Oysaki köylüler bilmiyordu ama psikoloji yazını şöyle derdi:

"Her kehanet kendini bir gün mutlaka gerçekleştirmek zorundaydı!

"Kendini gerçekleştiren kehanet" ya da "beklenti etkisi" olarak da yazında yer bulan "Pygmalion etkisi", bireyin bir süre sonra başkalarının ona ilişkin beklentilerine denk düşen davranışlar sergilemesi şeklinde ifade edilebilirdi. Bu teori, güçlü olanın iradesinin diğerinin beyni tarafından tanındığı ve kabul edildiği bir durumu işaret ederdi. Karar verme mekanizmaları açısından bu durum şöyle açıklanabilirdi: Bir kişi karar verirken sosyal çevresindeki daha güçlü olanın görüşlerini dikkate alarak karar verir ve hatta kendi kişiliğini bu şekilde inşa edebilirdi.

Evet, çocuk, kendisine yazılan kehaneti gerçekleştirmiş. Bir şekilde bir türü de olsa hırsız olmuştu. Ve de çocuk olmasına rağmen güçlüydü ve yaptıkları şeyin mantığı bir çeteye kabul ettirmişti. Üstelik haber de belirttik, çete üyeleri arasında 72 yaşında da adam vardı, 38 de... Yani bu olayda tam da adını ifade ettiğimiz gibi Pygmalion etkisi denilen durum yaşanmıştı. Çocuk kendisi hakkında "beklenen şeyi" gerçekleştirmiş, üstelik güçlü kişiliği sayesinde diğer bazı garip adamları da bu olaya dâhil etmişti. Bir düşünsenize "evde fil beslemek". Delisiniz sanırım?

İşte şöyle bağlayalım: Başımıza gelenlerin nedeni bizzat yol açtığımız olaylar mıdır, yoksa hayatımızın akışını olaylar değiştirir? İnsanların tehlike, tehdit, risk, kriz, haz, kendi çıkarları gibi hayatın kritik zamanlarında aldıkları kararlara bakılacak olursa; Bertrand Russell'ın "İnsanın akıllı bir hayvan olduğu söylenir. Hayatım boyunca bunun kanıtlarını aradım ancak bulamadım" şeklindeki ifadesinin haklı olabileceğini düşünmekte yarar vardır. Çünkü ikna, öğrenme ve davranış ile ilgili tüm bilişsel ağırlıklı kuramların tersine, insanların salt aklın değil tamamen duyguların yönlendirmesiyle harekete geçtiğini düşünmemiz son derece normaldir. Diğer taraftan insan beyni sezgi ve duygudan daha fazlasını barındırır. Beyin ise bundan 2 milenyum önce Hipokrat'ım dediği gibidir:

"Bütün zevklerimiz, mutluluğumuz, kahkahalarımız ile jestlerimiz ve acılarımız, kederlerimiz, ümitsizliklerimiz ve gözyaşlarımız beyinden ve yalnızca beyinden kaynaklanır."

Böyledir de, beynimiz de ilişkili literatüre geçmiş ama bizim çoğu zaman fark etmediğimiz pek çok özel etkiyle sarılıdır. Toplumsal sarmalda her zaman yüz yüze kaldığımız sosyal etki, sosyal kurallar, sosyal baskı, grup etkileri, uyma, ricalara boyun eğme, emirleri düşünmeden yerine getirme, güç, lider ve liderlik, azınlık etkileri, tutum değişimleri, hep bu etkilerle olur. Beynin hareketine neden olan, karar verme mekanizmalarında kritik önemi olan ana etkiler çoğu zaman bizi bizden alan ama daha akademik bir yaklaşımla, davranışlarımız, sonra tutumlarımız, sonra da eylemlerimiz konusunda ana yönlendirici olurlar. İşte değerli arkadaşım, televizyoncu-yazar Şafak Altun da ilham verici bir bakışla bu etkileri ele alıyor. Şeytan etkisi, Lucifer etkisi, Lady Macbeth etkisi, Ekran etkisi, Seyirci Kalma etkisi, Bando Arabası etkisi, Hipster etkisi, Bumerang etkisi, Domino etkisi, Kelebek etkisi, Medici etkisi ve daha niceleri... Kitaba adını veren Pygmalion etkisi ya da daha bilinen adıyla Beklenti etkisi de bunlardan biri.

Kendisine de söyledim, kitabın etkileyici olması, ilk önce kitabın fikrinden kaynaklanıyor. Hayatımıza yön verme potansiyeli olan tüm bu etkileri bir kitapta toplamak. New York Times Bestseller duyuruları gibi olacak ama Harika! Gerçekten kıskandım. Umarım bu kitap da birçok satan olur çünkü fikri bile bunu hakediyor. O zaman ne diyelim? Pygmalion etkisi diliyorum. Beklentim bu. Kehanet kendisini gerçekleştirsin ve iyi olan çok okunsun.

Prof. Dr. Uğur Batı
Akademisyen / Yazar

BİRİNCİ BÖLÜM

Kötü Olmak Zorunda mıyız?

"Fakat içimizde, bizim 'ahlâk' tarafımızdan hiçbir şekilde münasebete geçmeyerek hadiseleri muhakeme eden, neticeler çıkaran ve tedbirler alan bir 'hesabi' tarafımız vardı ve lafta değilse bile fiilde daima o galip çıkıyor ve onun dediği oluyordu."

Sabahattin Ali - İçimizdeki Şeytan

Müsaitseniz, Annemler Akşam Size Şeytan Çıkartan Papaz Getirecek

(Şeytan Etkisi-Lucifer Effect, Lady Macbeth Etkisi)

"Bazen etrafımızda o kadar esrarlı bir hadise olur ki ince teferruatına kadar bunu sezeriz, fakat hiçbir şey idrak etmeyiz, ruhumuzun içinde ikinci bir ruh her şeyi anlar fakat bize anlatmaz, böyle korkunç işaretlerle bizi muammanın derinliklerine atar ve boğar."
Peyami Safa - Dokuzuncu Hariciye Koğuşu

1990'lı yıllar, özel TV'lerin rüştünü ispat etme yıllarıydı. Tek kanallı devlet televizyonunun tekelinden kurtulan Türk seyircisi özel TV'lerde olmadık şeylerle karşılaşıyordu. Yarışma programları, cinsel içerikli ve hatta şifreli yayınlar halkın en çok ilgiyle takip ettiği programlardı. O yıllarda "Sıcağı Sıcağına" isimli kanlı canlı bir reality show vardı. Kendi türünün ilk örneğiydi. Parçalanmış cesetlerin, kesilmiş ya da koparılmış bacak ve kolların ortalığa saçıldığı, cinayet mahallinin kanla boyandığı korkunç görüntüler bu reality show için epey sıradandı. Tabii ki, o zamanlar bu görüntüler mozaiklenmez ve vahşetin boyutları daha iyi anlaşılsın diye bütün gerçekliğiyle ekranlara getirilirdi. Parçalanmış ve kesilmiş kol, bacak, delik deşik edilen karınlar, artık katilin kurbanın cesedi üzerinde gerçekleştirdiği o "Hannibalvari" yaratıcı sanatsal çalışmalar bir bir ortaya dökülürdü. Sıcağı Sıcağına ekibi bütün bunlara ilaveten ek bir hizmet daha vererek, cinayetlerin detaylarını ekranları başındaki izleyenlere imkânlar dahilinde "canlandırma" tekniğiyle yeniden canlandırırdı. Böylelikle korkunç cinayetlerin boyutlarının insanların zihinlerinde iyice pekiştirilmesi sağlanırdı. Fondaki müzik ve efektler "13. Cuma" filminin müziklerini bile geride bırakırdı.

Şeytan Etkisi (Lucifer Effect)

"Şeytan Etkisi", kötülüğün psikolojisidir. İnsan doğasının kötü yönde dönüşümüne işaret eden Şeytan Etkisi, adını gözden düşen ve şeytan olan Lucifer meleğinden aldı. Bu teoriye göre, insanoğlu doğası gereği, "koşullar" müsait olduğunda birer şeytana dönüşüp şiddet eğilimleri gösterebilir.

Konu komşuya da mikrofon tutulurdu. Zavallı komşular, hepsine ağız birliği etmişçesine cinnet getiren adamın (eee artık biz ona katil diyelim), karısını ve üç çocuğunu ekmek bıçağıyla doğramasına, kayınvalidesi ve pederini de yine "canavarca hislerle öldürmesine" inanamazlardı ya da inanmak istemezlerdi.

Çünkü TV programcılarının "azılı katil" dedikleri komşuları

olan adam apartmanın en iyi insanlardan biriydi. Mahallenin kedilerine yemek veren, evini taşıyanlara, evini boyayan komşulara ve yaşlılara yardım eden, kahvede OKEY'e dördüncü eksik olduğunda, haber verdiklerinde soluğu orada alan, mahalledeki gençlerle futbol oynayarak onların kötü alışkanlıklara bulaşmasını engelleyen biriydi. Ha bu arada lakabı da "Karınca Etmez Etem"di. Bütün bu "melekimsi" özelliklere sahip biri nasıl olur da bu hunharca cinayetleri işleyebilirdi ki? İnsanın aklı, fikri, mantığı, duygu kimyası inanın bu durumu anlamakta zorlanıyordu.

O değil de, yoksa bizim katilin içine "şeytan mı" kaçmıştı?

Her ne kadar sorularımızla amacımız sadece şeytanın avukatlığını yapmak olsa da, şeytan günümüz toplumlarında etkili bir unsur olarak yaşamaya istikrarlı bir şekilde hâlâ devam ediyor. Dalga geçmiyorum. Bu işi öyle çok da şakaya almayın çünkü İtalya'da şeytan çıkarma taleplerinin rekor seviyeye ulaşması ve yeterli "şeytan çıkarma uzmanı" bulunmaması nedeniyle Vatikan'a bağlı üniversitelerin "şeytan çıkarma" kursları düzenlemesi çağrısı yapıldı. İtalyan basınında yer alan haberlere göre, son bir yılda şeytan çıkarma talebinde bulunan İtalyanların sayısı 500 bine ulaştı (Eylül 2016). Vatikan tarafından onaylı Uluslararası Şeytan Çıkarıcılar Derneği ile İtalyan Katolik Psikolog ve Psikiyatrlar Derneği'nin verilerine göre de, şeytan çıkarma talebinde bulunanların yüzde 65'i eğitim seviyesi düşük ya da orta derecede olan ve ülkenin nispeten fakir orta ve güney bölgelerinde yaşayan kadınlardan oluşuyormuş. Uluslararası Şeytan Çıkarıcılar Derneği'nin psikolojik danışmanı Psikiyatr Valter Cascioli de, "doğa üstü sorunlara sahip olduğunu söyleyenlerin yalnızca yüzde 11'inin gerçekten bir şeytan çıkarma uzmanına ihtiyaç duyduğunu" söylemiş.

Bu arada 16 Eylül 2016 günü 30 yılda 70 binden fazla "şeytan çıkarma ayini" yapan Piskopos Gabriele Amorth 91 yaşında hayatını kaybetmiş. Rahibin söyledikleri önemli. Ettiği dualarla "şeytan çıkarması"yla ünlenen rahip, Nazi Almanyası'nın lideri Hitler'in ve Sovyet Rusya'nın lideri Stalin'in muhtemelen şeytanın etkisi altında olduklarını söylemişti. Amorth, onların şeytanın etkisinde olmalarının yine de yaptıklarından sorumlu tutulmalarına engel olmadığını açıklamıştı.

"Kedileri Besleyen" Üst Komşumuz Meğer Kayzer Soze'ymiş

Türkiye'nin yakın tarihinde, toplumsal bir "akıl tutulması" olayı Münevver Karabulut cinayetinde yaşandı. Düşünsenize iyi eğitimler almış, dünyayı dolaşmış, birkaç dil bilen, varlıklı bir aileye sahip Cem Garipoğlu, henüz 17 yaşındayken lise öğrencisi Münevver Karabulut'u başını keserek öldürdü. Karabulut'un cesedini parçalara ayırdıktan sonra çöp konteynerına attı. Aradan yıllar geçmesine rağmen Garipoğlu'nun, toplumsal anlamda ciddi bir tartışma ve infial yaratan bu cinayeti serinkanlılıkla işlemesinin nedenleri hâlâ çözülebilmiş ve anlaşılmış değil. Bu süreç, Garipoğlu'nun 23 yaşında cezaevinde intihar etmesiyle son bulurken, onun bu korkunç cinayeti neden ve nasıl işlediği hâlâ anlaşılabilmiş değil. İfadeleri kan dondurucu nitelikteydi:

"Cinnet mi geçirdim hatırlamıyorum, kendime geldiğimde Münevver'i ölü buldum. Masanın üzerindeki bıçakla vücuduna vurduğumu tahmin ediyorum... Telaşla cesetten kurtulmaya çalıştım. Evdeki bir bavulu aldım. Münevver'in cesedini bavula sığdırmaya çalıştım. Sığmayınca evden koşarak nalbura gittim. Testere aldım. Tekrar eve gelip önce başını kestim, sonra gitar kutusuna koydum. Cesedi de bavula yerleştirdim. Daha sonra korsan taksiyle evden ayrıldım. Evden ayrılmadan önce kirli çamaşır sepetinde bulunan çamaşırlarla yerdeki kanları temizledim. Arabaya bindim ve Etiler'e geldim. Bagajdan bavul ve gitar kutusunu indirdim ve çöp konteynerine attım."

İnsanlar haklı olarak, normal, sıradan insanların bir anda nasıl bir canavara dönüştüğünü anlamakta zorlanırlar. Neden melek gibi insanlar, "şeytan"ın bir hizmetkârına dönüşerek insanlara kötülüğün en âlâsını tattırır? Kötülük neden var ve insanlar kötülük yapmayı neden bu kadar çok seviyorlar?

Ey insanlık, sorarım sana! Kötü olmak zorunda mısın?

Evet sevgili okur, enteresan bir şekilde, inanın bilim bu soruya henüz tatmin edici bir yanıt verebilmiş değil. Bence bilimin ikna edici yanıt verebilmesi için bayağı bir araştırmaya ve gözlem yapmaya ihtiyaç var. Gelin biz kendi özümüze, yani fabrika ayarlarımıza dönelim. Üzgünüm ama dostlar, ne yazık ki bunu söylemek zorundayım çünkü hepimizin içinde "uyumakta olan bir canavar" var. Tanı onu. İşte bütün bu kötülükleri yapan odur. Normal zamanlarda içimizde kendi halinde uyumakta olan bu ilkel canavar, dışarıdan bir mesaj gelmesi halinde "Layn n'oluyor?" diyerek uykudan uyanıyor, celalleniyor ve ortaya çıkıveriyor.

İçimizdeki canavarın neye kızacağı, neden celalleneceği hiç belli olmaz. O canavar ki, bazen kız meselesi, bazen "neden baktın, birine mi benzettin arkadaşım?" kavgası, bazen de sırf kıskançlık yüzünden elini kana bular.

Âdem ve Havva'nın büyük oğlu Kabil, kardeşi Habil'i kıskançlık yüzünden öldürmedi mi? Kabil, insan türünün ilk cinayetini işledi, ilk kardeş katili oldu. O gün bugündür kan dökmeye, hunharca öldürmeye devam ediyor.

Kabil, Habil'i Neden Öldürdü?
İlk insan elini ne zaman kana mı buladı? Dini metinlere göre, Âdem ile Havva'nın oğlu olan Kabil, Habil'i öldürerek ilk cinayeti işledi ve ilk kardeş katili oldu.

Kabil, kıskançlığı yüzünden ilk cinayeti işleyen, ilk kardeş katili olan bir şahsiyet olarak insanlık tarihinin önemli bir aktörüydü. Kıskançlık gibi, hırs da insana acayip işler yaptırır?

William Shakespeare'in ünlü Macbeth oyununu bilir misiniz? Macbeth, Shakespeare'in iyinin kötü, kötünün de iyi olabileceğini gösteren bir oyunudur. Oyun, insanların hırslarının onların sonlarını nasıl getirdiğini de gösterir. Macbeth, karısı yüzünden hırsına yenilir. Karısına karşı duyduğu büyük aşk onu kör eder ve ona yapmayacağı şeyler yaptırır. İçindeki kötülüğü karısı sayesinde keşfetmiştir ve bu doğrultuda normal bir yaşam sürerken birdenbire hayatı tepetaklak olmuş, karısının hırsına karşılık vermiştir. Lady Macbeth, kocasının kral olmasını çok istemektedir ve bunun tek yolunun kral Duncan'ı öldürmek olduğunu düşünmektedir. Ancak Kral Duncan öldüğünde kocası tahta geçecek ve kendisi de kraliçe olabilecektir. Bunun için bir plan yapar ve kralı şatolarına çağırır. Kocasının tüm itirazlarına rağmen Macbeth'i kralı öldürmesi konusunda ikna eder ve Macbeth kralı bıçaklayarak öldürür. Böylelikle Macbeth, karısının istediği gibi bir caniye dönüşürken, karısı Lady Macbeth insanlık değerlerini kazanarak vicdanına yenik düşer, onu insancıl kılar. Aklını kaçırır. Uyurgezer bir insan haline gelerek, sürekli elindeki lekeden şikâyet eder. Bu da Kral Duncan'ı öldüren bıçaktan eline geçen kandır.

Lady Macbeth Etkisi
İnsanın içinde bir canavar olduğunu biliyoruz fakat bu "zalım" insanoğlu, zaman zaman vicdanına yenik düşer. Ruhunun kirlendiğini düşünmek, bedenini arındırma arzusunu tetikler. İşte bu durum, "Lady Macbeth Etkisi" adı verilen bir güdüyü doğurur. Arındırma faaliyeti, bedenin bir günaha bulaşmış kısımlarına özgüdür.

İnsanoğlu bu derece zalimdir ama bir yandan da vicdanına yenik düşer. Ruhunun kirlendiğini düşünmek, bedenini arındırma arzusunu tetikler. İşte bu durum, "Lady Macbeth Etkisi" adı verilen bir güdüyü doğurur. Arındırma faaliyeti, bedenin bir günaha bulaşmış kısımlarına özgüdür.

Mobby Dick, Aslında Kapitalist Kaptan Ahap'a Karşıydı!

Sevgili okuyucular, "iyilerin kötüye dönüşmesini" anlamakta zorlananlar, katilin sadece üst komşuları değildir. Bugün sabah asansörde gördüğümüz iyi kalpli komşunuzun birdenbire park yeri kavgası yüzünden nasıl bir anda azılı katile dönüştüğünü anlamakta halen zorlanıyorsanız ve bu kavgada "hatalı olan da sizseniz", lütfen aşağıda özenle yazılmış bu satırları okumaya devam ediniz.

Şiddet yalnızca insanın yaşamında ortaya çıkar. Bu nedenle yalnızca insan, doğada şiddet yaratan, başka bir deyişle şiddet üreten "Şiddetli Bir Varlık"tır. İnsan dışında, doğada kendi türünden olanları sistematik, düzenli olarak öldürme yetisine sahip başka bir canlı yoktur. Kötülük, bir insan özelliğidir, insan dışında doğadaki hiçbir canlı kötülüğü kötülük olsun diye yapmaz. Örneğin, bir timsahın nehri geçmekte olan bir zebrayı, bir aslan ailesinin bir karacayı avlayıp yemesi vahşet midir?

Kötü Olan Kimdir,
Mobby Dick mi Kaptan Ahap mı?
Kötülük, bir insan özelliğidir, insan dışında, doğadaki hiçbir canlı "kötülüğü kötülük" olsun diye yapmaz. Mobby Dick'te kötü olan balina mıydı, yoksa doğaya savaş açmış olan açgözlü Kaptan Ahap mıydı?

Kaplanın karnını doyurmak için bir ceylana saldırması onu kötü bir canlı yapar mı? Yapmaz ama şu ciğeri peş para etmez insan denilen mahluk, dünyaya geldiği günden beri hem kendi ırkına hem de diğer canlılara, cennetten kovulduğu günden beri kötülük adına yapmadığı şeyi bırakmadı. Yalan mı? Doğru, yalan söylemiştir, öldürmüştür, işkence ve soykırım yapmıştır, yıkıp dökmüştür, aldatmıştır.

Şiddet, insanlığın en parlak, en görkemli dönemlerini en kanlı, en karanlık zamanlara dönüştürür. Saldırganlık, beslenme ve üreme gibi bir içgüdü, ancak şiddet içeren saldırganlık insanın dışında doğada hiçbir canlıda bulunmaz. Siz iki aslanın, beş ayının ve üç panterin bir araya gelip komşu doğal hayat parkına baskın düzenleyerek oradaki rakip hayvanları öldürdükleri haberini bir yerde okudunuz mu? Tamam okumuş olabilirsiniz. Onlar da bölgesel saldırganlık (territorial aggression) dediğimiz bazı saldırıları gerçekleştiriyorlar ama bu durum onları insan kadar şiddeti seven bir canlı yapmaz.

Biz insanların doğuştan gelen bir bağ kurma hastalığımız vardır. Mobby Dick'te kötü olan balina mıydı, yoksa doğaya savaş açmış olan Kaptan Ahap mıydı? Kafka, kötü bir şey yaptığı için mi hamam böceğine dönüşmüştü? Bu nedenle köprüden önceki son çıkışta ben derim ki, hayvanları bu işe karıştırmayalım. Bu aşamada, bir kişilik testi sorusu olarak, "Bir hayvan olsaydın hangisi olurdun?" sorusu hakikaten çok manasız ve zamansız bir soru çünkü onlarla bizim aramızda dünya kadar fark var. Bizim durumumuzu Almanca "Schadenfreude" kelimesi iyi anlatıyor. Almancada "kötü olay, durum" anlamına gelen "schade" kelimesiyle, sevinç anlamına gelen "freude" kelimesinin birleşmesinden ortaya çıkar ve kısaca: "başkalarının mutsuzluğundan, başına gelen kötü olaylardan mutlu olma durumu" olarak Türkçeleştirilebilir.

Yani günün sonunda demem odur ki, ey insanlık, lütfen fabrika ayarlarına dönünüz çünkü açgözlü kapitalist sistem yetersiz bakiyeler vermeye başladı bile. Bu modelin insanlığı ileriye taşımasının mümkünatı kalmadı.

Memleket "Katil Doğanlar" Stüdyosuna Dönmüş Haberimiz Yok

(Ekran Etkisi, Katil Doğulur Meşhur Olunur)

Bu içimizdeki canavar, özellikle 90'lardan sonra bir de "meşhur" olmayı kafaya taktı. Eee zaten medyaya konu, katile de mecra lazımdı. Her ikisi de öyle güzel anlaştılar ki, sormayın gitsin.

Konuya son dakika flash bir gelişmeyle başlayalım. Hatırlarsınız 1994 yapımı, senaryosunu Quentin Tarantino'nun yazdığı filmi Oliver Stone yönetmişti, hatta bunun yüzünden araları da açılmıştı. Film iki katilin hikâyesini anlatıyordu. Mickey ve Mallory, birbirlerini seven ama "doğuştan katil" olan iki âşıktır. Çok tatlılar değil mi? Belki de yaşadıklarını öldürerek hissedebiliyorlar. Ancak 90'ların giderek çığrından çıkan medyası da onları kahraman gibi göstermekten geri kalmamıştı. (Medya kelimesinin altını ucu kalın olan bir kalemle çiziyoruz) Böylece iki doğuştan katil, yolculukları sırasında arkalarında onlarca ölü bırakarak yollarına devam ederler. Öylesine, hiçbir öldürme sebepleri olmadan, yoldan geçeni ve kendilerine küçücük bir haksızlık yapanları bile öldürürler. Ancak öldürdükleri insanların arasında mutlaka bir kişiyi serbest bırakırlar ki, Mickey ile Mallory'nin hikâyesini tüm dünyaya anlatsın. Bu sırada ikili evlenmiş ve Mickey-Mallory Knox katil çiftleri olmuştur.

Artık onlar işledikleri cinayetle sadece birer korku ikonu değil, medyatik canavarlardır. Polis kadar basın da peşlerinde, onlardan bir şeyler öğrenmenin çabasındadır. Medyada özellikle de Wayne Gale'in (Robert Downey Jr.) programında tanınınca bazı insanlar bu iki katilin hayranı olmuşlardır. İnsanlar şöyle diyorlardı: "Eğer bir katil olursam Mickey ve Mallory Knox gibi olmak istiyorum." Gale'in ise en büyük amacı bu ikiliyle röportaj yapmaktır. Neyse, filmin devamını anlatmayalım belki seyretmek isteyenler olabilir. Sonuçta, bizim tatlışlar yakalandıklarında medya yine onların kurtarıcıları olarak çıkar sahneye.

Demin altını kalın kalemle çizdiğimiz medya konusuna geri dönecek olursak. Katil Doğanlar filmindeki gibi medyanın katillerle olan ilişkilerinin farklı bir düzenlemesini artık "bizim ekranlarda" da görmek mümkün.

2016 yılının 19 Ekim günü, Manisa'da işlenen bir çocuk cinayetinin katil zanlısı, "Müge Anlı ile Tatlı Sert" programında cinayeti itiraf etti. Müge Anlı'nın programında 4 yaşında bir kız çocuğuna tecavüz edip sonra da boğarak öldüren adamın "çözülmesi" bir ilk değildi. Benzeri vakalar yıllardır ekranlarımızda yaşanıyordu. Ne hikmetse polisin bir türlü aydınlatamadığı cinayetler "stüdyoda bir bir aydınlatılıyor"du. Cinayetlerin katilleri bu tip programlara katılıyor, günlerce "şov"un bir parçası oluyor, itirafta bulunuyor ve daha sonra stüdyoya gelen polislere teslim ediliyordu.

Şimdi bahsedeceğimiz olayın diğerlerinden farkı var çünkü işin içinde tacize uğrayan bir çocuk bulunuyor. Hadi gelin Müge Anlı'nın programındaki olayın detaylarını inceleyelim. Manisa-Alaşehir'de kaybolmuş bir kız çocuğunun akıbeti söz konusu. Aranan çocuğun izine rastlanamayıp, emniyet soruşturması neredeyse kilitlenme noktasına gelmiş durumda.

Bakalım kilit, ekranda bir şov programında açılacak mı? Az Sonra...

Baba, canlı yayında mahallelerinde hurdacılık yapan bir adamdan şüphelendiğini söylüyor. Hurdacı stüdyoya çağrılıyor ve sorulara çelişkili cevaplar veriyor. Öfkeli baba stüdyodan çıkarılıyor. Sonrasında Anlı ve programın hukukçu konuğunu kuliste adamı gizli kamera kayıtları eşliğinde korkunç suçunu itiraf ettirirken izliyoruz. Katil, itiraflarında küçük kıza tecavüz ettikten sonra öldürdüğünü ve gömdüğünü söylüyor. "Benim ruhum hasta" diyen adam, kendisinin de çocukluktan itibaren baba tacizine uğradığını ve parası olmadığı için kadınlarla ilişki kuramayıp böylesi çocuk tacizi sapkınlığına düştüğünü söylüyor.

Bu haliyle "Müge Anlı ile Tatlı Sert", polisiye realite-şovu popüler kültür açısından, Tayfun Atay'ın deyişiyle, "Meşhuriyet Çağı" dinamiğini temsil ediyor. "Meşhuriyet Çağı"nda siyaset, bilim, eğitim, din, hukuk ve sanat, hiçbir şey, "şov" ise her şey. Cinayet ve tecavüzün de sadece "şov"dan ibaret olduğunu düşünmeye sevk eden bir program var karşımızda. Düşünün, katil bir çocuğa önce tecavüz ediyor sonra boğarak öldürüyor, sonra gömüyor. O kişi, polis ekiplerini günlerce, haftalarca, aylarca uğraştırıp kilitliyor. Sonra bir televizyon programının stüdyoya davetine "hayır" demiyor ve herkesin gözü önünde bir kadın sunucuya suçunu itiraf ediyor.[1]

---

1 http://t24.com.tr/haber/muge-anli-ile-tatli-sert-kulturel-pornografi-nevrotik-insanligimizi-seyre-acan-insanat-bahcesidir,366846

Sanırız bu durum ekranın dayanılmaz çekim gücünü göstermesi açısından çok önemli. Düşünün, cinayeti işleyip ortalıktan kaybolan kişi tıpış tıpış televizyon stüdyosuna geliyor ve herkes tarafından tanınır, bilinir ya da "meşhur olma" duygusuna hayır diyemiyor. Peki "Ekranların Etkisine" bağımlı hale gelenler sadece katiller mi? Tabii ki hayır. Yine Atay'ın deyimiyle, hukukçudan siyasetçiye, tıp hekiminden din bilginine, akademisyeninden entelektüeline ve nihayet tecavüzcüden caniye kadar hiç kimse bu çağın "ekran" denilen anaforuna kapılmaktan kendini alıkoyamıyor.

Ders: Katilleri Tanımak
Konu: Entel Doğan Katiller

John Lennon'ın katili polis tarafından yakalandığında, çantasında *Çavdar Tarlasında Çocuklar* (J. D. Salinger) isimli kitabın bir kopyası bulundu. Kitabın içinde, katil Mark David Chapman'ın el yazısıyla, "Bu benim beyanatımdır" yazıyordu. İlerleyen günlerde verdiği ifadelerde suikasttan birkaç gün önce kitabı defalarca okuduğunu belirten Chapman, "Otelime geri dönmek istedim, ama gidemedim. Lennon gelene kadar bekledim. Lennon kışın ördeklerin nereye gittiğini biliyordu ve ben de bilmek istiyordum" demişti. Lennon'ı vurduktan sonra Chapman bir kaldırım taşına oturmuş ve *Çavdar Tarlasında Çocuklar* okumaya başlamıştı. Bu olaydan 9 yıl sonra Robert John Bardo isimli bir adam, aktris Rebecca Schaeffer'i öldürmüş ve yakalandığında çantasından *Çavdar Tarlasında Çocuklar* çıkmıştı. Ancak Bardo, bunun tamamen tesadüf eseri olduğunu söylemişti. Görünen odur ki, katiller de senin benim gibi insanlar. Peki katiller okuduğu kitaplardan etkilenmezler mi? Evet. İnsan dediğimiz canlı öyle şeylerden etkilenir ki, bazen insanın şaşırası gelir. Hâlâ birileri bu yaşanmış ya da kurgulanmış hikâyelerden etkilenerek, kendi bakış açılarıyla yorumlayarak cinayetler işleyebiliyorlar ve katliamlar gerçekleştiriyorlar. Baştan söyleyelim, tabii ki bu örnekler tekildir ve genele yayılamaz. Ama ilgi çekici olduğunu düşündüğümüz için bu çalışmada da katilleri etkileyen kitaplara yer vermemek nezaketsizlik olurdu. İşte size orijinali *Huffingtonpost*'tun derlediği katillerin ilham aldığı eserlerden kısa bir derleme: [2]

2 (*Huffingtonpost*'tan alıntı: http://www.gazeteduvar.com.tr/kitap/2016/09/22/katillerin-9-basucu-kitabi/)

Böyle Buyurdu *Zerdüşt:* Nietzsche, pek çok katille ilişkilendirildi, ancak aralarında en popüler olanı Adolf Hitler. Hitler, Böyle Buyurdu Zerdüşt'ü askeri birliklerine dağıttı ve kendisi de kitabı dini bir kitapmış gibi okudu. Nietzsche'yi üstün insan olarak kabul eden Hitler çok defa Weimar'daki Nietzsche Müzesi'ne ziyarette bulundu ve filozofun büstüyle birlikte fotoğraf çekildi.

Öfke: Stephen King'in "Richard Bachman" takma adıyla yazdığı ve ilk kitaplarından biri olan *Rage*, bir lise öğrencisinin çığrından çıkıp pek çok öğretmeni öldürmesini ve bir sınıf dolusu öğrenciyi rehin almasını anlatır. İlk baskısından beri pek çok lise katliamı kitapla ilişkilendirildi. Öyle ki, Michael Carneal isimli bir lise öğrencisi okula gidip bir grup öğrenciye ateş açmıştı. Sonrasında silahını yere bırakan Carneal, "Öldürün beni, lütfen! Bunu yaptığıma inanamıyorum!" demişti. Polisler Carneal'in okul dolabında *Rage*'in bir baskısını bulmuşlardı. 1999 yılında bir konferansta King, Carneal hadisesinin onun için de dönüm noktası olduğunu ve yayımcısına kitabın baskısını durdurmasını söylediğini açıklamıştı.

Gizli Ajan: Joseph Conrad'ın romanı anarşistler ve ajanlarla örülü bir dünyayı anlatıyor. Romanın Amerikalı matematikçi ve anarşist teorisyen Theodore Kaczynski'yi derinden etkilediği söyleniyor. Kaczynski kitabı başucu romanı yapmış ve anlaşılan o ki romandaki "Profesör"ü kendine ilham kaynağı olarak görmüş. Kaczynski, romandaki Profesör karakteri gibi yanında sürekli bomba taşıyordu ve ABD'nin çeşitli yerlerine 16 ayrı bomba bıraktı. Bu bombaların infilak etmesi sonucu 3 kişi ölmüş, 23 kişi yaralanmıştı. Ayrıca anarşist matematikçi Kaczynski bazı otel rezervasyonlarında yazar Conrad'ın adını kullanıyordu.

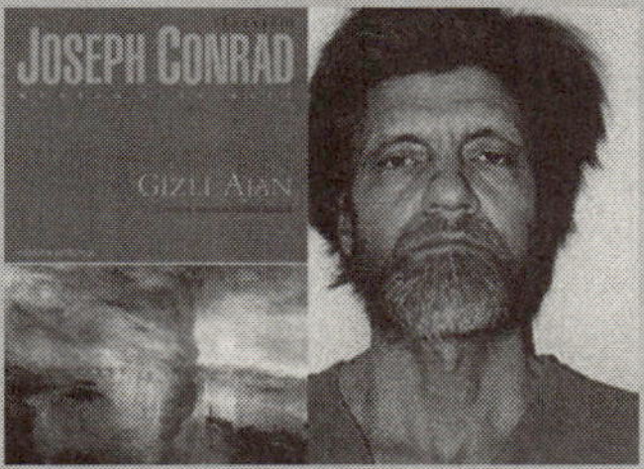

Katilim Ya Bir Entelektüelse?

Joseph Conrad'ın Gizli Ajan romanındaki Amerikalı matematikçi ve anarşist teorisyenin, Theodore Kaczynski'yi derinden etkilediği belirtilir.

Turner Günlükleri (William Luther Pierce): Kitapla ilişkilendirilen pek çok suç olayı var, ancak en çok yankı uyandıranı Oklahoma'daki bombalı olaylardır. Bombalamalardan sorumlu tutulan Timothy McVeigh, bombalamaların ardından aracında durdurulduğunda kitabın 62 ve 63'üncü sayfalarının fotokopisi yanındaydı. Bu sayfalarda ABD başkentine havan saldırıları anlatılıyordu.

"Otomatik Portakal" (Anthony Burges): Stanley Kubrick'in yönettiği, kitaptan uyarlanan film gösterime girdikten sonra Britanya'da kitapta ve filmde anlatılanların tıpatıp aynısı suçlar işlenmeye başladı. 1972 yılında 16 yaşında bir çocuk, 14 yaşındaki okul arkadaşını öldürdü. Daha sonra yapılan açıklamada, işlenen suçun filmden esinlenildiği yetkililer tarafından bildirildi. Bir başka vakada ise bir grup genç, genç bir kıza saldırdı ve kıza tecavüz ederlerken "Singin' in the Rain" şarkısını söylediler. Filmde de Alex benzer bir suçu işlemeye hazırlanırken bu şarkıyı söylüyor.

Aynı Bedende İki Can Gibiyiz

(İyiyle Kötünün Savaşı)

"Hisler yoktur, iç huzur vardır. Cehalet yoktur, bilgi vardır. Zihinlerimizi temiz tutabilmek için meditasyonla kötü hisleri uzaklaştırmalıyız."
Jedi öğretisi

Milyonlarca "Star Wars" hayranının beklediği "Star Wars" filmleri müthiş bir şekilde beğeniyle izleniyor. Peki bunca insanı bu hikâyede kendine bağlayan ve dünya çapında milyonlarca hayran kitlesine sahip olmasını sağlayan neydi? "İyi" ve "kötü"nün savaşının hikâyesidir bu. Bir tarafta "iyi"yi savunanlar, diğer tarafta ise "kötü"nün temsilcileri. Peki iyi ve kötü nedir? "İyi" olanların, yani Jedi'ın katı kuralları vardır. "Kötü" olarak resmedilen Sith'in ise baştan çıkartıcı serbestliği söz konusudur. İki taraf da güçlüdür. Ölesiye savaşırlar. Bir o kazanır, bir diğer taraf. Dolayısıyla bütün seri, "bilinen en eski savaşın" anlatısı olarak okunabilir. Üstelik filmler salt iyiliği savunmaz. İyi ve kötü arasında bir dengeden söz eder. O denge, evrenin devamlılığı için gereklidir. Haklılık ise başka bir şeydir. Star Wars filmleri bir Tanrı'nın ya da Tanrıların ya da bir dinin ötesindedir. Sadece "Güç" vardır. Jedi ve Sith, bu gücü kendi amaçları doğrultusunda kullanmasını iyi bilir. Jedi şövalyeleri "iyi"yi, Sith lordları ise "kötü"yü temsil eder ama filmlerin asıl ilgilendiği, bir "iyi"nin zaman içinde "kötü"ye dönüşmesidir. Bu, hikâyenin ana damarıydı.[3]

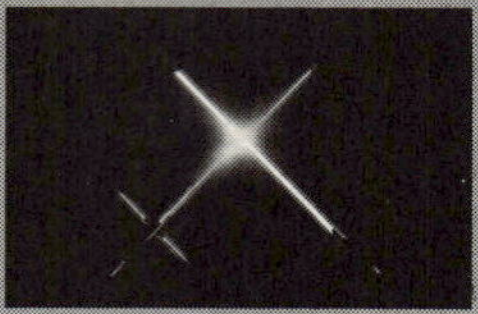

İyiler Nasıl Kötüye Dönüşür?
Star Wars filmlerinde Jedi şövalyeleri "iyi"yi, Sith lordları ise "kötü"yü temsil eder ama filmlerin asıl ilgilendiği, bir "iyi"nin zaman içinde "kötü"ye dönüşmesidir.

Pandora'nın kutusunun hikâyesini bilirsiniz. Mitolojiye göre, kötülük, yalan dolan, hastalık, sıkıntı gibi tüm kötülükler Pandora'nın kutusuyla beraber dünyaya gelmiştir. Pandora kutuyu açmaması konusunda sıkı sıkı tembihlidir ancak merakına yenik düşer, kutuyu açar ve tüm kötülükler açığa çıkar. Büyük zorluklarla kutuyu kapattığında kutunun içinde sadece umut kalmıştır. Tüm bu kötülükler, açığa çıkmasıyla beraber insanlar arasında hızla yayılmış, insanların bakış açıları, beklentileri ve davranış şekilleri kökünden değişmiştir. Bu mitolojik efsanede olduğu gibi, kötü alışkanlıkların yayılması dünden çok da farklı değildir. Küçük ya da büyük, kötülükler belli bir ortama bulaşınca hızla yayılır, çevredeki insanları etkisi altına alır.

İç dünyamızda yer alan iyi ve kötü arasındaki savaş, Sophocles'in Oedipus Tex'i ve Shakespeare'in Matcbeth'inden çok önce efsane-

3 (Orkan Şancı, http://www.ntv.com.tr/galeri/sanat/star-warsu-olumsuz-kilan-10-neden,2C8WcDLonkmMKG6gZRIBQg/ecCGLdHw5keDzKVdWFtKfg)

lerin, dinin ve edebiyatın malzemesi oldu. Freud'un (onun adını da sapığa çıkardılar ama neyse, bu konuyu ileride konuşacağız) terimleriyle, her birimiz içimizde beklenmedik bir şekilde süperego denetiminden kurtulabilen karanlık bir kişilik, bir id, bir canavar barındırıyoruz. Yoksa dost canlısı bir kişinin yol vermedin kavgasına tutuşup onu öldürmesini nasıl açıklayacağız? Öfkenin etkisine kapılan kişilerde içsel bir düğmenin çevrilmesiyle birden her şey değişebiliyor. Bazıları da, "Kusura bakmayın hâkim bey. Bedenimde iki farklı kişilik var" diyerek olayı daha da içinden çıkılmaz bir hale sürüklemeye çalışır. Aynı bedende farklı kişiliklerin oluştuğu bu durum çoklu kişilik bozukluğu olarak bilinir. Aziz dostum felsefeci arkadaşım John Locke (1632-1704), bu olasılığı tahmin ederek, birbirinden bağımsız iki kişinin tek bir bedende -birinin gündüzleri diğerinin geceleri- yaşadığını hayal etti. Eğer bu iki zihnin birbiriyle erişimi yoksa, bu durumda Locke'un gözünde iki ayrı kişiydiler. (Bu arada Lost dizisindeki John Locke karakterinin konumuzla hiçbir ilişkisi yoktur çünkü o hâlâ dizideki repliklerinden biri olan "Bana ne yapamayacağımı söyleme" demektedir.)

Filozof Locke'un tespitlerinin üzerinden çok uzun yıllar geçtikten sonra, gördüğü kâbusun etkisiyle uyanan Robert Louis Stevenson, 1885'in sonbaharında bir gün sabah saatlerinde uykusunda çığlık atarak uyandı. Eşinin onu uyandırmasından hemen sonra bir kitap üzerinde çalışmaya başladı. "Mükemmel bir korku romanı" olarak tanımladığı bu kitabın bir yerinde "İnsan aslında bir değil, iki kişidir" deniliyordu. Kitap bir gecede başarıyı yakaladı. Roman, iyi huylu bilim adamı Dr. Jekyll'ın temsil ettiği baskıcı görgü kuralları ile katil ruhlu Mr. Hyde'ın temsil ettiği kontrol edilemez tutku arasındaki ikilemin büyülediği Viktorya dönemi insanlarının hayal gücünü yakalamıştı. Dr. Jekyll, kendisini nasıl kontrol edeceğini bildiğini düşünüyordu. Ama Mr. Hyde devreye girdiğinde kendini kollamalıydı.[4]

4 Arıely, 2009, s. 97

Bir Bedende 2 Kişi Nasıl Olur?
Dr. Jekyll ile Mr. Hyde romanında aynı bedende "bir değil, iki kişi" vardır.

Günün sorusu, acaba onları ne etkiliyor, nasıl bir etki altında kalıyorlar? Peki insanların "özgür irade"lerine ne oldu?

Ben size söyleyeyim, öyle "özgür irade" falan yok. Bunun da altını kalın kalemle çizeyim. İleride nedenlerini açıklayacağım.

"İnsanlara Uygun Şartları Sağla, Sana Onlardan Bir Canavar Yaratayım"

(Stanford Hapishane Deneyi, Milgram Deneyi)

"Şeytanın en büyük hilesi, tüm dünyayı aslında var olmadığına inandırmakmış..."
Usual Suspects (1995)

"İyi" insanlara kötülük yaptıran şey nedir? İddia odur ki, aşırı sert koşullar altında hemen herkes itaatkâr davranabilir. Ne? "Yok canım neler?" mi dediniz?

Vietnam Savaşı sırasında ABD askerleri My Lai köyünde, aralarında yaşlı, kadın ve çocuklarında olduğu 450-500 Vietnamlı sivili katletti. Kurbanların görüldüğü fotoğraf yayınlandığında Amerika toplumunda infial yarattı. Acaba askerler neden böyle hunharca bir şey yapmıştı?

Yine Amerikan askerlerinin 2003 yılında, işgal altındaki Irak'ta yer alan Ebu Gureyb Cezaevi'nde tutuklulara uyguladıkları işkence ve kötüye kullanma olaylarının fotoğrafları kamuoyuna yansıdığında da infial yarattı. Irak'taki işkencelerin anlatıldığı kamuoyundan gizlenen 53 sayfalık bir raporda, Ebu Gureyb'den çıkan resimlerin ardından bu rapordan kimi bölümler de Amerikan basınında yer almış, buna göre, "sadistçe, kaba ve gayri ahlâki" diye tanımlanan çok sayıda işkence örneği anlatılırken, "Iraklı esirlere sopalar ve farklı aletlerle tecavüz edildiği, çırılçıplak soyuldukları, kadın çamaşırları giymeye zorlandıkları, günlerce su ve tuvalet bulunmayan hücrelerde tutuldukları ve sürekli olarak dövüldükleri" dile getirilmiştir. Olayların ortaya çıkmasından sonra ABD'li çavuş Charles Graner askeri mahkemede yargılayarak suçlu bulmuştu. Başta Çavuş Graner'e ve diğerlerine bu işkenceleri yaptıran kuvvet ne idi?

İnsanlar sosyal etki alanına yakalandığında davranışları değişip başkalarının beklentilerine uymaya başlar. Peki insanlar bunu neden yapar? Büyük bir olasılıkla insanlar karmaşık ve sıra dışı bir durumla karşılaştıklarında nasıl davranmaları gerektiğini bilmedikleri için itaatkâr davranıyor. Belki de herkesten farklı davranmaları halinde alay konusu olmak, küçük görülmek ya da cezalandırılmaktan korktukları için. "Bu gibi durumlarda kalabalığın yaptığını yapmak" her zaman en garantili ve risksiz olan yoldur.

Sosyal etkinin kurduğu itaat ve itaat baskıları iyi insanları kötü şeyler yapmaya itebilir. İnsanlar bazen aşırı ve şaşırtıcı bir şekilde itaatkâr davranırlar, bu durum ölüm-kalım söz konusu olduğunda bile değişmez. Uzun süreli güçlü bir itaat baskısı söz konusu olduğunda belki de bütün insanlar aynı şekilde davranır.

İnsanlar güçlü sosyal baskı altındayken, ahlâk dışı bir eylem çağrısı yapıldığında bile grup ne yaparsa ona uyabilir. Cennetin Kapısı Tarikatı üyelerinin toplu intiharı (Heaven Gate) bunun en acımasız örneği. İnsanlar sosyal etki alanına yakalandığında davranışları değişip başkalarının beklentilerine uymaya başlıyorlar.

Tarikat dedim de aklıma geldi. Cumhurbaşkanlığı, 2016'nın son ayında 15 Temmuz darbe girişimini anlatmak için, "10 Soruda 15 Temmuz Darbe Girişimi ve Fethullahçı Terör Örgütü" isimli broşürü Türkçe ve İngilizce olarak hazırladı. Broşürde "FETÖ'yü anlamak isteyenlere The Following dizisini izlemeleri" önerildi. Dizi bir edebiyat profesörünün kendi hastalıklı yapısı nedeniyle insanları bir suç makinesine dönüştürmesinin hikâyesini anlatıyor.[5] Ünlü seri katil Joe Carroll (James Purefoy) ölüm hücresinden kaçar ve yeni bir çılgınlığa soyunur. Çevresindekiler âdeta bir tarikata girmiş gibidirler ve ne isterse itirazsız yapmaktadırlar. Bunun üzerine FBI, eski ajan Ryan Hardy'i (Kevin Bacon) davaya danışmanlık yapması için departmana geri çağırır. Hardy'ın görevi, edebiyat öğretmenliği yaptığı Virginia Üniversitesi'nin kampüsünde dokuz yıl önce 14 kız öğrenciyi öldüren Carroll'ı yakalayıp hapse atmaktır. Hardy, Carroll'la ilgili her şeyi bilmektedir, onu psikolojik ve entelektüel olarak anlayabilecek tek kişidir. Ancak yıllar önce Carroll davasını çözen Ryan Hardy artık farklı bir adamdır. Bu seri katili yakalamak için harcadığı süre boyunca hem fiziksel hem de zihinsel olarak yaralanmış olan Hardy sahadan ayrılalı uzun zaman olmuştur. Dizide kötüler cezasını buldu ancak iyiler de korkunç bedeller ödedi.

Bir Deneyden Ortaya Çıkan Olmadık Dersler

Bu konuda Milgram ve Stanford Hapishane Deneyleri'nden de önemli dersler çıkarılabilir. Milgram Deneyi, 2. Dünya Savaşı'nın bitmesinin ardından Nazi savaş suçlusu Adolf Eichmann'ın Kudüs'te yargılanmaya başlamasından sonra uygulandı. Deneyde, Eichmann ve Yahudi Soykırımında yer alan yüzlerce kişi sadece onlara verilen görevi yerine getiriyor olabilir miydi? Hepsi de yardakçılıkla suçlanabilir miydi? Nasıl oluyordu da sadece görevlerini yapan, kendi başlarına vahşi işlere kalkışmayan sıradan insanlar korkunç bir yok etme işleminin bir parçası olabiliyordu? Ek olarak yaptıkları işin yıkıcı sonuçlarını apaçık görmelerine rağmen, temel ahlâki değerleriyle çelişen bu görevlerde pek az kişinin otoriteyi reddetme potansiyeli olduğu görüldü. Milgram Deneyi gösteriyor ki, emir verildiği ve emrin dayatma-

---

5 http://t24.com.tr/haber/cumhurbaskanligi-fetoyu-anlamak-icin-the-followingi-izleyin,374967

cı şekilde yinelendiği durumlarda, sıradan insanların %65'i bir diğerinin acı çekmesine şahit olduğu halde, kendisi de travmatize olarak ölümcül olabilecek girişimlerde bulunabiliyordu.

Stanford Hapishane Deneyi'nde ise bir grup üniversite öğrencisi, görünürde mahkûmiyet psikolojisinin araştırıldığı bir deneye gönüllü olarak katıldı. Rastgele seçilmiş öğrencilerden bir kısmına gardiyan, bir kısmına da tutuklu rolü verildi. Stanford Üniversitesi Psikoloji Bölümü'nün bodrum katında oluşturulan yapay bir hapishanede rollerini oynamak üzere deneye dahil olan öğrenciler, deney başladıktan kısa süre sonra bambaşka kişilere dönüştüler. 1971'de literatüre başarısız bir deney olarak geçen Stanford Üniversitesi'nde psikoloji Profesörü olan Phillip G. Zimbardo, Hapishane Deneyi'yle, sıradan insanların üzerlerine bir üniforma geçirilip, yetki verilip denetlenmediklerinde sadistik eğilimler gösterebileceğini ortaya çıkardı. Stanford Hapishane Deneyi'nin filmleri çekildi, belgesellere konu oldu, esinlenilerek romanlar yazıldı.

Neden İtaatkârız?

Stanford Hapishane Deneyi'nde, okulun bodrumunun hapishaneye dönüştürülmesi (Kıyafetlerden kimlik kartına kadar aslına uygun bir hapishane) ve 'akıl sağlığı' konusunda testten geçirilmiş Amerika ve Kanada'dan 24 "normal" erkek üniversite öğrencisine mahkûm ve gardiyan rollerinin verilmesine dayanan 2 haftalık bir simülasyon söz konusudur. Öğrencilere aynı zamanda 15 dolar cep harçlığı verildi. Ancak mahkûm rolündekilerin duygusal çöküntü içine girmesi, devamında gardiyan rolündekilerin acımasız ve gaddar eğilimler göstermesi ve deneyi yapanların da kendilerini hapishane müdürü gibi görmeye başlamaları üzerine deneye 6'ncı gün son verildi çünkü otorite karşısında itaat, iyi insanları bile birer işkenceciye dönüştürdü.

Ancak unutmayın ki, içimizdeki bu "Şeytan" olayı herhalde insanlığın tartışılan ve çözüm bulamamış konularının başında gelir. Tanrı ile Şeytan arasındaki ilişkiyi tartışan Yuval Noah Harari, insanların çelişkili şeylere aynı anda inanabilme kapasitesine sahip olduğuna dikkat çeker. *"Bu yüzden milyonlarca Hıristiyan, Müslüman ve Yahudi'nin aynı anda hem bir mutlak güç sahibi Tanrı'ya hem de ondan bağımsız bir Şeytan'a inanmasına şaşırmamalıdır. Sayısız Hıristiyan, Müslüman ve Yahudi, iyi Tanrı'nın Şeytan'la mücadelesinde bizim yardımımıza ihtiyaç duyacağını düşünecek kadar ileri gittiler. Bu yaklaşım diğer başka şeylerin yanında Haçlı seferlerinin ve cihatların da ilham kaynağıydı."* [6]

Dört milyar yıl sonra bugün insanoğlu her zamankinden daha güçlü fakat bu güçle ne yapacağımızı bilmiyoruz. Harari yine soruyor: Ne istediğini bilmeyen, tatminsiz ve sorumsuz tanrılardan daha tehlikeli bir şey olabilir mi? Çünkü ona göre sadece dünyayı değil, kendimizi ve diğer canlıları tasarlama becerisi de kazandık. Peki bu bizi nereye götürür, bizi neye dönüştürür?

Sakın ha bu küçük tanrılar yeniden Frankenstein yaratmaya soyunmasınlar? 1818'de Mary Shelley, yarattığı varlık kontrolden çıkıp ortalığı mahveden bir bilim insanının hikâyesi olan *Frankenstein*'ı yayınlamıştı. Çok ilgi gören bu hikâye, *Dr. Jekyll ile Mr. Hyde* kitabındaki içerik gibi son 200 yılda sayısız defa tekrar tekrar anlatıldı, sayısız filmleri yapıldı. Aslında Frankenstein mitinin bugün çok derin bir anlamı daha vardır. Tanrı rolünü oynarsak, hayatı tasarlamaya çalışırsak sert bir şekilde cezalandırılacağımız ana fikri karşımızda durmaktadır. Sonuçta doğamız gereği "koşullar" müsait olduğunda, yani otoriteyi elimizde bulundurduğumuzda birer şeytana dönüşüp şiddet eğilimleri gösterebiliriz. "İyi" insanlara kötülük yaptıran şey işte bu şeytandır. Bu etki, ismini gözden düşen ve ardından şeytan olan Lucifer Meleği'nden (Şeytan Etkisi) alır. Bu etki bize kötülüğün psikolojisini anlatır.

---

6 (Harari, 2015, s. 223)

Kalabalıkların İçinde En Son Ne Zaman Kayboldum Hatırlamıyorum

(Kalabalığın İnsana Yaptıkları)

İnsan psikolojisini etkileyen şeylerin başında kalabalık gelir. Kalabalık psikolojimizi o kadar çok etkiler ki, bazen kaybolmak için kendimizi "kalabalıkların" içine atarız, bazen de kalabalıktan o kadar bunalırız ki, kalabalık üstümüze üstümüze geliyor gibi olur. Kalabalık fobisidir bunu yaptıran.

Benim geldi, mutlaka sizin başınıza da gelmiştir. Acıkmıştım ve top oynamış susamıştım. Ama neyse ki çölün ortasında değildim. Bir restoranın önünden geçiyordum ve içeriye girmek için iki kişinin beklediğini gördüm ve "Burası iyi bir Çin restoranı olmalı" diye düşündüm. Ben de diğer insanlar gibi sıraya girdim. Sonradan fark ettim ki, benden sonra başka insanlar da benim arkamdan sıraya girdiler. Herhalde onlar da benim gibi "burası iyi restoran olmalı" diye düşünmüşlerdi. Neyse, bir süre sonra beni de içeri aldılar, ben de bir masaya yerleştim ve yemeğimi yedim. Yemek nasıl mıydı? Daha iyilerini yediğim olmuştur! Eee o zaman ben o gün neden orada yemek için sırada bekledim? Hâlâ anlamış değilim!

Bazen de kalabalık bir vapurdan biri aşağıya düşer, birileri "denize bir bayan (?) düştü!" diye bağırır. Vapur bir süre sonra durur. Suya düşen adam boğulmak üzeredir. Adamı seyreden kalabalıkta herkes, birinin ya da birilerinin denize atlamasını ve adamı kurtarmasını bekler. Kalabalıkta akıl veren çok olur. Kalabalık arasından "suya adamı kurtarmak için atlayacak kimse yok mu?" sesleri duyulur. Sonunda denize biri atlar. O sırada orada boğulmakta olan vatandaşı kurtarır. Onun da denizden çıktığında kalabalığa şiddetli bir şekilde "Beni kim itekledi?" demesi, kabalık tarafından pek manidar bulunur.

Tabii ki her milletin kalabalıkla olan "imtihanı" farklı farklıdır. Mesela Türkler bir şeyi kalabalık bir şekilde yapmayı sever. Karayollarındaki trafik kazalarını, çalışan iş makinesini kalabalık bir şekilde seyretmeyi pek sever. Bir ırz düşmanına, bir tecavüzcüye ceza verilecekse ya da linç edilmesi gerekiyorsa bunu yapacak olan bireyler değil, kalabalıklardır. Olayın muhtevasını biraz daha genişletirsek, bir katliam yapılacaksa (Madımak Faciası) onu yapacak olan kalabalık yığınlardır.

Taksim'de yılbaşı gecesi turist kızlara cinsel tacizde bulunan kişiler kabalıkların içinde yer almaktadır. Yine Taksim'de binlerce insanın ortasında balicilerin saldırısına uğrayan bir insana, ne tuhaftır, "kabalıktan" hiç kimse yardım etmedi.

Bunun tam tersi olarak, insan yeri gelir yaralı ya da saldırıya uğrayan bir insana yardım etmek için kendini paralar. Diğerleri öyle aval aval bakarken, kalabalık içinden sadece bir kişi çıkar.

Genel olarak zor durumdaki kişilere yardım etmek insani erdemlerimizden biridir. Şimdilerde pek yaşanmamakla birlikte, yeri geldiğinde yanan binalardan insanları kurtarır, yeri gelir kavga eden insanları ayırır. Bazen de hiçbir neden yokken açıkça yardıma muhtaç birilerine bir türlü yardım etmeyiz. Aslında bu "kalabalık psikolojisi" pek tekin bir şey değildir. Tek başımızayken zor durumda olana yardım ederiz, fakat kalabalık bir ortamda bu yardımı ondan esirgeriz.

Tuğçe de onlardan biriydi. Tuğçe Albayrak, 2014 yılında Almanya'nın Offenbach kentinde geçen yıl Sırp ve Alman gençler arasındaki kavgayı ayırmak isterken bir kişinin saldırısına uğrayarak hayatını kaybetti. Gösterdiği medeni cesaretten dolayı Alman basını ondan "kahraman" olarak söz etti. Ancak kahramanları her zaman kalabalıklar içinde bulmak mümkün değildir. Bir delikanlı çıkıp, zorda olanı kurtarayım demez. Elini taşın altına koyamaz ya da koymak istemez!

Neden?

Özgür İrademize İpotek Koymuş Olamazlar!

(Sosyal Kanıt İlkesi)

Her ne kadar güler yüzlü bir karakteri olsa da, Thomas Hobbes da Machiavelli gibi, insanın zayıf bir varlık olduğunu düşünüyordu. Hepimizin ölüm korkusu ve kişisel kazanç düşüncesiyle hareket eden bencil canlılar olduğuna inanırdı. Fark etsek de etmesek de hepimiz başkaları üzerinde hâkimiyet kurmaya çalışırız. İnsan ruhunun derinliklerinde hâlâ anlaşılamamış çok ilginç yönler vardır. Örneğin olumsuz bilgiler, "insan beyninde daha ağır" basar. İnsan ruhunda "kötü iyiden daha güçlü"dür. Ağır suçlar, kötü kazalar ve benzeri olumsuz olaylar hafızalarımızda daha derin izler bırakır. Bu nedenle olumsuz duyguların insan zihninde verdiği acı, olumlu olayların verdiği zevkin önüne geçebilir çünkü bunlar bizi etkiler, aklımızda kalır ve insan zihninin sadece kurallarla işleyişinin devam edemeyeceği hakkında bilgi verir.

İnsan, hayatı boyunca birçok şeyden etkilenir ve bu etkinin sonucunda da birçok şeye tepki gösterir. Aslında iki uç arasında gidip gelmek de diyebiliriz buna. Bir uç etki ise, diğer uç da tepkidir. Peki, her iki uçta bunlar varken bu ikisinin arasında nasıl bir ilişki vardır? Bir taraftan bu sorunun cevabını bulmaya çalışırken, bir taraftan da etki ve tepkinin farklı anlamlarına değinelim.

Herhangi bir etkiye cevap olarak doğan söz veya davranış olarak tanımlayabiliriz tepkiyi. Tepkinin oluşabilmesi için onun öncesinde bir "etki"nin olması gerekir. Etkiyi ise tepkiye sebep olacak bir hareket veya eylem olarak tanımlayabiliriz. Eğer etkiyi bir sebep olarak düşünecek olursak, tepki bir sonuçtur. Yani zaman içerisinde tepkiyi doğuran şey aslında bir etkidir. Her etkiye karşı eşit ve ters yönde bir tepki oluşur.

Peki, verdiğimiz kararlar ya da tepkiler her zaman kendi düşüncelerimize mi dayanır? Yoksa ne yapacağımıza karar verirken bazen başkalarının davranışlarını mı örnek alırız? Aslında çocukça bir saflık içinde, yaptığımız her şeyi özgürce seçtiğimizi ve yaşamlarımız üzerinde kontrole sahip olduğumuzu hayal ederiz.

Bizi Aldatan Beyin Çok Uzağa Gitmiş Olamaz

İnsanların her zaman nevi şahsına mahsus kişilik yapılarına sahip oldukları düşünülür. Ancak etkiler, bazı özel şartlar altında aldığımız kararları etkiler. Her ne kadar farklı kişiliklere sahip olsak da belirli özel şartlar altında insanların davranışları ortaktır ve aldığı kararlar da birbirine benzer. Bu iddialı sözlerimi geri almak istemem çünkü bu konuda yalnız değilim. Bu düşünceme ünlü felsefeci Spinoza da destek vermektedir. O der ki, yaptığımız her şeyi özgürce seçtiğimizi ve yaşamlarımız üzerinde kontrole sahip olduğumuzu hayal ederiz. Bu yüzden de seçimlerimizin ve eylemlerimizin meydana gelme yollarını genellikle anlamayız. Gerçekte ona göre, "özgür irade" bir yanılsamadan ibarettir çünkü kendiliğinden "özgür eylem" diye bir şey yoktur.

Bu arada, yapılan bazı deneylerle, insanın gerçekten bir özgür iradesi olup olmadığı incelenmiş. Yale Üniversitesi'nde gerçekleştirilen kimi deneyler, bilinçli olarak aldığımızı düşündüğümüz kararların, aslında bilinçsizce aldığımız kararları mantık çerçevesine oturtmak için beynimizin bize oynadığı bir oyun olduğunu ortaya koyuyor. Yani beynimiz bizi kandırıyor ve tarihi yeniden yazıyor olabilir.

İnsan, kendi kafasında bir karara ulaştığı andan itibaren verdiği kararın aslında bir yanılgı olduğunu ispatlayan somut bilgi ve gerçekler listesini önüne sererseniz serin, inandığı yanlış doğrulardan vazgeçmemek için sonuna kadar direnir. İnsanoğlunun bu garip inadını spor taraftarlığında, siyasi görüşlerinde, dini inançlarında, alışkanlıklarında ve de (ne ilginçtir ki) bilimsel olduğunu düşündüğü saplantılarında sürekli olarak gözleriz. Özellikle somut bulgular üzerine kurulu olan bilim içerisindeki sabit fikirlilik (bana göre) listedekilerin en tuhafı. Bilim tarihi, ya şiddetle karşı çıkılmış olan "gerçek iddialar" ya da göklere çıkarılan yanlış uygulamalarla tıklım tıklım doludur. Bunun nedeni "ego ve para"dır.[7]

Zekâmızı kendimizin yarattığına inanmak isteriz; kafalarımızın içinde, kendi düşüncelerimizin bir ürünü olduğuna. Bu konudaki araştırmalar, zekâmızın büyük kısmının, kendimizi çevremize ve diğer insanlara göre nasıl konumlandırdığımıza bağlı olduğunu gösteriyor.

Psikologlar arasında etkili olan teorilerden birine göre de, insan algısal olarak "cimri" davranır. Yani mecbur kalmadıkça, kafa yormak yerine kestirme yolları tercih ediyoruz. Bir siyasi partinin adayına gülümsemesi yüzünden oy verdiyseniz, ya da oturmak için kalabalık olan restoranı seçmişseniz vs. siz de bu gruptasınız demektir. Psikologlar tarafından yapılan araştırmalara göre, insan davranışlarının çoğu şuursuz davranışlar. Yani ne yaptığımıza dikkat etmeden, gözü kapalı, doğru kabul ettiğimiz varsayımlara göre hareket ediyoruz. Psikolog Ellen Langer'in bir araştırmasına göre de, "kişi önceden (kendisi henüz şuurlu bir haldeyken) yaratılmış olan kategoriler içine şuursuzca hapsolur".[8]

---

7 Neva Çiftçioğlu, Habertürk, 11 Nisan 2016

8 İşe Yarayan Çılgın Fikirler, Robert I. Sutton, Boyner Yayınları, s.157

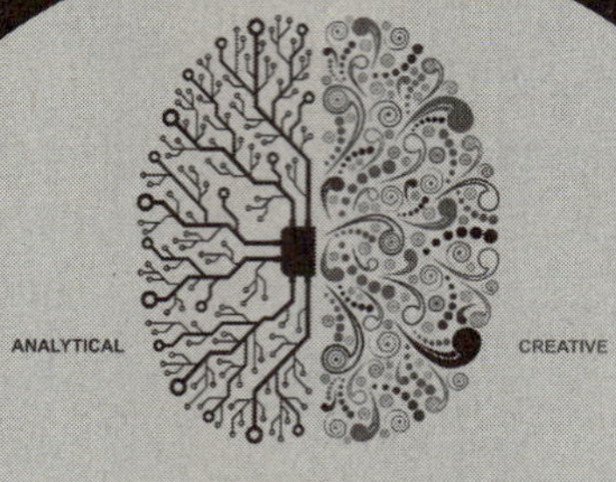

Algısal Olarak Neden Cimriyiz?
Kişiler mecbur kalmadıkça, kafa yormak yerine kestirmeden gitmeyi tercih eder. Bir siyasi partinin adayına gülümsemesi yüzünden oy verdiyseniz, ya da oturmak için kalabalık olan restoranı seçmişseniz siz de bu gruptasınız demektir.

Tüm dünyada 2 milyondan fazla satan *İknanın Psikolojisi* adlı kitabın yazarı Robert B. Cialdini insanların davranışlarını sorgulamadıklarını ve sebebini de bilmediklerini söyler. Cialdini, insanların söyledikleri şeylerle gerçekte ortaya koydukları davranışlar arasında ciddi farklar olduğunu ortaya koyuyor. Tanımlayıcı sosyal normlarda insanlar çoğunluğu takip etme güdüsüyle hareket ediyorlar. Bir gözlemci olarak, başkalarının ne yaptığını izleyip kendi davranışlarını ona göre düzenliyorlar. Bir taktik belirleyici olarak ise, diğer insanların davranışlarını sosyal normlara uydurmaya çalışıyorlar, onları etkiliyorlar. Cialdini'ye göre, kişiler otoritelerin (konusunda uzman ya da mevki sahibi kişilerin) dediğini yapma eğilimindeler.

Siyasi kararlar, sadece mutlu, problemsiz dönemlerde akıllı verilerle alınıyor. Kendimizi bir tehditle karşı karşıya hissetmiyorsak, korkmuyorsak, ekonomiye, siyasetçinin vaatlerine, günlük hayatınızda neler değişeceğine bakarak, analiz ederek siyasi kararlarımızı veriyoruz. Ancak kendinizi tehdit altında hissettiğimizde, ülkemizin yalnız, etrafımızın düşmanlarla çevrili olduğunu düşündüğümüzde düşünmeden, duygusal, grup aidiyetlerine bağlı kararlar alıyoruz. Bu yüzden bazı siyasetçiler bazen özellikle korku, dehşet, tedirginlik duygusu yaratarak, duyguların, grup aidiyetlerinin, (dini aidiyet, ırk aidiyeti, gelenekler vs.) ön plana çıkmasını sağlıyor ve buradan oy topluyor.

Boşuna değil, restoran menülerine "Şef'in seçtikleri" bölümünü ekleniyor. Müşteriler, "şef seçtiyse lezzetli olmalı" algısıyla bu ürünleri tercih etmeye eğilim gösteriyorlar.

Yaşanmış Feci Bir Olay: Çığlıklarına Rağmen Kitty'ye Kimse Yardım Etmedi!

(Seyirci Kalma Etkisi-Bystander Effect)

Tarih, 13 Mart 1964, New York'un Queens Bölgesindeki Kew Gardens. Gece saat 3'te, Amerikan toplumunu derinden etkileyecek ve üzerine kitaplar yazılacak bir cinayet işlenmek üzeredir. Kitty (Catherine) Genovese adındaki genç kadın evine doğru yürümektedir. Genç kadının arkasından tecavüz amaçlı yaklaşan bir erkek, onu bıçağıyla tehdit eder. Kitty, karşı koyar ve bağırarak yardım ister. Tecavüzcü, Kitty'yi bıçaklar ve kaçar. Daha sonra, etraftan bir ses çıkmadığını gören tecavüzcü, tekrar Kitty Genoves'in yanına gelir. Sürünerek evine doğru gitmeye çalışan genç kadın, tekrar bağırır. Bu bağırmaya, sokaktaki evlerin bazılarının ışıkları yanar. Bundan korkan saldırgan, Kitty Genoves'i tekrar bıçaklar ve kaçar. Ancak yardıma kimse gelmez. Bundan cesaret alan tecavüzcü, Kitty Genoves'in yanına tekrar gelerek, bağırarak yardım istemekte olan genç kadına son bıçak darbelerini de indirir ve karanlıkta kaybolur. İlk bakışta New

York şehri için olağan cinayetlerden biri gibi görünmektedir. Nitekim kayıtlara da bir tecavüzcünün saldırısı ve cinayet olarak geçer. Winston Moseley ismindeki katil kısa sürede yakalanır.

Kin see Kitty's killer

THE KITTY GENOVESE FILE

Crowd Applauds As Queens Jury Dooms Moseley

Knifed Barmaid Dies in Mystery

A Nighttime Urge to Slay:

He asks new trial amid their glares

Kitty Genovese Olayı Bize Ne Anlatır?
Çığlıklarına rağmen 35 dakika boyunca can çekişen Kitty'ye kimse yardım etmedi! Oysa çığlıklarını 38 kişi duymuştu.

Olaydan birkaç gün sonra, *Times*'ın Pulitzer ödüllü yazarı A. M. Rosendal kentin emniyet müdürüyle yemek yediği sırada, cinayetin ayrıntılarını Emniyet Müdürü'nden öğrenir. Bu olayda emniyet müdürü için normal olan, ancak gazeteci için anormal bir durum vardır. Eldeki raporlara göre, genç kadının ölümünden yirmi dakika sonra cinayeti gören bir kişi polisi durumdan haberdar etmiş ve iki dakika sonra da polis olay yerine gelmiştir. Polislerin şahitlerle yaptığı konuşmalarda, 37 kişi olayı gördüğünü söylemiştir.

Yine rapordan anlaşılmaktadır ki, Kitty Genoves'in yardım için ilk bağırışının duyulmasıyla tecavüzcünün genç kadını en son bıçaklayıp kaçması arasında tam otuz beş dakika vardır. Dramatik bir şekilde genç kadın, bu süre zarfında sürekli olarak yardım istemiş ama kimse yardımına gitmemiştir. Olayı gördüğünü söyleyen 38 kişiden hiçbiri saldırıyı polise ihbar etmeyi akıl dahi etmemiştir. Rosendal, ciddi bir toplumsal ve sosyo-psikolojik sonuçları olan büyük bir haber yakalamıştır. Haber gazeteye taşınınca sonuçları itibariyle Amerikan toplumunu derinden etkileyen bir durum ortaya çıktı. Haber, TV, gazete ve radyo kanallarına kadar yayıldıktan sonra cinayetin ortaya çıkardığı reel durum Amerikan toplumunun değerlerinin yeniden sorgulanmasına neden oldu. Nasıl oldu da 37 görgü şahidinden hiçbiri olayı telefonla polise ihbar etmedi? Amerikan tolumu giderek daha mı umursamaz, duyarsız bir toplum haline gelmektedir? Medyanın gündemine yerleşen konu hakkında özetle öne sürülen görüşler şunlardır: Görgü şahitleri, korktuğu için ihbarda bulunmamıştır. TV'deki şiddet görüntüleri toplumu duyarsızlaştırdığı için büyük kentlerdeki yaşam insanları yabancılaştırmıştır.

Deneyler ve araştırmalar göstermiştir ki, aslında Kitty Genovese ve benzeri olaylarda, kişilerdeki duyarsızlık bir yabancılaşma veya benzer duygu durumlarından öte, kalabalığın olduğu bir ortamda, yardıma ihtiyaç duyan kişi, yardım etme sorumluluğunun paylaşılmasının kurbanı olmuştur çünkü acil duruma tanık olanların sayısı ne kadar çoksa, içlerinden birinin kurbana yardım etme ihtimali o kadar düşüktür.

Bibb Latane ve John Darley isimli iki sosyal bilimci profesör, Kitty Genovese olayında şahitlerin duyarsız kalmasını sadece "görgü tanıklarının korkmasına" bağlamanın yanlış olduğunu düşünür. Bu tür olaylarda insanların duyarsızlaşmasının iki nedeni olabilir: Öncelikle, bir kişi, kalabalık bir ortamda yardıma ihtiyaç duyacak şekilde zor bir duruma düşerse, çevredeki her bir kişi, diğerinin olayla ilgileneceğini düşünür ve dolayısıyla, kalabalık ortamda, yardım edilecek kişi için bireyin potansiyel sorumluluğu azalır. Ya da çoğu kişi için, acil bir durum gerçekten de acil bir durum gibi görünmeyebilir. Sokakta yerde yatan adam kalp krizi mi geçirmiştir yoksa alkolden sızıp kalmış bir sarhoş mudur? Sokaktan gelen ses bir silah sesi midir yoksa bir arabanın egzozu mudur? Bitişik daireden gelen gürültü polisi çağıracak kadar önemli bir kavga mıdır, yoksa hiç kimsenin karışmaması gereken ve birazdan bitecek olan bir karıkoca münakaşası mıdır? Bu gibi durumlarda, olaya şahit olanlar diğer kişilere bakar. Diğerleri ne yaparsa onlar da onu yapar. Diyelim ki tiyatrodasınız. Biri "yangın var" diye bağırdığında kişi çevresine bakar. Eğer kimsede bir heyecan, bir hareketlenme yoksa durumun acil olmadığına kanaat getirir ve yerinden kalkmaz. Bu durumlarda çoğulcu bir kayıtsızlık devreye girer, "sayı çokluğunun güvencesi" bizi toptan bir yanılgıya götürür.[9]

Seyirci Etkisi (Bystander Effect)

Kalabalıklar söz konusu olduğunda akıllı ya da bilgece davranışlar ilk akla gelen özellikler değildir. Başkalarının varlığı, kişinin yardım etme davranışını engeller. Yardıma ihtiyaç duyulan bir durumda, çevrede olaya tanıklık eden kişi sayısı ne kadar fazla ise müdahale eden kişi sayısının o oranda düştüğünü belirten sosyal psikolojik bir etkidir. Olası bir yardım ihtiyacı durumunda, etrafta çok sayıda tanık varsa, her bir tanık orada bulunan diğerlerinin müdahale edeceğini düşünerek duruma kayıtsız kalıyor ve bu durum hiç kimsenin müdahale etmemesi gibi sonuçlara yol açabiliyor.

Kaynak: ABD'li karikatürist Eric Allie

9 Aronson-Wilson-Akert, 2012, s.654

İnsan, fazlasıyla sosyal bir yaratıktır ve bizler çoğunluğa uyum sağlarız. Çevremizdeki insanların ne düşündüğünü iyi biliriz ve beğenilmek isteriz. Grubu bozan kişi olmak istemeyiz, dolayısıyla çoğunluğa uyum sağlarız. İnsanların ne söylediğine inanmasak bile yine de çoğunluğa uyarız. Karar verme sürecinde insanın çevresi önemli bir rol oynar. Deneysel psikolojik araştırmalara göre, insanlar karşılıklı etkileşimde bulunduğunda hemfikir olmaya ve daha kötü karar almaya başlıyor. İstişare sırasında bilgi değil önyargılarını paylaşıyorlar.1953'te Harvard Üniversitesi psikoloğu Solomon Asch, insanların genellikle yanlış da olsa çoğunluğun görüşüne ayak uydurduğunu, kendi düşüncelerini çiğneme pahasına bile bunu yapabildiklerini deneyle kanıtlamıştı (Asch deneyi).

Ancak gruba riayet, "kalabalıkların bilgeliği" etkisi ile tam bir tezat oluşturuyor. İkinci durumda, çok sayıda insanın fikrini almak tek tek bireylerin fikirlerine başvurmaktan daha doğru bir sonuca ulaşmayı sağlar. Bu ise kalabalığı oluşturan üyelerin birbirinden bağımsız yargılarda bulunması ve bu kalabalığın farklı çeşitleri içermesi halinde olur. Üyelerin benzer kimliklere sahip olduğu uyumlu gruplarda ise birlik halinde hareket güdüsü öne geçer. Ancak meseleye başka bir açıdan baktığımızda kalabalıkların bir araya gelerek çok önemli işler başardıklarını da söyleyebilir.

Amerikalı gazeteci James Surowiecki, 2004 yılında yayımlanmış olan *Kitlelerin Bilgeliği* (Çok Kişinin Aklı Neden Az Kişinin Aklından Üstündür ve Kolektif Akıl İş Dünyasını, Ekonomileri, Toplumları, Ulusları Nasıl Biçimlendirir?) kitabında güncel örneklerle konuyu derinliğine tartışır. Ancak kolektif akılla doğru sonuçlara ulaşılabilmesi için bazı özel koşulların olgunlaşması gerekir. Öncelikle kalabalığın, çeşitli kesimlerden ve farklı görüşlerden bir araya gelen insanlardan oluşması gerekir. Sonra otoriter bir yapının olmaması gerekir çünkü hiyerarşik bir düzende kolektif akıl etkin hale gelemez. Üçüncü olarak kişiler karar verirken çevresindekilerin etkisi altında kalmamalıdır.

Dördüncü olarak, bir karar verme mekanizmasının kurulması, kişilerin özel kararlarının kolektif karara dönüşebilmesinin sağlanması gerekir. Sözün özü, bu dört madde sağlandığında çok sayıda insanın ortak aklı o grubu oluşturan tek tek bireylerden daha doğru sonuçlara ulaşabilir. Hatta grubun aklı o grubun içindeki en akıllı bireyden daha üstün de olabilir.

Bir Kurt Sürüden Ayrılmak İstiyorsa Buna En Çok Yalancı Çoban Sevinir

(Sürü Psikolojisi, Bando Arabası Etkisi-Bandwagon Effect)

"İnsan sosyal bir hayvandır, sadece sürünün içindeyken mutlu olur. Saçmaymış, kötüymüş, onun için fark etmez, her şeyi benimseyebilir, yeter ki sürü de benimsemiş olsun. Sürünün yaptığı her şeyi yapar, böylece bir yere ait olur."
Sören Kierkegaard

Yalnızlık ve yalnız kalma korkusu, en çok korktuğumuz korkuların başında gelir. İşte bu nedenledir ki, yalnız kalmamak adına her nevi topluluğa uymayı ve kalabalıkta fark edilmeden bu grup içinde kaybolmayı bir meziyet olarak görür, "bu güvenli limana" demir atmak isteriz. Bir şeyi başkaları yaptığı için yapma ya da başkaları inandığı için inanma eğiliminden çok etkileniriz. Sürüye ve onun gereklilikleri olan psikolojisine uyarız. Aslında bu bir anlamda tehlikelidir çünkü sürüye uyduğun vakit o andan itibaren özgürlüğün elinden alınmış, yaratıcılıktan uzaklaşmış, herkesin göremediğini gören özelliklerin ortadan kalkmıştır. Sürü psikolojisinin bir neferi olarak bu insanlar farklı fikir ve görüşlere sahip olamazlar ve dolayısıyla söz konusu topluluğa dahil olarak aidiyet hissiyle grubun kurallarını sorgulamadan inanç ve davranış şekillerinin dışına çıkamazlar. Tabii ki bu tıpa tıp birbirinin aynısı kişilerden oluşan insanlar, bir inovasyon ya da bir yaratıcılık olsun, bu işlere imza atamazlar.

Sıra beklemek kimsenin hoşuna gitmez ama araştırmalar, sıraya yaklaşımın sıranın görünümü, amacı ve bizim nereli olduğumuzla ilgili olduğunu gösteriyor. İngilizler düzenli bir şekilde ve sabırla sırada beklemeleriyle tanınır. Massachusetts Teknoloji Enstitüsü (MIT) profesörü ve sıra uzmanı Richard Larson buna ilginç bir örnek veriyor. 2011'deki Londra olaylarında yağmalama girişiminde bulunan bazı insanlar bile sıranın kendilerine gelmesini bekliyordu. "Yağmacıların bile medeni bir şekilde sıraya girdiği Londra'dan başka bir yer düşünemiyorum," diyor Larson.

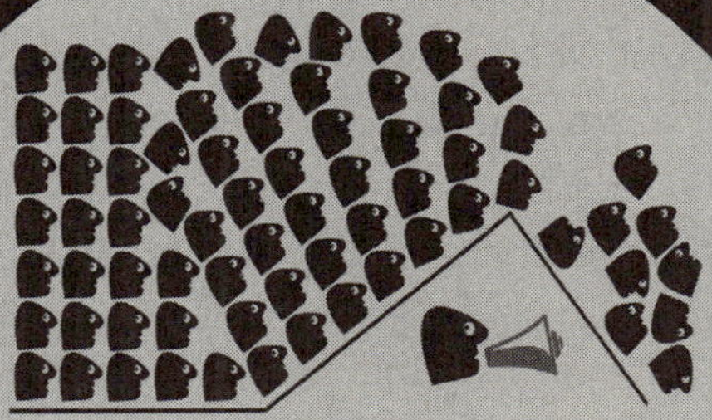

Bando Arabası Etkisi (Bandwagon Effect)
"Sürü psikolojisi", ilk olarak 1848'de ABD'de kullanılmaya başlandı. Dan Rice isimli bir palyaço, yerel bir seçimde bindiği bando arabasında çıkardığı gürültüyle çevresinde toplanan insanları desteklediği siyasetçiye oy vermeye çağırıyordu.

Dünyanın en iyi sırada bekleyen toplumunun İngilizler olduğunu düşünen tek kişi Larson değil. Yazar George Mikes da "Bir İngiliz tek başına bile olsa bir kişilik sıra oluşturur" diyor. *İngiliz Halkı* adlı denemesinde George Orwell İngilizlerden oluşan kalabalıkların "sıraya girme isteğinden" söz eder. Başka yazarlar da İngilizlerin sıraya girmelerinde temel özelliklerinden biri olan hakkaniyet duygusunun etkili olduğunu ifade ediyor.

Liverpool'daki John Moores Üniversitesi'nde sosyal bilimler profesörü ve İngiltere'de sıraya girme kültürü hakkında kitap yazan Joe Moran, İngilizlerin bu konuda ünlenmesini 1940'larda savaş nedeniyle karne uygulanan döneme dayandırıyor. Sıraya girenler bu konuda ne kadar "iyi" olursa olsun sıranın işlevini yerine getirmesi için hakkaniyetli olması gerekir. Böylece sıra kavgaları önlenmiş olur. İnsanlar, kuyrukları başkalarının değer verdiği bir şeyin fiziksel ifadesi ve bir kaynağı bölüşme yolu olarak görüyor. Yakıt ve gıda için sıraya girilen 2. Dünya Savaşı'nda insanlar ne için olduğunu bilmeden sıraya giriyordu. Ortada bir sıra varsa, ucunda değerli bir şeyin olduğu düşünülüyordu. Bu, grup psikolojisinin fiziksel bir ifadesiydi. *"Ortada bir sürü psikolojisi var ve siz sıraya girmediğinizde o fırsatı kaçırıyorsunuz diye düşünüyorsunuz."*

Günlük konuşmalarımızda bir aşağılama ifadesi anlamına gelen "sürü psikolojisi", ilk olarak 1848'de ABD'de kullanılmaya başlanmış. Dan Rice isimli bir palyaço, yerel bir seçimde bindiği bando arabasında çıkardığı gürültüyle çevresinde toplanan insanları desteklediği siyasetçiye oy vermeye çağırıyordu. Başarı elde etmesi üzerine İngilizceye "Bando Arabası Etkisi" (Bandwagon Effect) kavramı girmiş oldu ve "sürü psikolojisi" anlamında kullanılmaya başlanmış.

Peki biz bu sürü psikolojisinin sevdalısı olmaya neden meyilliyizdir? Aslında tavırsal anlamda biz de bazı hayvanlardan çok da farklı davranmıyoruz.

Çinli Taklit Ustaları Bir Tek Demirel Taklidinde Başarısız Oldu

(Mem-Mimik, Taklit Etmek)

"Bir koyunu arka ayakları üzerinde doğrultmakla insana dönüştüremezsiniz ama bir koyun sürüsünü aynı konuma getirirseniz bir insan kalabalığından farkları kalmaz."
Sir Max Beerbohm, Zuleika Dobson

New York Üniversitesi'nden Dr. Maurizio Porfiri, herhangi bir akvaryumdan gelişigüzel bir balık alır ve öldürmeyecek ölçüde alkollü ortama yerleştirir. Balık, hareketleri değişecek kadar sarhoş olunca, biraz önce ayrıldığı akvaryuma geri konur. Sarhoş balık yüzme hızını artırarak akvaryumda bir sağa bir sola çarpar. Diğer balıklar 1-2 dakika bu sarhoş balığı izledikten sonra peşine takılırlar. Tüm akvaryumdaki balıklar çılgınlar gibi yüzmeye ve sarhoş balığı taklit etmeye başlarlar.

Canlıların beyinleri alışılagelmemiş fikirlere daha açık. Geçelim bir başka örneğe.

Kosta Rika'da bir hayvanat bahçesinde 12 şempanze mutlu bir hayat sürüyormuş. Yakın bir bölgedeki başka bir hayvanat bahçesi kapatılınca, ellerindeki tek şempanze Kosta Rika'daki bahçeye gönderilmiş. Yüzü yara izleriyle dolu olduğu için adı "Yarayüz" olan şempanzenin tüyleri dökük, çirkin ve bakımsızmış. Çok geçmeden Yarayüz daha önce görmediği bu barışçıl ortamda terör estirmeye başlamış. Dişileri ısırıyor, idrarını yaparken tüylerini kabartıp naralar atıyor, yemeklere saldırıyor, diğerlerinin yemesine izin vermiyormuş. Asosyal Yarayüz, kafeste ısırılmadık dişi bırakmadığı halde bütün dişilerin çiftleşmek istediği tek erkek konumuna gelmiş. Diğer erkek şempanzeler de artık onu taklit etmeye başlamışlar. Yarayüz barış ortamına uyum sağlayacağı yerde tüm kafesi ele geçirmiş, diğer şempanzeleri de kendine benzetmiş.[10]

Bilim dünyasında sıklıkla tartışılan bir konu vardır. "Nasıl oluyor da aynı ideolojiyi paylaşan insanlar, aynı fabrikadan çıkmışçasına birbirine benziyorlar, birbirlerine benzer davranışlar sergiliyorlar?

Çünkü insanlar, benzersiz taklit yetenekleriyle sıra dışı varlıklardır. Fikirleri, alışkanlıkları, becerileri, davranışları, buluşları, şarkıları ve hikâyeleri birbirlerinden kopyalarlar. Bunların hepsi birer "mem"dir. Mimik kelimesinden türeyen "Mem" kavramının temel özelliği, bunların gelecek kuşaklara taklitle aktarılmasıdır. Genler kendilerini moleküler düzeyde kopya ederek çoğalırken, memler toplum içinde taklit edilerek hayatta kalırlar. Hoşa giden bir müzik parçasının, bir ressamın tablosunun taklit edilmesi, bütün kültürlerde ortak efsanelerin olması gibi, başarılı olan "kültür parçası" taklit edilir, başarısız olan elenir.

Mem, Richard Dawkins'in ortaya attığı kültürel iletim birimi olarak biliniyor. Buna göre, nesiller değiştikçe kültürel ve sosyal içerik bir sonraki nesle "mem"ler tarafından aktarılıyor. Bu tıpkı biyolojik içeriğin DNA tarafından aktarılması gibi. Fakat memler, DNA gibi mikroskop altında görülebilen somut bilgi

---

10 Doç. Dr. Neva Çiftçioğlu Banes, Habertürk, 28/5/2014

kodları değil, daha çok soyuttur. Bu bakımdan sosyolojik gen denebiliyor. Dawkins, "Gen Bencildir" kitabında belirttiği üzere "gen" kelimesi gibi tek heceli bir isim istediğinden bunu "mem" olarak kısaltmıştır.

Wikipedia'ya göre, ezgiler, düşünceler, sloganlar, moda, mimari, mem örnekleridir. Genlerin sperm ya da yumurtalar yoluyla bir bedenden diğerine atlayarak gen havuzunda çoğalmaları gibi, memler de, geniş anlamda taklit (etkileşim) denebilecek bir süreç yoluyla bir beyinden diğerine zıplayarak kendilerini çoğaltırlar. Örneklemek gerekirse, bir bilim insanı güzel bir düşünce duyduğunda ya da okuduğunda bunu arkadaşlarına ve öğrencilerine aktarır. Yazılarında ve derslerinde bundan söz eder. Bu düşüncenin, tutulduğunda beyinden beyne yayılarak kendini çoğalttığı söylenebilir. Öte yandan gelenek halindeki memler, genler gibi nesilden nesle ya da kültürden kültüre aktarılabilir. Aktarım sırasında değişime de uğrayabilir. Örneğin her kültürde farklı türleri bulunan bir mem kompleksi de düğünlerdir. İçerisinde de ritüelleriyle, yenen yemekleriyle, oynanan oyunlarla farklı memler barındırırlar.

Evet, davranış olarak gördüğümüz ve içinde yaşadığımız ortamda etrafımızda en çok gözlemlediğimiz kişileri farkında olmadan taklit etmeye elverişliyizdir. İnsanı farklı kılan, taklit yeteneğinin olmasıdır. İnsanlarda taklit bebeklikten itibaren başlar. Önce konuşma tarzıyla, sonra da en çok duyduğumuz kelimeleri tekrarlamakla devam ederiz. Vücut dilimizi, duruş şeklimizi, el ve kol hareketlerimizi örnek aldığımız kişilere benzetmeye çalışırız. Sonunda bir süre sonra çevremizde birbirinin tıpa tıp aynısı kopya insanlar görmeye başlarız. Giyimleri, tavırları, konuşmaları, jest ve mimikleri aynı olan bu insanların kaderinde tekdüzelik vardır. Asıl sıkıntı veren kısım da bu aşamadan sonra başlar çünkü farklı yorumlar yapabilen insanlar ortadan kalkar ve klişeler üzerinden konuşan ve tartışan birbirinin aynısı bireyler ortaya çıkar.

Guguk Kuşunun Anlaşılması, Tuhaf Davranışının Ardındaki Acı Gerçekler

(Hipster Etkisi)

"Yalnızlık, dinmeyen bir sızıdır. Eğer bazı kimseler bunu benliğin bir çeşit kurtuluşu gibi göstermek istemişlerse yanılmışlardır. Bir sürü hayvanı olan insan, sürüsünden ayrı düşünce zavallı, mustarip, avare bir yaratık oluyor."

Yakup Kadri Karaosmanoğlu-Yaban

Sürüye uymanın trajik tarafı, bir süre sonra bireylerin yavaş yavaş yorumlama yeteneklerini kaybetmeleri, kendi düşüncelerinden hızla uzaklaşıp klişe cümleler kurmalarıdır. Artık onlar gibi olmayan, kendilerine benzemeyen, düşünmeyen ve konuşmayanlar "güvenilmez" insanlardır. Bu "güvenilmezlik" bakış açısının da toplumsal sorunların ve tartışmaların temelini oluşturduğunu söylemek çok şaşırtıcı değildir. Bu aşmada da "normal" ve "anormal" kavramlarını belirleyen değerlerin çatışmasına tanıklık ederiz.

İnsanın kendinden farklı olanı ve çoğunluğa uymayanı "anormal" veya ruh hastası olarak görme eğilimi başından beri vardır. Her ne kadar durum böyle olsa da, doğada "değişik" olanlar her zaman dikkat çeker. Değişik olan korkak ve çekimser ise yok edilir. Korkusuz ise peşinden gidilir. Bu durumda takip edilen ya grubu gerçekten yönlendirecek yeni bir liderdir ya da lider sanılan "deli"dir.

Çünkü toplum uyum sağlayacak, dolayısıyla sürüye ayak uyduracak bireyler ister. Sistem, toplum için aykırı olan bireyi yola getirmek, normalleştirmek ve evcilleştirmek için her türlü işkenceyi yapar. Böyle bir mücadele örneğine yazar Ken Kesey'in meşhur *Guguk Kuşu* romanında tanıklık ederiz. Roman, günümüz insanının toplumla çelişkilerini ortaya koyan bir çalışmadır. Acaba kimin dediği olacaktır, toplumun mu, özgürlüğüne düşkün insanın mı?

Toplum Sıra dışı İnsanları Neden Sevmez?
Ken Kesley, meşhur Guguk Kuşu romanında terk edilerek sürünün dışına atılmış insanların durumunu işler çünkü toplum düzeni, sistemin dışına çıkanları yok ederek, cezalandırarak ve disipline sokarak yola getirmeye çalışır.

Kitapta, özgür olmak isteyen insanlarla o özgürlüğü sınırlamak isteyenlerin arasındaki mücadele anlatılır. *Guguk Kuşu*, günümüz insanının toplumla olan çelişkilerini ortaya koyan önemli bir eserdir. Bu ilgi çeken çalışmaya adını veren guguk kuşu, kitapta bir metafor olarak kullanılmıştır çünkü dişi guguk kuşumuz doğada da benzer bir rolü oynamaktadır. Guguk kuşu, seçtiği bir yuvayı uzun süre gözetler ve yuvanın asıl sahibi kuş uzaklaşınca yumurtalarını onun yumurtalarının yanına bırakır. Yavrusu yumurtadan çıktıktan sonra yuvadaki diğer yumurtaları çaktırmadan bir bir atar. Olayların farkına varamayan, üvey annelik yapan diğer kuş ise guguk kuşunun yavrusuna bakmaya ve onu büyütmeye devam eder. Kuşlar âleminin en üçkağıtçı kuşunun amacı, zavallı annenin yavrularına bakma içgüdüsünden yararlanmaktır.

Yazarımız Ken Kesley de romanında terk edilerek sürünün dışına atılmış insanların durumunu işler çünkü toplum düzeni, sistemin dışına çıkanları yok ederek, cezalandırarak ve disipline sokarak yola getirmeye çalışır. Velev ki düzene başkaldırdın, işte o zaman başına gelmedik kalmaz.

Zaten "deli", toplumun dinlemek istemediği, davranışları kabul edilemez olan, bastırılması gereken kişidir. Farklı toplumların delilik için farklı tanımlar kullanmaları da pek manidardır. Bilenler bilir, Psikolog David Rosenhan, 1973'te psikiyatrik teşhislerin ne kadar güvenilir olduğunu test etmek için iki bölümden oluşan bir deney yaptı. Bu deneyin ayrıntılarına burada girmeyelim ama Rosenhan'ın deneyler sonucu yazdığı makaleye dikkat kesilelim:

"Akıl hastanelerinde, hastalarla akıl sağlığı yerinde olan kişileri ayırt edemediğimiz açık. Hastanenin kendisi davranışın anlamının kolaylıkla yanlış anlaşılabileceği özel bir ortam dayatıyor. Böyle bir ortamda bulunmanın hastalar üzerindeki sonuçları ise... kesinlikle tedavi edici olmaktan uzak görünüyor."

Gelelim *Guguk Kuşu*'na. Roman bir akıl hastanesinde geçmektedir. Burada "aykırı" olanlar topluma ve onun ahlâk düzenine yeniden kazandırılacaktır. Romanın esas oğlanı, toplum düzenine aykırı bir kişi olan McMurphy'dir ve ıslah evinden buraya deli olduğu şüphesiyle getirilmiştir. Burada diğer aykırı hastalar arasında belli bir süre kalacak ve normal olup olmadığını anlaşılacaktır. Fakat McMurphy, ünlü felsefeci Epiktetus'un (İS 55-135), "Bedenlerimiz birer köle olsa zihinlerimiz özgür kalabilir" düşüncesinin temsilcisi gibidir. Özgürlüğünü korumaktan ve yaşatmaktan yanadır. İlk andan itibaren McMurphy'nin içindeki canavar uyanmış ve hasta olarak kabul edilen diğer arkadaşlarını da hayata döndürmeye başlamıştır.

McMurphy, diğer hastaları "özgürlük" kavramıyla yeniden buluşturur, "insan" olduklarını hatırlatır onlara. Boyun eğmenin onları giderek hiçlik sınırlarına çekeceğini gösterir, mücadele etmeden hiçbir şey kazanılamayacağını işaret eder. Ken Kesey'nin romanı Hollywood sinemasında "Kasabaya bir yabancı gelir ve kasabalıyı otoritenin ezici baskısından kurtarır" düşüncesinin özeti gibidir.

Onun gelişine kadar birer ölüye dönüşmüş insanlar yeniden yaşadıklarının farkına varmışlardır. McMurphy gün geçtikçe disiplinin çelikten demirlerini kırar ve çok geçmeden orada kendine ve düşlerine ait bir dünya yaratır. Hastane yönetimi disiplini işletip sıktıkça, onlar da çeşitli şekillerde direnişlerini sürdürürler. Hikâyenin gidişatından da anlaşıldığı üzere bu durum çok uzun sürmeyecek, o ve diğerleri gerektiği şekilde disipline edilecektir.

Guguk Kuşu, çağımız insanının toplumla çelişkilerini ortaya koyan çok önemli bir romandır. 1975 yılında Milos Forman tarafından filme de uyarlandı ve Jack Nicholson'un etkileyici performansıyla birlikte 5 Oscar aldı.

1980'li yıllarda Türkiye'de bir TV reklamı vardı. "Yok aslında birbirimizden farkımız ama biz Osmanlı Bankası'yız." Bu reklam kendi döneminde oldukça ses getirmişti.

15-25 yaş arası genç insanlarımızda görülen bir durumdur. Ülkemizde marjinal olmak bir moda olduğu için, marjinal olmak adına yapılan hareketler, giyilen kıyafetler, takılan takılar o kadar çok insanın tarzı olmuştur ki, özellikle İstiklal gibi mekânlarda tek tip insan ordusu ile kuşatıldığınızı hisseder, sürekli dejavu yaşadığınızı düşünürsünüz.

Hipster Etkisi

Hipster, insanı giyimden davranışlara kadar farklı şekillerde etkileyen bir akım. Kökeni 40'lı yıllara kadar gider. Eskiye dönüş ve sevmek anlamına geliyor. Hipsterler herkesin birbirine benzemesine karşı çıkıyorlar ama hepsi birbiri gibi giyiniyor, birbirlerine benziyorlar.

Aynen "Hipsterler" gibi değil mi? Etiketlerden ve etiketlenmekten nefret ediyorlar, herkesin birbirine benzemesine karşı çıkıyorlar ama hepsi birbiri gibi giyiniyor, aynı yerlere gidiyor, aynı şeyleri yapıyor ve birbirlerine benziyorlar. Peki, hipsterlerin başkalarına benzemekten böylesine kaçınırken birbirlerine tıpatıp benzer hale gelmesinin sebebi ne? Paris'teki College de France'da matematiksel nörobilim alanında çalışan Jonathan Toboul, bunun sebebini açıkladı. Toboul'un "Hipster etkisi: Uyumculuğa karşı çıkanların hepsi aynı görünürse" isimli makalesinde açıkladığı formülde, insanlar yeni modaları takip etmekte yavaşlayınca, diğerleriyle aynı tercihleri yapıyor ve dolayısıyla zaman içinde birbirine benziyor.

Kader mi, Tesadüf mü, Bir İnsan Hikâyesi

(Kader, Tesadüf, Altı adımlık mesafe)

Benim birçok kez başıma geldi, mutlaka sizin de gelmiştir. Farklı ortamlarda birlikte olduğunuz iki arkadaşınızın birbiriyle önceden tanışmış olduklarını öğrenirsiniz. Mesela işyerinde yeni tanıştığımız arkadaşım Fulya ile konuşuyordum. İzmirli olduğunu söyleyince ben de gayri ihtiyari, yine İzmirli samimi arkadaşım olan Onursal'ı tanıyıp tanımadığını sordum. Evet tanıyordu ama İzmir'den değil, İngiltere'den. Meğer Onursal'ın İngiltere'de olduğu dönemde Fulya da İngiltere'ye gitmiş, Türkiye'den tanıdık birilerini ararken tanışmışlar ve arkadaş olmuşlar. Tabii ki onların tanışıyor olmasını tatlı bir tesadüf olarak değerlendirdim. Aradan bir süre geçti ve Onursal ile Facebook üzerinden konuşurken Fulya'nın CNN Türk'te çalıştığını ve tanıştıklarını öğrendiğimi yazdım. Bana, "Mevzu İzmir ve beni tanıdığına kadar gelmişse bayağı derin konulara girdiniz sanırsam" dedi. Ben de "Yoo madem İzmirlisin, o zaman benim İzmirli arkadaşım Onursal'ı tanıyor musun dedim?" dedim. Çıkan sonuç onu çok şaşırttı.

Böyle rastlantılar o kadar yaygındır ki, "dünya küçük" diyerek şaşırmak artık bayatlamıştır bile. Peki bu gerçek mi, yoksa dünya sandığımızdan daha mı küçük? 7 milyarlık bu kalabalık dünyada böyle denk düşmeler nasıl mümkün olabiliyor?

20. yüzyılın önde gelen psikologlarından Stanley Milgram, 1960'larda "küçük dünya" fikrini incelemek için basit ama ilginç bir deney tasarladı. Deneyde zarfların üzerine rastgele seçilmiş isim ve adresler yazılmış, deneye katılanlardan, zarfı, üzerindeki ismi tanıyabileceğini düşündüğü bir tanıdığına yollaması istenmiş. İkinci halka olarak zarfı alanlar da aynı şeyi yapmışlar, zarfların büyük çoğunluğu 5 adımda yerlerine ulaşmış. Bu deney popüler kültüre, Milgram'ın kendisi bu tabiri hiç kullanmasa da, "altı adımlık mesafe" ifadesiyle yansıdı. 1991'de John Guare'nin bu kavramdan yola çıkarak isimlendirdiği "Six Degrees of Separation" oyunu New York'ta büyük ilgi gördü. Oyunun 1993'te yapılan sinema adaptasyonu en iyi kadın oyuncu dalında Akademi ve Altın Küre ödüllerine aday gösterildi. 2001'de de Kolombiya Üniversitesi'nden Profesör Duncan Watts, 19 hedef belirleyip 157 ülkeden 48 bin kişiye e-posta yollamış, iletilen metinler asıl hedeflere gerçekten de 5 adımda ulaşmış.

Daha yakın zamanlarda elektronik ortamda yapılan deneyler benzer sonuçlar verdi. Sözgelişi 2003'te e-posta ile yapılan bir araştırma, herhangi bir kişiden belirli bir hedefe ulaşmak için beş ila yedi adımın yeterli olduğu sonucuna vardı. Gerçek arkadaşlık bağlarına yakın bir ağ olan Facebook ağının incelenmesi, Mayıs 2011 itibariyle kullanıcılar arası uzaklığın yaklaşık beş adım olduğunu gösterdi. Dünya gerçekten de küçük görünüyor!

Bunlar elbette ortalama değerler. Sibirya'da yaşayan bir ren geyiği çobanının, Amazon ormanlarındaki bir yerliye ulaşmak için ortalamadan daha fazla adım atması gerekecektir. Asıl önemli olan nokta, dünyadaki milyarlarca insandan herhangi birisinden bir başkasına, iki elin parmaklarıyla sayılabilecek kadar adımda ulaşabiliyor olmamız. Bu örnek, küçük bir dünyada herkesten uzak kalmanın aslında ne kadar zor olduğunu gösteriyor.

Kaderim Kimin Elinde?

Hayatımızda önemli olan durakların bazısında tesadüf eseri dururuz, bazen yolumuza dümdüz devam eder gideriz. Hayatımızdaki güzel şeylerin bir kısmını tesadüfen, bazen de şans eseri yaşarız. Acaba bu güzel anlarla, sürprizlerle, rastlantılarla ve keşiflerle karşılaşmak için bizim iradi anlamda yapabileceğimiz bir şey yok mudur?

İnisiyatif alamaz mıyız? En azından bu tür rastlantıları çoğaltmamız, bunlar için uygun ortamlar yaratmamız mümkün değil midir? Bu tesadüfler gerçekten tamamıyla şansa tabi midir yoksa kendi rastlantılarımızı kendimiz de yaratabilir miyiz?

Başrollerini John Cusack (Jonathan) ile Kate Beckinsale'in (Sara) paylaştığı, Türkçeye "Aşktan kaçılmaz" olarak çevrilen 2001 yapımı bir film var: "Serendipity". Klasik bir Amerikan romantik komedisi olan filmde Jonathan ve Sara, Noel alışverişleri sırasında Bloomingdale's mağazasında aynı eldivenin tekini almaya çalışırlarken tanışırlar. Birbirlerinden etkilenirler ve çeşitli hoş tesadüfler onları bir araya getirir. Başkalarıyla devam eden romantik ilişkilerinin ve gündelik hayatlarının akışı içerisinde sürekli birbirlerini düşünür hale gelirler. Sara, kader takıntısı olan bir arkadaşımızdır. Olacak her şeyin önceden planlandığına inanan genç kızın önerisiyle tuhaf bir oyun başlar. Jonathan'ın telefon numarasının yazılı olduğu 5 dolarlık banknotu bir büfede bozduran Sara, kendine ait bilgileri ilk sayfasına yazdığı Marquez'in *Kolera Günlerinde Aşk* kitabını ikinci el dükkânlarından birine satar. Eğer kader isterse birbirlerinin telefon numaralarına ulaşabilecek ve tekrar bir araya gelebileceklerdir. Aylar ayları, yıllar yılları kovalar. Her ikisi de evlenme hazırlıkları içerisindedir ve son bir gayretle banknot ve kitabın bir şekilde ellerine ulaşmasını beklemektedirler. Filmin sonunda ne mi oldu? Tabii ki filmin finali tahmin ettiğiniz gibi oldu. "Kaderinizde ne varsa başınıza o gelir" sözü bir kez daha doğrulanmış oldu.

Olaylar mı İnsanlara, İnsanlar mı Olaylara Yön Verir?
Kaderimiz Kendi Kontrolümüzde mi? Peki bu tesadüfler gerçekten tamamıyla şansa tabi midir yoksa kendi rastlantılarımızı kendimiz mi yaratırız?
Sizi "Serendipity" filmiyle baş başa bırakıyoruz.

Kader mi, Tesadüf mü?

Hayatın büyük bir kısmı ve belki de en önemli bölümü gelişigüzel mutluluklara ve tesadüflere bağlıdır. Yolda yürüyen bir adam köşeyi dönerken acelesi olan bir kadınla çarpışır. Bu ilk temas iz bırakır, birbirlerinden hoşlanırlar, aralarında bir ilişki başlar. Derken ilişkinin seviyesi ilerler, ön sevişme filan derken birkaç yıl sonra evlenirler, çocukları olur. O çocuklardan biri de belki de sizsiniz. O gün o kadın hızla köşeyi dönmeseydi ve o adamla o köşe başında çarpışmasaydı, o ilişki, o evlilik ve o yetişkin insanlar hiçbir zaman olmayacaktı. Konuştuğumuz olayın "tesadüf mü, kader mi?" olduğu bilinmez ama bu durumun sonuçları binlerce yıl devam edebilir. O tek bir saniye hayal edilemeyecek kadar uzun bir geleceğe etki edebilir. Birkaç saniyelik gecikmeyle o çarpışmaya teğet geçseniz, hayatınızın tüm akışının çok daha farklı bir şekilde gelişeceği muhakkaktır. Ya da başka bir deyişle, küçük bir fitilin ateşlenmesiyle birçok hayat değişebilir.

Aslında kader çok ilginç bir kavram. Sinema sanatının da üzerinde en çok durduğu konulardan biridir. Bu anlamda "Koş Lola Koş" kadere, farklı yönlerden yaklaşan bir filmdir. Sinema yazarı Burak Göral, "Koş Lola Koş" filminden çıkan sonuçları şu sözlerle ifade eder: "İnsan hayatları sürekli birbirleriyle çarpışır, birbirinin içinden geçer ve birbirini etkiler. En ufak bir ayrıntı bile yaşam eğrimizde büyük bir sapma yaratabilir. Karşılaştığımız bazı durumlarda yaptığımız bazı seçimler hayatlarımızı yönlendirir."[11]

Seçimlerimizin Hayatımıza Etkisi Nedir?
"Koş Lola Koş" filminde, "karşılaştığımız bazı durumlarda yaptığımız bazı seçimler hayatlarımızı yönlendirir" denilmektedir.

11 Göral, 2008, s.189

"Koş Lola Koş"un en önemli özelliği, bize aynı hikâyeyi üç farklı versiyonda aktarabilmesidir. Versiyonlar arasındaki fark ise, filmin baş karakteri Lola'nın yaptığı seçimler ve onun karşısına çıkan anlık durumların getirdiği değişimlerdir. Tesadüfle açıklanamayacak, tümüyle hayata dair küçük ayrıntıların yarattığı büyük değişiklikleri izleriz. Her gün yaşadığımız fakat farkına varmamızın imkânsız olduğu küçük ibre oynamalarının büyük resimdeki etkilerini görürüz.

Günlük hayatımız, başka insanların hayatlarıyla mütemadiyen temas halindedir. Gün içinde bir başkasının hayatındaki küçük bir ayrıntı bizim hayatımızı da farkında olmadan değiştiriverir. Peki bu değişiklik birdenbire mi olmuştur yoksa kader kavramı içinde düşünüp, "zaten olacağı belliydi" dememiz mi gerekir? Hayatlarımızın bir yerinde aldığımız kararlar bizi bir başka doğru götürür mü? (Bkz. Bugün Aslında Dündü)

Aceleyle yetişmeye çalıştığımız metroya binmemizle, metroyu kaçırdığımız zaman aralığında hayatlarımız arasında bir farkın oluşup oluşmadığını göstermesi açısından "Sliding Doors" (Tesadüfün Böylesi), iyi örnek olabilecek bir film.

Zamanlama, kader ve aşk üçgeni üzerine kurulu olan "Silding Doors", rastlantılar, zor verilen kararlar ve tekdüze yaşamların süregeldiği modern dünyada, sadece birkaç saniyelik gecikmenin insan hayatını nasıl değiştirebileceğini sergileyen bir film. Helen Quilley (Gwyneth Paltrow), o gün şirketten kovulmuştur. İşyerini terk ederken küpesini asansörde düşürmüştür. Ancak onu yerde bulan asansördeki adam ona bir türlü yetişemez. Helen eve gitmek için ilk metroya girer, ilk metroyu kaçırır. Hayatı bu andan itibaren ikiye bölünür. "Metroyu kaçırırsan şöyle olur" ile "kaçırmazsan bak işte böyle olur"u güzel bir kurguyla harmanlayıp hayatın basit bir durumla nasıl da başka yerlere gidebileceğini anlatan bir film. İlkinde metroyu yakalamıştır evine erken ve habersiz geldiğinde erkek arkadaşını yatakta en yakın kız arkadaşıyla yakalar. Öbüründe metroyu beklerken asansördeki adam gelir ve aralarında bir sohbet başlar. Metroda treni kaçırdığı için yeni bir erkekle tanışır, hayatı bambaşka bir yönde gelişir.

Çağdaş psikoloji, "eğer öyle olmasaydı" sorusunu, insanoğlunun en yararlı zihinsel çalışmalarından biri olarak görüyor. Sıklıkla geçmişteki bir şeyi, "eğer öyle yapmasaydım ne olurdu?" şeklindeki bir soruyla yeniden hayal ederiz. Psikolojide buna, "Counterfactual thinking (karşıolgusal düşünme)" deniyor. Böylelikle geçmiş hatalarımızı ve doğrularımızı daha iyi analiz etme imkânına sahip oluyoruz. Geçmişe yönelik alternatif davranışları düşünmek gelecekle ilgili hayalleri de olumlu etkileyebiliyor.

Bu durum bizi her ne kadar hayrete düşürüyor ve rahatsız ediyor olsa da, hayatlarımız üzerinde ne kadar az kontrol sahibi olduğumuz gerçeğini bir tokat gibi yüzümüze vurur. Tabii ki yaşadığınız her olayı ilahi bir irade ve kader düşüncesine bağlamak da mümkün.

Hayatta yaşamak zorunda olduğumuz şeyler vardır ve bunları önceden bilemeyiz. Rastlantı da olsa, bizim seçimimizle de çıksa, yapabileceğimiz bir şey yoktur. Ufacık gecikmeler hayatta başımıza gelenleri de değiştirebilir. Aynen "Benjamin Button'un Tuhaf Hikâyesi" filminin bir sahnesinde olduğu gibi.

"Bir gün Paris'te bir kadın alışverişe gidiyordu ama mantosunu unutmuştu ve onu almak için geri döndü. Mantosunu alırken aniden telefon çaldı, cevaplamak için durdu ve birkaç dakika kadar konuştu. Kadın telefonda konuşurken Daisy de Paris Opera Binası'nda prova yapıyordu... Sadece tek bir şey farklı olsaydı, mesela o ayakkabı bağcığı kopmasaydı, kamyon daha önce çekilseydi, dükkândaki kız sevgilisinden ayrılmasaydı ve paket hazır olsaydı, o adam alarmını kursaydı ve beş dakika önce kalkabilseydi, taksi şoförü kahve molası için durmasaydı, Parisli kadın mantosunu unutmayıp taksiye daha önce binseydi, Daisy ve arkadaşı karşıdan karşıya geçebilecek ve o taksi ona çarpmayacaktı. Ama hayat böyledir işte, kesişen hayatlar ve yollar zincirini kimse kontrol edemez. O taksi dümdüz gidemedi. Ve şoförün bir an dikkati dağıldı. O taksi Daisy'ye çarptı. Ve bacağı kırıldı."

Bireysel tesadüflere ve kesişmelere dünyayı da eklemeye ne dersiniz? Dünyayı değiştiren olayların tamamen rastlantısal görünmeleri karşısında ne yapacağız? 17. yüzyılda Blaise Pascal, tarihin bu inanılmaz rahatsız edici yanını şöyle özetliyordu: "Cleopatra'nın burnu daha kısa olsaydı dünya şimdikinden tamamen farklı olurdu. Yani Cleopatra güzel olmasa, Mark Antony'yi kendine âşık etmese, Roma ve Mısır tarihi ya da tüm medeniyet başka türlü gelişebilirdi."

Peki değiştiremediğimiz şeylerin bizi etkilemesine izin vermeli miyiz?

Yeni Başlayanlar İçin Bumerang Kullanım ve Bakım Sanatı

(Bumerang Etkisi)

Bilindiği üzere, "Bumerang", atıldıktan sonra sahibinin eline geri dönen ilkel ama oldukça etkili bir silah. Avustralya yerlilerinin bu basit silahının adı sosyolojiye geçti ve bir kavrama dönüştü. Bumerang Etkisi'ne tarihten bir örnek de sömürgeciliğin yarattığı önemli sonuçlardır. Sömürgeci ülkeler, sömürdükleri ülkelerin çalışkan ve zeki gençlerini disiplinli bir Batılı eğitimden geçirmeyi ve böylelikle "Batılı" olan bu insanların da yardımıyla, sömürgelerindeki hâkimiyetlerini daha da pekiştirebilmeyi, daha uzun ömürlü ve daha bereketli kılabilmeyi düşünmüşlerdir.

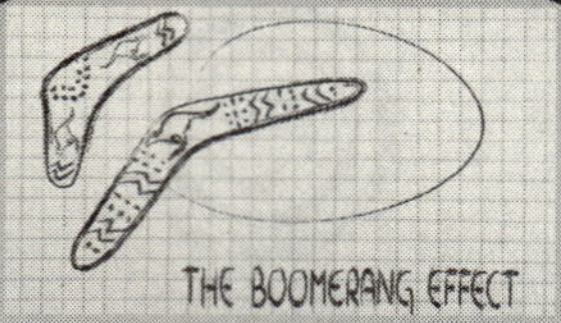

Bumerang Etkisi

Avustralya yerlileri Aborjinlerin hayatımıza kattığı bumerang, ağaçtan yapılan kıvrık bir av aletidir. Bumerang, ne kadar şiddetli fırlatılırsa fırlatılsın, hedefi vuramaması durumunda dönüp dolaşıp fırlatanı vurmasıyla ya da avlamasıyla bilinir. Bumerang, hareket özelliği nedeniyle avcıların kullandığı bir av aleti olmanın yanı sıra, toplumsal-siyasal gelişmeler ya da olaylar arasındaki karşılıklı neden-sonuç ilişkilerini açıklamak için sosyal bilimciler tarafından daha çok "Bumerang etkisi" kavramı ile ifade edilir. Belli bir etkinin sonucunda ortaya çıkan tepkinin olumsuz olarak geri dönmesi, toplumsal-siyasal olaylarda genellikle "bumerang etkisi" olarak değerlendirilir. Bu anlamıyla bumerang etkisi, hedefine ulaşmayan bir girişim ya da mesajın geri dönerek, girişimi yapanı ya da mesajı vereni vurması demektir.

Gerçekten de tarihsel örnekler incelendiğinde, "Batılılaşan" bu Doğulu gençler ülkelerine döndüklerinde Batılıların istediği yönde sömürülen ülkelerine hizmet etmişlerdir, yani proje gerçekten de işe yaramıştır. Bizzat sömürgeciler tarafından, daha önceleri dünyada nelerin olup bittiğinden habersiz olarak kendi içine kapanık, kendi kendinden memnun yaşamakta olan basit insanların yerine, Batı diline ve kültürüne vâkıf, hukuk, sosyoloji, felsefe, iktisat bilen, modern dünyanın ve modern hayatın kurallarını kavramış elit bir grup yetiştirilmiş oluyordu.

Ancak işte bu aşamada, "Bumerang Etkisi" kendisini gösterdi. Bu eğitimli grubun içinde bir kısmı gerçekten de Batılı ülkenin amaçları doğrultusunda davranmışsa da önemli bir kısmı da, şu veya bu şekilde, sömürgecilik karşıtı milliyetçiliklerin doğuşunu hazırladı. Batılı sömürgecilik, farkına varmadan üçüncü dünya milliyetçiliğini yaratmıştır. Daha sonra Hindistan'ın ulusal lideri olan Gandhi'nin hayatı bu duruma en iyi örnektir.

Bir de yakın tarihten örnekler var elimizde. İngiltere eski Başbakanı Tony Blair, Amerikan haber kanalı CNN'e verdiği özel röportajda Irak işgali için 12 yıl sonra özür dilerken, terör örgütü IŞİD'in doğuşunda Irak'ın işgalinin önemli etkisi olduğunu da kabul etti (Ekim 2015). Dün yayınlanan programda Blair, Irak'ın işgaline gerekçe olarak gösterilen Irak lideri Saddam Hüseyin'in kitle imha silahlarına sahip olduğu istihbaratının yanlış çıkması, işgalin planlama aşamasında yapılan hatalar ve Saddam rejiminin devrilmesinden sonra ne olacağını öngöremedikleri için özür dilediğini ifade etti. İngiltere eski başbakanı, Saddam'ı devirdikleri için ise özür dilemeyi reddetti. Blair, "Bize ulaştırılan istihbarat hatalı olduğu için özür diliyorum. Ayrıca planlama sırasında yaptığımız hatalar ve rejimi devirdiğimizde olacakları öngörememiş olmamız nedeniyle de özür diliyorum. Ancak Saddam'ı devirdiğimiz için özür dilemek zor" dedi.

Kahvedekiler Dominonun Etkisine Girmiş Bir Kere

(Domino Etkisi, Bulaşma Etkisi)

Domino etkisinde toplumsal olaylar birbirini sıçrayarak izler. Domino taşlarının devrildiklerinde sırayla yanlarındaki taşları da devirmeleri esasına dayalı oyundan esinlenerek, ABD'li siyasetçilerin Soğuk Savaş döneminde bir ülkenin komünist idare altına düşmesinin komşu ülkelere de komünizmin yayılmasına sebebiyet verebileceği varsayımına dayanan teoridir. Çin'de 1949 yılında komünist idarenin kurulması, 1950'de Kore Savaşı'nın çıkması ve 1954 yılında Vietnam komünist ordusu Viet Minh'in Çinhindi'ye hâkim sömürgeci kuvvet Fransa'yı büyük bir yenilgiye uğratması neticesinde Vietnam'ın kuzeyinde bir komünist idarenin kurulması ABD'de komünizmin bir ülkeden diğerine atlayarak tüm Asya'ya yayılacağı zannını uyandırdı. Dönemin ABD Başkanı Dwight Eisenhower'ın 7 Nisan 1954 tarihinde yaptığı basın açıklamasında bu endişeye ilk kez resmi ağızdan değinilmiş, bu da Kore Savaşı'nda olduğu gibi ABD müdahalelerinin altyapısını oluşturmuştu. Öte yandan, Sovyetler Birliği ve komünist dünyaya komşu ülkelere yönelik çeşitli askeri, siyasi ve ekonomik önlemleri içeren Çevreleme Politikası da bu şekilde ABD dış politikasında önemli bir yer tutmaya başlamıştır. Vietnam Savaşı'nda ABD'nin başarısızlığa uğraması sonucunda önce Güney Vietnam, sonra da Laos ve Kamboçya komünist idarelerin eline geçtiyse de, beklenen domino etkisi ortaya çıkmamış ve komünizmin Asya'da yayıldığı ülkeler bunlarla kısıtlı kalmıştır.

2010'da Tunus'ta, Sidi Bouzid kasabasında yaşayan işsiz üniversite mezunu Muhammed Buazizi isimli genç, meyve sattığı tezgâha polis tarafından el konulmasının ardından ülkenin ekonomik koşullarını protesto etmek amacıyla hükümet binasının önünde kendisini ateşe verdi. Vücudunun yüzde 90'ı yanan Buazizi komaya girdi. Buazizi'nin ateşlediği kıvılcım, huzursuz, yıllarca bastırılmış halkların iç dinamikleriyle Mısır, Libya, Yemen, Suriye ve Bahreyn'e sıçradı. Kaddafi öldürüldü, Bin Ali kaçtı, Mübarek sedyede yargılandı ama değişim süreçleri darbelerle boğuldu. Tunus'taki görece istikrarlı gidişat dışında Arap Baharı, uğradığı birçok ülkede kışa döndü.

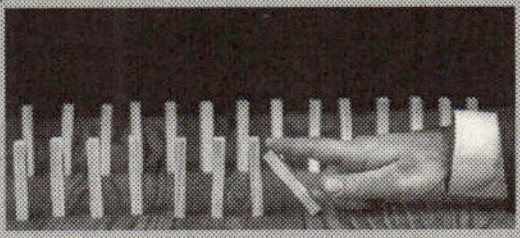

Domino Etkisi

Bu etkide toplumsal olaylar birbirini sıçrayarak izler. Domino taşlarının devrildiklerinde sırayla yanlarındaki taşları da devirmeleri esasına dayalı oyundan esinlenilerek bu etki geliştirildi. 2010 yılında başlayan ve günümüzde de süren, Arap dünyasında yaşanan halk hareketlerine Arap Baharı adı verildi. Domino Etkisi, Arap Baharı'nda da etkili oldu.

2010 yılında başlayan ve günümüzde de süren, Arap dünyasında yaşanan halk hareketlerine Arap Baharı adı verildi. Arap halklarının demokrasi, özgürlük ve insan hakları taleplerinden ortaya çıkan "Arap Baharı Etkisi" ile bölgesel, toplumsal ve siyasal protestolar, mitingler, gösteriler ve iç çatışmalar yaşandı. Arap Baharı bir "domino etkisi" yaratarak, diğer ülkelerdeki var olan protestolar ile birleşti ve küresel bir alana yayılarak etkisini toplumsal ve siyasi olarak hissettirdi. Halklar, özgürlük mücadelesi adı altında birçok Arap diktatörünü resmen devirdi. Tunus, Mısır, Libya, Suriye, Bahreyn, Cezayir, Ürdün ve Yemen'de büyük çapta; Moritanya, Suudi Arabistan, Umman, Irak, Lübnan ve Fas'ta küçük çapta olmak üzere tüm Arap dünyasında mitingler, protestolar, halk ayaklanmaları ve silahlı çatışmalar yaşandı. Protestolar, Arap dünyasında başta gelen işsizlik, gıda enflasyonu, siyasi yozlaşma, ifade özgürlüğü, usulsüzlükler ve kötü yaşam koşulları gibi pek çok sorun sonucunda önce 2010'da Tunus'ta Muhammed Buazizi'nin kendini yakmasıyla başladı. Ardından benzer sorunlar yaşayan ülkelerde domino etkisi göstererek yayıldı. Daha sonra Mısır, Yemen, Cezayir ve Ürdün'e sıçradı. Bu ayaklanmalar Tunus ve Mısır'da başarı gösterdi ve 23 yıldır yönetimde olan Zeynel Abidin Bin Ali ile 30 yıllık yönetici Hüsnü Mübarek'in görevlerini bırakmasıyla sonuçlandı. Ardından bir domino etkisiyle Ortadoğu ve Kuzey Afrika'nın tamamına yayıldı. Kimi uzmanlar bu eşi görülmemiş halk hareketini, Arap dünyasında yaşanan en büyük değişimi olarak yorumladı.[12]

O Gece New York'a Marslılar Neden Geldi?

İnsanlar belirsiz durumlarda başkalarının yorumlarına güvenir. ABD'de, 30 Ekim 1938 günü Cadılar Bayramı akşamı

12 https://tr.wikipedia.org/wiki/2011_Yemen_protestolar%C4%B1

New York'ta olanlar tarihe bir vaka olarak geçti. O gece radyonun başındaki dinleyiciler H.G. Wells'in "Dünyalar Savaşı" (War of the Worlds) oyunundan esinlenen bir oyunu takip ediyorlardı. Romanda anlatılanları, ABD'li sinemacı Orson Welles'in Mercury Tiyatro grubu dikkat çekici bir yöntem kullanarak bir haber bülteni sunar gibi sunuyordu. Rutin saatinde klasik bir şekilde sunulan radyo programı, dinleyicilerin sesini bildikleri haber spikerinin sesiyle kesildi ve sanki Dünya'nın Marslılar tarafından işgal edildiğini konu alan "Dünyalılar Savaşı" yayınlanmaya başladı. Oyun bir gözlemevinde gerçekleştirilen canlı yayınla başlıyormuş gibi planlanmıştı. Programın içeriği de uzayda yaşam ve dünya dışı canlılardı. Orson Welles de bir gökbilimciyi canlandırıyordu.

TV öncesi dönemdeki bu oyun dünyanın Marslılar tarafından işgal edilmesi üzerineydi. Kızılgezegen Mars'tan göktaşı yağmuru başladığı haberi tüm ABD'de infial yaratmaya yetti. Kısa sürede takipçi sayısı arttı ve 6 milyon kişiye ulaştı. Dinleyiciler artık işin gerçekliğinden kopmuştu ve Mars'tan gelen canlılarla karşılaşmamak için âdeta son dualarını yapıyorlardı. Bu sırada canlı yayında, Grover's Mill yakınlarına bir göktaşı düştüğü haberi verildi ve sözde bağlantı da kuruldu. Anlatılanlara bakılırsa, Mars'tan işgal ordusu gelmişti.

Anlatılanlar o kadar gerçekçiydi ki, milyonlarca dinleyici korkuya kapılıp polise telefon yağdırmaya başladı. Binlerce insan da paniğe kapılıp arabalarıyla "işgal"den kaçmaya çalışıyordu. Polis, itfaiye ve ambulanslar kilitlenmiş, hayat felç olmuştu. Polis, sonunda radyo binasını bastı ve Orson Welles bir duyuru yaptı:

"CBS'te H.G. Welles'e ait Dünyalar Savaşı adlı eserin Orson Welles ile Mercury Tiyatrosu tarafından sahnelenişini dinlemektesiniz."

Sizce bu anons yeterli olmuş mudur? Sizin de tahmin edeceğiniz üzere tabii ki olmadı.

Peki Neden?

Birincisi, oyunda haber anonslarının çok iyi bir parodisi yer alıyordu ve bazı dinleyiciler yayının başını (oyun anonsu), başka bir kanalda sevilen bir programı dinledikleri için kaçırmışlardı.

Diğeri de sosyal etkiydi. Programı dinleyenlerin birçoğu aileleriyle ya da arkadaşlarıyla birlikte oldukları ve kararsız kaldıkları için birbirlerine bakmışlar, birbirlerindeki endişe ve telaşı hissetmişlerdi.

Bu durum paniğe neden olmuştu. Dinleyicilerden biri sonradan, "birbirimizle öpüştük ve öleceğimizi düşündük" diyecekti. Ayrıca korkuya kapılan birçok dinleyici gerçek hayattaki olayları radyoda duydukları habere uyduracak şekilde yorumlamıştı. Durum çok belirsiz olduğunda ve insanlar neler olup bittiğini anlamaya başladıklarında, doğrulanmış kanıtları bile kendi tanımlamalarına uyacak şekilde yeniden yorumluyorlardı:

"Pencereden dışarı baktığımızda Wyoming Bulvarı'nın arabalarla dolup taştığını görmüştük, insanlar kaçıyor diye düşündüm."

"Sokaktan tek bir araba geçmiyordu, arabaların bir alt sokakta paramparça olduğunu düşünmüştüm."[13]

Bu arada belki de en önemli neden ise tamamen yaşanılan dönemle ilgilidir çünkü o yıllarda halkın duyduğu tek şey Nazi ve Kızıl Sovyet propagandalarıydı. New York halkının beyni, verilen mesajlarla âdeta "kızıl Marslı", Nazi ya da Sovyet işgal tehlikesi propagandalarıyla hazır hale getirilmişti.

Burada gerçekten de ciddi bir sosyolojik vaka yaşanmıştı.

13 Aronson-Wilson-Akert, 2012, s.432

Bulaşma Etkisi

İnsanlar belirsiz bir durumda başkalarının yorumlarına güvenirler. Ancak başkalarının yorumları bizimkinden daha fazla ya da doğru olmayabilir. Diğer insanlar da yanlış bilgiye sahip olduğunda biz de onların hatalarını ve yanlış yorumlarını benimsemiş oluruz. Grubun parçası olma isteğine bağlı olarak, toplu bayılmalara ve hastalanmalara neden olabilir. Aşırıya kaçan ve yanlış yönlendirilmiş bilgilere dayanan sosyal etkinin örneklerinden biri, görünürde hiçbir fiziksel neden olmamasına karşın bir grup insanda benzer fiziksel belirtiler görülmesidir.

19. yy sosyologlarından Gustav Le Bon, duygu ve davranışların kalabalık içerisinde nasıl hızlı bir şekilde yayıldığını inceleyen ilk araştırmacıdır. Le Bon, bu etkiyi "Bulaşma" olarak adlandırdı.

İnsanlar belirsiz bir durumda başkalarının yorumlarına güvenirler. Ancak başkalarının yorumları bizimkinden daha fazla ya da doğru olmayabilir. Diğer insanlar da yanlış bilgiye sahip olduğunda biz de onların hatalarını ve yanlış yorumlarını benimsemiş oluruz.

Grubun parçası olma isteğine bağlı olarak, toplu bayılmalara ve hastalanmalara neden olabilir. Aşırıya kaçan ve yanlış yönlendirilmiş bilgilere dayanan sosyal etkinin örneklerinden biri, görünürde hiçbir fiziksel neden olmamasına karşın bir grup insanda benzer fiziksel belirtiler görülmesidir.

Konuya ilişkin son olaylardan biri İngiltere'de yaşandı.

Haber, BBC Türkçede, "Domino etkisi toplu bayılmalara neden olabilir mi?" şeklinde verildi. 2015'in Kasım ayında, İngiltere'de Ripon'daki Outwood Akademesi'nde anma günü töreni esnasında, yaklaşık 40 öğrenci eşzamanlı olarak hastalandı, bazıları da bayıldı. Bu durumun sebebi "domino etkisi" olarak açıklandı. İngiliz Ulusal Sağlık Servisi normalde bayılmanın birden fazla nedeni olduğunu belirtti. Beyne kan akışının kısa süreliğine azalması bu nedenlerden biri. İstenmeyen bir görüntü ya da sıcaklık karşısında sinir sisteminde oluşan arıza da bayılmayı tetikliyor. Sıvı kaybıyla bağlantılı düşük tansiyon, kalp rahatsızlıkları, sürekli ayakta kalmak ve duygusal stres diğer sebepler arasında yer alıyor.

Peki, bayılan öğrencilerin durumu hangi tıbbı teoriyle açıklanabilir?

Okulda yapılan incelemede herhangi zararlı bir madde ya da gaza rastlanmadı. Bir itfaiye görevlisi öğrencilerin bulunduğu odanın sıcak olduğunu ve birkaç çocuk bayıldıktan sonra domino etkisi ile diğer çocukların da bayılmaya başladığını söyledi.

Manchester'dan pratisyen hekim Mark Hamilton, eşzamanlı bayılmaların bilinçaltındaki "grubun parçası olma" isteği olabileceğini söylüyor.

Hamilton, "Görünürdeki eylem hoş olmasa dahi, ortama ayak uyduramadığımızda bir rahatsızlık duyarız. Hipnotize edilen gruplarda da herkesin aynı eylemi gerçekleştirmesi için benzer bir yöntem kullanılır. Bir gruba dahil isek kendimizi çok daha huzurlu hissederiz" diyor.

Pratisyen hekim Farrah Sheikh, Ripon hadisesi karşısında oldukça şaşkın. Sheikh, "Bayılmanın tıbbi açıklamaları vardır. Çok hızlı bir şekilde ayağa kalktığınızda ya da oda fazla sıcaksa gerçekleşebilir. Fakat asla buna benzer bir durumla karşılaşmamıştım. Olay saat 11 sularındaki saygı duruşu esnasında gerçekleşmiş ve çocuklar öğle yemeği dahi yememiş. Bu nedenle toplu bir gıda zehirlenmesi de mümkün görünmüyor. Bu çok garip" diyor.

Daha önce de yaşandı. Daha önce de Ripon'daki olaya benzer durumlarla karşılaşıldı. 1965 yılında Blackburn'de nefes alma bozukluğu salgını görülmüş, 85 kız bayılma ve baş dönmesi şikâyetiyle hastaneye kaldırılmıştı. Stres, gıda zehirlenmesi, gaz sızıntısı ve virüslerden şüphelenilse de, olayın gerçek nedeni bulunamamıştı. 2015'te Kamboçya'daki iki farklı fabrikadaki sayıları 200'ü bulan kadın tekstil işçisi bayılarak hastaneye kaldırılmıştı. Olaya zayıf çalışma koşulları ve fabrika dumanının neden olduğu iddia edilmiş, fakat hükümet yaşananların üzerinde durmamıştı.[14]

1998'de de Tennessee'deki bir lise öğretmeni sınıfında benzin kokusu aldığını bildirmiş ve kısa bir süre sonra baş ağrısı, mide bulantısı, nefes darlığı, baş dönmesi hissetmeye başlamıştı. Sınıf boşaltıldıktan sonra diğer insanlar da aynı belirtileri hissederler. Sonuçta bütün okul boşaltılır. Öğretmen ve öğrenciler ambulanslara yerleştirilir. Yerel uzmanlar okulu incelerler ve herhangi bir sorun saptayamazlar. Okul yeniden açılır ve hasta olduğunu söyleyenlerin sayısı gittikçe artar. Okul yenden boşaltılır ve kapatılır. Uzmanlar yeniden inceleme yapar, sonuçta bir sorun bulunamaz. Okul yeniden açıldığında gizemli hastalık salgını sona ermiştir.

Kitlesel ruhsal hastalığın en ilginç yönlerinden biri de yayılmasında kitlesel medyanın oynadığı güçlü roldür. TV, radyo, gazete, dergi, internet, e-posta yoluyla bilgiler toplumun bütün katmanlarına hızlı ve etkili bir şekilde yayılır. Orta Çağ'da "Dans Manisi" Avrupa'da ancak 200 yılda yayılırken, günümüzde dünyanın çoğu yerinde birçok kişi sıra dışı bir olayı birkaç dakikada öğrenebiliyor.

14 (http://www.bbc.com/turkce/haberler/2015/11/151112_dalga_etkisi)

İKİNCİ BÖLÜM

Fabrika Ayarlarına Nasıl Döneriz?

"Başkalarının mahrem hayatlarını gözetleme, dedikodu ve tecessüs, ayıplanma korkusu yaşayanların kendi çektiklerini belki de başka herkese yaşatma ve böylece kaderlerini paylaşıp sıkıntılarını hafifletme eğilimlerinin bir sonucu olmalıydı."

İhsan Oktay Anar - Efrasiyab'ın Hikâyeleri

Bireyde Kafa Karışıklığı Yaratmanın En Basit 10 Yolu

(Agnotoloji-Bilgisizlik bilimi)

Bazı liderler, kişiler ve şirketler menfaatleri gereği cehaleti ve yanlış bilgiyi özellikle yayar. Buradaki asıl amaç, zihinleri allak bullak ederek konu hakkında şüpheli ortamlar yaratmaktır.

Konunun geçmişinde sigarayla ilgili sizinle paylaşmak istediğim bazı örnekler var. 1979'da sigara ve tütün şirketlerinin kullandığı gizli bir talimat gün yüzüne çıkmıştı. 1969'da Brown & Williamson tütün şirketinin kaleme aldığı "Sigara ve Sağlık Önerileri" başlıklı bu yazıda, sigara karşıtı kampanyaların üstesinden gelmek için büyük tütün şirketlerinin uyguladığı taktiklerden söz ediliyordu. Buradaki önemli bölümlerden biri, siganın kitlelere nasıl pazarlanması gerektiğini ele alıyordu: "Genel kamuoyunun kafasındaki olgusal gerçeklerle başa çıkmanın ve bu konuda ihtilaf yaratmanın en iyi yolu şüphe yaratmaktır."

Bu bilgilerin ortaya çıkması üzerine Stanford Üniversitesi'nden bilim tarihçisi Robert Proctor, tütün şirketlerinin uygulamaları ve sigara içmenin kansere yol açıp açmadığı konusunda kafa karışıklığı yaratma girişimlerini araştırmaya başladı. Proctor, tütün sanayisinin, tüketicilerin sigaranın zararlarını öğrenmesini istemediğini ve sigara içmenin sağlık üzerindeki zararlı etkileri konusundaki gerçekleri bulandırmak için milyarlar harcadıklarını ortaya koydu. Bu arada menfaat gereği cehalet yaymayı inceleyen bilim de literatürümüze katılmış oldu. Proctor, kasıtlı olarak cehalet yayma konusunun incelenmesini "agnotoloji" (bilgisizlik bilimi) olarak adlandırdı. Agnotoloji ya bir ürünü satmak ya da çıkar elde etmek için kasıtlı olarak kafa karışıklığı ve yalan bilgi yaymanın incelenmesi demek oluyor.

"Güçlü sanayilerin kendi ürünlerini satmak için bilgisizliği nasıl teşvik edebileceğini araştırıyordum. Bilgisizlik güç sağlar ve agnotoloji de kasıtlı olarak yaratılan cehaletle ilgilenir. Agnotolojiye yoğunlaşınca gizli bilimin gizli dünyasını keşfettim ve tarihçilerin buna daha fazla ilgi göstermesi gerektiğini düşündüm."[15]

Geçmiş, tütün şirketlerinin kullandığı taktikler ve agnotoloji için ideal örneklerle dolu. Proctor, cehaletin sadece henüz öğrenilmemiş olanla ilgili olmadığına, aynı zamanda siyasi bir manevra, sizin bilgi sahibi olmanızı istemeyen güçlü kurumlar tarafından yaratılan bir bilgisizlik olduğuna vurgu yapıyor. Proctor bu alandaki çalışmalarını daha önce yapmış olsa da agnotoloji kelimesini 1995'te Berkeley Üniversitesi'nden dil bilimci Iain Boal ile birlikte oluşturdu.

Agnotoloji bugün de Proctor'un sigara ile kanser arasındaki bağlantının gizlenmesini incelediği dönemdeki kadar önemli. Örneğin ABD'de başkanlık seçimleri öncesinde, rakipleri, Başkan Barack Obama'nın milliyeti konusunda bilinçli şüphe yayma çabalarını, Obama 2011'de doğum sertifikasını gösterinceye kadar sürdürmüştü. Bugün iklim değişikliğini inkâr edenler bilimsel verilere karşı aynı yöntem kullanılıyor.

15 (http://www.bbc.com/turkce/haberler/2016/01/160107_vert_fut_agnotoloji_bilgisizlik_bilimi)

"En Tehlikeli Yalan, İçine Doğru Karışmış Yalandır"

Bilginin "erişilebilir" olması, o bilgiye ulaşıldığı anlamına gelmiyor, aslında yeni ve köklü bir cehalet döneminde yaşıyoruz. "Yeni dönem bilgisizlik" virüsü çoğunlukla da dengeli tartışma ikliminde yayılıyor.

Bu durum birileri tarafından stratejik olarak çok güzel kullanılıyor. Böylece bu "dengeleme" yoluyla bu amaca yürüyen şirketler ya da kurumlar tarafından tartışılan konu hakkında iki farklı görüş olduğu, "uzmanların hemfikir olmadığı" algısı yaratılıyor. Böylelikle gerçek, yanlış bir şekilde resmediliyor, yani bilgisizliğe neden olunuyor.

Bilgisizliği araştıran bir başka akademisyen de Cornell Üniversitesi'nden David Dunning. Dunning, bilgisizliğin yayılmasında internetin rolüne vurgu yapıyor. Burada herkes kendi başına uzman kesilir ve kasıtlı olarak cehalet yaymak isteyen güçlü çıkar gruplarının avı haline gelebilir. Ancak Dunning, insanların kendi sonuçlarını çıkarma yeteneğini yitirmesinden değil, bunun çok kolay hale gelmesinden yakınıyor ve yanlış algıları düzeltmenin yolunun başkalarına danışmaktan geçtiğini söylüyor.

Bir Şehir Efsanesi Daha Çürütüldü: Cahil İnsan Mutlu Değildir, Sadece Anlamıyordur

(Dunning-Kruger Etkisi, Geri Tepme Etkisi (Backfire Effect))

"21. yüzyılın cahili okuyup yazamayanlar değil, aynı zamanda öğrenemeyen, unutamayan ve yeniden öğrenemeyenler olacaktır."
Alvin Toffler

15 Temmuz başarısız darbe girişiminin ardından Türkiye'de zihinlerde tek bir soru vardı. Nasıl olur da general olmuş insanlar, peygamberle konuşma iddiasındaki bir insana kanar? Nasıl olur da general olmuş insanlar, ceplerinde muska niyetine Fethullah Gülen tarafından okunmuş üflenmiş bir dolarlar taşır? Nasıl olur da savaş uçağı/helikopteri pilotları Fethullah Gülen'in dikte ettirdiği "Cesaret duası"na ihtiyaç duyar? Dikkat edin, burada inançtan, dinden, dindarlıktan söz etmiyoruz. Onun ötesine giden bir şeyden söz ediyor, Fethullah Gülen'e tapınmanın ne demek olduğunu anlamaya çalışıyoruz.

Tabii ki bu "körü körüne inanma" durumu sadece Türkiye'de

yaşanmıyor. 1978'de ABD'li "People's Temple" (Halkın Tapınağı) kilisesinin kurucusu olan vaiz James Warren "Jim" Jones, Guyana'da kendisi ve müritlerine has kasabası Jonestown'da 911 müridini aynı anda intihar etmeye ikna etti ve kendisi de müritleriyle birlikte hayatına son verdi. Olay hâlâ gizemini koruyor.

Hep duymuşsunuzdur, "İnsanlar körü körüne inanırlar" diye. Geçmişte ve günümüzde de dinlere baktığımızda bazı dinlerin içinde böylesine sapkın oluşumların çıktığını görüyoruz. Hemen hemen hepsinin de üç ayağı var. Öncelikle lidere, şeyhe tanrısal özellikler yüklemek. O liderin seçilmiş olduğunu, onun peygamberle ve tanrıyla konuşabildiğini ileri sürmek. İkinci olarak, liderden aşağıya doğru ablalardan ve abilerden oluşan bir denetim mekanizmasının varlığı.

Bir de ne kadar uğraşılırsa uğraşılsın, ne kadar ciddi kanıt sunulursa sunulsun bir düşünceyi savunan insanların o düşünceden vazgeçirilemeyeceğini ortaya koyan psikoloji teorisi vardır. "Geri Tepme Etkisi" (Backfire Effect) adıyla literatüre geçmiştir. 2006 yılında, ilk defa Brendan Nyhan ve Jason Reifler isimli iki psikolog tarafından terim olarak kullanılan Geri Tepme Etkisi, inançlarına aykırı bir kanıtla karşılaşan kişilerin, bu kanıtı reddederek inançlarına daha da sıkı ve yanlı bir şekilde bağlandıklarını ifade eder. İki psikolog yaptıkları çalışmada, karşıt politik görüşleri destekleyen uydurma makaleler hazırlıyorlar. Makaleler toplumda genellikle yanlış olarak bilinen görüşleri savunur şekilde düzenlenmiş.

Deneklere uydurma makale okunduktan sonra karşıt görüşleri savunan gerçek makale verilmiş. Örneğin uydurma makalede Irak'ta nükleer silahlar bulunduğu yazarken, gerçek makalede Irak'ta nükleer silaha rastlanmadığı yazıyormuş. Savaş yanlısı olanlar, tahmin edeceğiniz gibi sahte makaledeki düşünceleri kabul edip gerçek makaledekileri reddetmişler. İşin ilginç yanı, ikinci ve doğru makaleyi okuyunca yanlış düşüncelerine daha da sarılıp bu makaleyi de okuduktan sonra Irak'ta nükleer silah olduğundan kendilerinden bayağı emin bir şekilde savunmaya başlamışlar. Uzun lafın kısası, konuyla ilgili birçok araştırma ve deneylerde görülmüş ki, insan eğer bir düşünceye bağlıysa, sen ona ne kadar sağlam karşıt kanıtlar sunarsan sun o kişi bu kanıtları reddedecek ve kendi düşüncesini umarsızca savunmaya devam edecektir. Biz Türkiye'de bu durumda olan arkadaşlara "bağnazlık yapıyor" diyoruz. Sahi sizin ülkenizde bu tür insanlara ne deniyor.

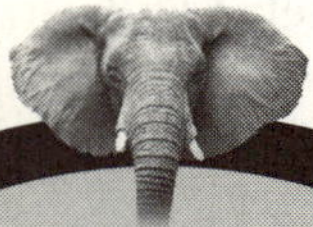

Geri Tepme Etkisi (Backfire Effect)
Aklı başında herkesin aklına gelmiştir. Sosyal medyada yaşanan bütün tartışmaların neden bir anlaşmayla bitmediğini ve tarafların neden ikna olamadığını düşünmüşüzdür.
Sen ne kadar doğru söylersen söyle, düşüncesini değiştirmeyen insanlar vardır. Bu durumdaki arkadaşlar, bir fikre ya da düşünceye aşırı bağlıdırlar. İşte bu psikoloji teorisine göre, inandığı şeylerin aksine söylenenler doğru da olsa onlar bu doğruları asla kabul etmezler.

Bu Bir Zaytung Haberi Değildir: Kurşun Horozu Öldürebiliyormuş?

"Bir delille 40 âlimi yenersin ama 40 delille bir cahili yenemezsin..."
Rumî

Binlerce kez şükür ediyoruz çünkü ülke olarak kendini cahillerle mücadeleye adamış tarih profesörü İlber Ortaylı gibi bir değere sahibiz. Her ne kadar onun cahillerle verdiği amansız mücadele sosyal medyada zaman zaman espri konusu olsa da, hakkında hazırlanan ve "cahillerle" dalga geçen "capslerle" ilgili olarak, "Espri güzeldir ama cahil cahil yapmasınlar. Her şeyi yaparsın da malzemeni bilirsin. Kerpiçle gökdelen yapılır mı?" diyordu. İlber Hoca çok haksız değil hani.

Gazetecilik hayatım boyunca birçok ilginç, absürd, trajikomik haber okudum, bazen de tanıklık ettim. Çok uzun süre önce değil, bir zamanlar gazetelerde "Sakallı Bebek" ya da "Van Gölü Canavarı" benzeri inanılması güç haberler çıkar ve bunlara inananlar da olurdu. *Tan* gazetesinin 1987'de yayımlayıp bir milyona yakın tiraj aldığı "sakallı bebek" haberi basında çok tartışıldı. Hatta bir mizahçının "Dinci Kumanda" esprisi *Hürriyet* gazetesi tarafından ciddiye alınıp haber bile yapıldı (Bkz. Ekonomi Masalları).

Nasıl yani, "Sakallı Bebek" gerçek değil miymiş?

Konu açılmışken size biraz "Cevşen Etkisi"nden bahsedelim. Cevşen, bazı İslam mezhep ve tarikatlarında kaza ve beladan koruduğu inancıyla taşınan dua metni. Genellikle üçgen muhafazalar içinde veya kolye şeklinde taşınır. Bunun sizi bazı şeylerden koruyacağına inanılır.

2016'nın Ocak ayında gazeteler, "Kurşun geçirmez dedi, horozu öldürdü" şeklinde bir haber yayınladı. İzmir'de de kurşun geçirmez muska yaptığını iddia eden bir kişi, söylediklerini horoz üzerinde ispatlamak istedi. Korkunç olay şöyle yaşandı. İzmir'in Karşıyaka ilçesinde yaşayan bir vatandaş, yaptığı muskayı takan kişinin, ateş edildiğinde zarar görmeyeceğini iddia etti. Şahıs, önce muskayı ayağına bağlayıp av tüfeğiyle kendisine ateş edilmesini istedi. Sonra bundan vazgeçen adam, bir horoz yakalayarak ayağından bağladı. Horozun kafasından muskayı geçiren adam, daha sonra da kameralar karşısına geçerek, "Horoza bir şey olmayacak. Kurşun geçmeyecek" dedi. Öte yandan, yanındaki arkadaşı tüfeği doldurarak hazırlıklarını yaptı. Olaya şahit olan gazeteciler adamı ikna etmeye çalıştı ama başarılı olamadı. Kameraların karşısına geçen adam, tüfeği daha sonra arkadaşına vererek ateşlemesini istedi. Horozun boynuna muskayı geçiren adamın arkadaşı, elindeki av tüfeğiyle ateş edince ee tabii ki kurşunlara hedef olan horoz çok enteresan bir şekilde mecburen öldü.

Horozun öldüğüne inanamayan "horoz katili" şahıs, "Ben bunun öteki şeyini takmayı unutmuşum. Mümkün değil, daha önce 10 sefer denedim bir şey olmadı" diyerek kendini savundu. Olaya şahit olan haberciler şaşkınlığını gizleyemedi. O anlar kameralar tarafından saniye saniye kaydedildi.

Buna Bilim Bile Cevap Veremiyor: Cahil Cesareti

Cornell Üniversitesi sosyal psikoloji profesörü David Dunning, 1996 Dünya Almanak'ını incelerken "tuhaf haberler" bölümündeki bir haber serisi dikkatini çeker. Haberde, 1995 yılında ABD'nin Pittsburgh şehrindeki iki banka soygunu ve hırsızın oldukça ilginç öyküsüne yer verilmişti. McArthur Wheeler, çok belirgin fiziksel özelliklere sahipti. Kısa boyluydu ve 120 kilogram ağırlığındaydı. Bu durumda tanıklar tarafından kolayca teşhis edilebilecek bir kişi olan McArthur Wheeler, acaba neden gündüz vakti iki ayrı bankayı soymaya kalkışmıştı? Üstüne üstlük maske bile takmamıştı. Tabii ki beklenen oldu ve güvenlik kameraları görüntülerini yerel televizyonlarda yayınlandıktan bir saat sonra yakalandı.

McArthur Wheeler, sorgusunda hırsız olduğunu inkâr ediyordu, bunun üzerine kendisine güvenlik kameraları gösterildi. Enteresan bir şekilde büyük bir şaşkınlık yaşayan Wheeler, "Ama nasıl olur? Yüzüme limon suyu sürmüştüm" diyordu. Wheeler, çocukluk yıllarında deriye limon suyu sürüp ısıtınca görünür hale gelmesi oyunundan aklında kalan bilgiyle akıl yürütmüş ve "yüzüne soğuk limon suyu sürerse güvenlik kameralarında yüzünün görünmez olacağı" sonucuna varmıştı. Wheeler, bu soygunun sağlamasını da şapşal bir şekilde yapmıştı. Yüzüne limon suyu sürüp polaroid makinayla bir fotoğrafını çekmişti ve fotoğrafta kendisini görmemişti. Aslında bu durumda üç ihtimal vardı: Ya film bozuktu, ya fotoğraf makinesini doğru ayarlamamıştı veya tam çekerken objektifin yönü sapmıştı.

Wheeler'ın soygunu ve onun hakkında yapılan yorumları okuyan Profesör Dunning'in kafasında aniden bir ışık çaktı. Ona göre, Wheeler bankaları bu ahmakça planla soymaya kalkacak kadar ahmaksa, asla bir banka soyguncusu olamayacağını bilemeyecek kadar da ahmak olmalıydı.

Hırsızdan etkilenen Profesör Dunning, öğrencisi Justin Kruger ile beraber bu konuda önemli bir araştırmaya imza attı. 1999'da araştırmayı raporlaştıran Dunning, "Kifayetsiz ama farkında değil: Bir kişinin kendi yetersizliklerinin farkında olmasının zorlukları, insanı kendisi hakkında nasıl abartılı bir öz değerlendirmeye yönlendirir" başlıklı bilimsel makaleleri yayımlandı.

Profesör Dunning ve öğrencisi Kruger, makalelerinde şunu savunuyorlardı: İnsanlar, kendilerini başarı ve doyuma götüreceğini varsaydıkları bir stratejiyi uygulamaya yetersiz olduklarında, çifte sorun yaşıyorlar: Birincisi çok hatalı sonuçlara ulaşıp oldukça talihsiz kararlar alıyorlar. İkincisi ve daha trajikomik olanı, kifayetsizlikleri onları bu yetersizliklerinin farkında olma gücünden de mahrum bırakıyor.

İşte bu makale nedeniyle, kifayetsizliğimizin, kifayetsizliğimizi fark etme gücümüzü maskelemesine literatürde "Dunning-Kruger Etkisi" veya "Dunning-Kruger Sendromu" deniyor. Ve bu etki hem niteliksiz insanlarda hem de gerçekten nitelikli insanlarda kendini gösteriyor. Niteliksiz insanlar, ne derece niteliksiz olduklarının tam farkında değiller ve niteliklerini oldukça abartma eğilimindeler.

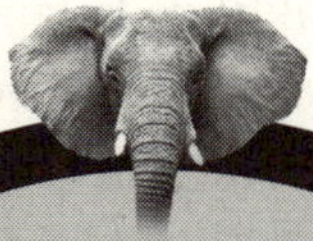

Dunning-Kruger Etkisi
(Dunning-Kruger Sendromu)
Bu etkiyi, Cornell Üniversitesinin iki psikoloğu, Justin Kruger ve David Dunning tanımladı. Tarihe geçmelerini ve 2000 yılında Nobel almalarını sağlayan tanı, "Cahil cesareti" olarak tanımlanıyor. Teorileri özetle, "cehalet, gerçek bilginin aksine, bireyin kendine olan güvenini artırır" diyor. Kifayetsizliğimizin, kifayetsizliğimizi fark etme gücümüzü maskelemesine literatürde "Dunning-Kruger Etkisi" veya "Dunning-Kruger Sendromu" deniyor.

Nitelikli insanlar ise, niteliklerini gerçekte olduğundan daha düşük görme eğilimindeler çünkü nitelikli bir insan, kendisine kolay gelen işlerin diğer insanlara da kolay geleceği düşüncesinde. Bundan dolayı da kendi yeterliliğini çok abartmamaktadır.

Dunning ve Kruger şöyle yazdılar: "Niteliksiz insanların kendilerini abartma eğilimi kendilerini tanımadaki yetersizliklerinden, nitelikli insanların yanlışı ise başkaları ile ilgili değerlendirme hatalarından kaynaklanır." Bu, kariyer mesleklerinde, niteliksizlerin, kariyer basamaklarını neden nitelikli çalışanlardan daha hızlı aştığı sorusunun da cevabı bir yönüyle...

Dunning ve Kruger'in teorileri Cornell Üniversitesi'nin psikoloji okuyan öğrencileri üzerinde de test edildi. Öğrencilere mantık, gramer ve mizah alanlarında yaptıkları testlerde, notlarını açıklamadan önce ne kadar iyi notlar beklediklerini sordular. Her defasında sınavda en kötü not alanlar, örneğin 10'luk kâğıt verenler, 60 ve yukarısını beklediklerini söylediler. 90 ve yukarısı not alacak olanlar ise en mütevazı olanlardı. Tahmin ettikleri not, genellikle alacaklarından daha azıydı.

Dunning-Kruger Etkisi psikolojide, "illusory superiority (üstünlük vehmi)" denilen bir ruh halinden kaynaklanıyor. Hepimiz, ortalamanın üstü bir kifayete sahip olduğumuzu düşünmeye eğilimliyizdir. Bu etki, politik karar alıcılardan ebeveynlere, profesyonel çalışanlardan öğrencilere kadar hayatın her alanında karşımıza çıkıyor.

Toplumumuzda "Kendinin cahili olma" etkisi çok yaygındır. Konuyla ilgili epey atasözümüz mevcuttur: "Bir tek akla nazar değmez, çünkü herkes aklını çok beğenir", "Akıllar pazarda satılığa çıkarılmış, herkes kendi aklını satın almış", "Cahil cüretkâr olur"...

Sokrates'in, "Bir şey biliyorsam hiç bir şey bilmediğimdir" sözünü herkes bilir. Konfüçyus, "Gerçek bilgi insanın cehaletini öğrenmesidir" derken, Shakespeare, "Ancak ahmaklar her şeyi bildiğini düşünür" der. Darwin, "Cehalet, öğrenme isteğinden çok abartılı bir özgüvene yol açar" diye yazmış. Üniversiteler yüzyıllarca kapılarına "kendini bil" tabelasını bunun için astılar. Ve Anadolu'nun bilge ozanı Yunus Emre de yüzyıllardır aynı şeyi söylüyor: İlim ilim bilmektir,/ İlim kendin bilmektir./Sen kendini bilmezsin,/Ya nice okumaktır?[16]

---

16 http://t24.com.tr/yazarlar/cemal-tuncdemir/kendini-bil-haddini-bil,10595

Üç Vakte Kadar Her Şeye Sahip Olacaksın!

İnsanoğlunun nedensizce bir şeylere inanma ihtiyacı vardır. Bazen birbiriyle hiç alakası olmayan şeylerin bir araya getirilmesiyle beynimizde oluşturulan kalıplar olmadık şeylere ya da batıl inançlara inanmamızın bir nedeni olabilir. En yaygın batıl inançlardan olan tahtaya vurma, merdiven altından geçmeme, aynaya bakmama gibi davranışların kökeninde de bu vardır. Mesela hiçbir şeye benzemeyen karanlık bir görüntüde kimi insanlar bir hayvan görürken bazı insanlar ise şekil ya da yiyecek görürler çünkü beynimiz her şeyi anlamlandırmaya çalışır. Batıl inançlar da bu şekilde, insanların, bir araya gelmiş anlamsız nesnelere anlam yükleme ihtiyacından doğar.

Her ülke ve her millet, inançlar (batıl olanı), komplo teorileri ve cahillikler konusunda o kadar çok hikâyeye sahiptir ki, insan bunların nasıl yayıldığı konusunda şaşırmadan edemez. "İster inan ister inanma" birileri tarafından hiç sönmeyen ampul icat edildi fakat sektörü bitireceği için piyasaya sürülmedi. Peki, birkaç litre benzinle kilometrelerce giden aracın öyküsünü hiç duydun mu? Tabii ki birileri buna da engel oldu.

Hayatımızda Ebenin Etkisi Satürn'den Daha mı Fazla?

Bazı çevrelerce hiçbir şekilde bir bilim olarak kabul edilmeyen astroloji, gerçek adıyla yıldız falı, kimilerinin hayatına ciddi bir şekilde yön vermektedir. Burçlar, İnsanın doğum anında Güneş'in hangi pozisyonda olduğunu gösteren göksel bir alanın sembolik ifadesidir.

ABD'de Connecticut Üniversitesi'nden Mark Hamilton'ın 2015'in Mayıs ayında yaptığı araştırma ciddi anlamda ses getirdi. Araştırmada, insanların hangi ayda doğduklarıyla onların kişilik özellikleri karşılaştırılmıştı. Sonuçlar çarpıcıydı. Siyasetten bilime, edebiyattan sanat ve spora kadar 300'den fazla ünlü kişi doğdukları ay ve beceri açısından kıyaslanmıştı ve bu kişiler üzerinde "mevsim etkisi"nin olduğu iddia ediliyordu. Görünen bu etkinin, astrolojinin yüzyıllardır söylediği aynı etki olduğu belirtiliyordu. Yani dünyada yaşayan 7 milyar insanın 12 temel karaktere göre şekillendiği, bir anlamda burçlara göre "bilimsel" olarak da bir kez daha teyit edilmiş oluyordu. Peki Japonya'daki insanlar için de aynı burçlar geçerli miydi?

Yıldız falcıları, gezegenlerin ve yıldızların çekim güçlerinin, doğum sırasındaki konumlarına bağlı olarak yeni doğanı farklı biçimlerde etkilediklerini söylemektedir. Evet, bugün olduğu gibi eski zamanlarda, hatta daha çok insan, astrologların öngörülerine inanıyorlardı. Astroloji o dönemin "büyülü dünyası"nın ayrılmaz bir parçasıydı. Gök cisimleri tanrıların temsilcileri ve işaretleriydi ve bu yıldızlarla dünyadaki olaylar arasında bir ilişki olduğuna inanıyorlardı. Fakat gelin görün ki, günümüzde bu uzaklıklar bilindiği ve hesap yapılabildiği için dünyadan uzaktaki yıldızların çekimsel kuvvetinin ve etkilerinin ne kadar küçük olduğu bilinmektedir.

Astrolojik Yaklaşımlar
Dünyada yaşayan 8 milyar insanın 12 temel karaktere göre şekillenmesi ne derece gerçekçi?

Bu durumun absürtlüğüne dikkat çeken hocalarımızdan birisi de Prof. Dr. Ethem Derman'dır. "Bir ebenin çekim gücü, bütün yıldızların bebek üzerindeki çekim gücünden milyon kat fazladır" der. Onun düşüncesine inananlar, sadece bu gerçeğin bile astrolojinin sahte bir bilim olduğunu kanıtladığını düşünür.

Peki günümüz insanları astrolojiye neden inanmaktadır? Bu sorunun yanıtını Osman Bahadır veriyor. Ona göre astronomi, astrolojiden ayrılıp gelişmekle birlikte, gerektiği ölçüde ve yaygınlıkta çürütülemedi. Bu yüzden de astrolojiye olan inanç, çağdaş toplumun çeşitli katmanlarına sızmış durumda. Bahadır, astroloji adı verilerek gerçekte sanki bilimsel yönü varmış gibi sunulan bu etkinliğin gerçek adının astrofal olduğunu söyler. Astrolojinin kendi içinde bile tutarlı olmadığını aşağıdaki örnekle kanıtlandığını söyler:

"11 Temmuz 1991 tarihindeki Güneş tutulması sırasında Güneş'in Yengeç takımyıldızında olması bekleniyordu. Fakat yapılan gözlemlerde Güneş, İkizler takımyıldızının ortalarına doğru ilerlemiş olarak göründü çünkü Yer'in dönme ekseninin presesyonu (devinimi), Güneş takımyıldızlarında bulunma süresini değiştirmişti. Bu değişikliği hesaba katmayan astrologlar, kehanetlerini eski pozisyonlara göre yapıyorlardı. Kendi simgesel ilkelerine bağlı kalamayan bir astroloji! Fallar nasıl tutacak?"[17]

Şehir Efsaneleri, Dünyayı Hikâyelerle Anlamanın Parodisidir

Bu ve buna benzer hikâyeler artık internette de rahatlıkla zemin bulabiliyor ve yayılabiliyor. Şehir efsaneleri internetten önce de tüm dünyaya yayılıyordu. Bugün de internet kullanıcıları bu efsanelerin yayılmasına neden oldukları kadar onların foyasını çıkarmaya da neden oluyorlar. Şehir efsaneleri genellikle zararsız olmakla beraber bazen olmadık etkiler oluşturuyor. Örneğin

17 CBT 1468 / 8 Mayıs 2015

böbrek çalma hikâyeleri 3. dünya ülkelerinde hızla yaygınlaştı ve uluslararası evlat edinmenin büyümesini engelledi. Robert Fulford, özellikle Law&Order ve Brezilya yapımı Central Station dizilerinin kurgusal anlatılarının bu durumu körüklediğine dikkat çeker. Bir ülkedeki insanların büyük bir kısmı, yabancıların çocukları böbrekleri çalmak amacıyla evlat edindiğine inanıyorsa, hükümet de buna karşılık uluslararası evlat edinme programını kısıtlayarak ya da tamamen yürürlükten kaldırarak hem çocukları hem de ebeveyn adaylarını mağdur eder.[18]

Robert Fulford'un anlatımına göre, şehir efsaneleri dünyayı hikâyeler biçiminde anlama arzumuzun parodisi gibidir. Aslında şehir efsaneleri kendi halinde gelişen bir gazetecilik türü. Başta organ nakli gibi insanların bastırılmış korkuları ve şirketlerin insanları ürünleri konusunda manipüle edeceği gibi konular bir haber klişesi olmaya adaydır. Gözlemler ve bu yöndeki endişelerle süslü hikâyeler her zaman alıcı bulacaktır.

İçinde bulunduğumuz dijital çağda bilgiye ulaşmak hiç bu kadar kolay olmadı. Fakat zaman zaman birbiriyle çelişen bilgi karmaşası içinden doğru olanları bulup çıkarmak oldukça zordur. Bazı hastalıkların tedavileri, küresel ısınma, astroloji, büyü, nazar, alternatif tıp ve komplo teorileri gibi konularda günümüz insanının aklı karışır ya da her türlü delile ve kanıta rağmen inanmak istedikleri doğruya inanırlar çünkü insanlar önyargılarıyla hareket ederler, bir bilim insanı gibi düşünmezler. İnsanların, önlerine konulan kanıtları incelemek için yeterli zamanları yoktur. Dolayısıyla karar verme aşamasında ait oldukları gruptaki güvendikleri insanların görüşlerinden yararlanırlar. Düşüncelerimizi veya bakış açımızı içinde yer aldığımız grupla özdeşleştirir ve aidiyet hissinden dolayı bu gruba yakın dururuz. Unutmayın ki, içinde bol miktarda komplo teorisi barındıran konular söz konusu olduğunda, başvurulacak en güvenilir kaynak yine bilimdir.

18 Fulford, 2014, s.68

Rasyonel Olmayan İnançlar

Her ülke ve her millet, inançlar, komplo teorileri ve cahillikler konusunda o kadar çok hikâyeye sahiptir ki, insan bunların nasıl yayıldığı konusunda şaşırmadan edemez.

Hanımlar, Yalan Söyleyen Beyiniz Değil de Beyninizse Ne Yapacaksanız?

(Plasebo Etkisi)

Hikâye odur ki, bir idam mahkûmuna iki seçenek sunulur. Birinci seçenek asılmak, ikinci seçenek ise daha acısız bir yöntem olan zehirle ölümdür. Mahkûma zehrin hiç acı çektirmeyeceği ve kolay bir ölüm olacağı söylenmiştir. Bunun üzerine zehirle ölümü seçen mahkûma bir bardak su verilir ve içinde tatsız bir zehir olduğu söylenir. Suyu içen mahkûm kısa bir süre sonra hayatını kaybeder.

Ey okur, kitabın en çok üzerinde konuşulacak konuların başında "Plasebo Etkisi"nin geleceğini garanti edebilirim.

Plasebo Etkisi insan beyninin en gizemli yanlarından birisidir ya da beyin gücünün ne derece etkisinin olduğunu gösteren bir örnektir. Bu kitabın belki de en popüler etkilerinden birisidir. Bu olay aslında algıların ne kadar da "sanal" olduğunu, yaşanan süreçlerin tamamen beyinde bittiğini gösterir. Düşünsenize, beyin yeri geliyor kendi bedenine bile saygı göstermiyor bir de utanmadan "yalan" söylüyor. O insanlardan çevremizde mutlaka vardır ya da sizin de başınıza gelmiş olabilir. Anneniz hasta olduğunu ve sizden kendisini bir an hastaneye götürmenizi ister. Hastanenin ya da doktorun kapısına geldiğinizde o kendini şimdiden iyi hissetmektedir.

"Kral Dokunuşu"ndan Plasebo'ya

Papa III. Leo, MS 800 yılında Roma Kralı Şarlman'ın tacını giydirdi, böylece kiliseyle devlet arasında doğrudan bir ilişki kuruldu. O zamandan itibaren Kutsal Roma İmparatorları ve onları takiben Avrupa kralları "tanrısallık ateşiyle" sarhoş oldular. "Kral Dokunuşu" denilen tedavi yöntemi buradan çıktı. Ortaçağ boyunca, tarihçilerin birbiri ardına belirttiği gibi, büyük krallar belli aralıklarla kral dokunuşu bahşederek kalabalıkların arasından geçerlerdi. Örneğin 1660'tan 1685'e kadar İngiltere'ye hükmeden II. Charles'ın, hükümdarlığı sırasında 100 bin kişiye dokunduğu söylenir. Hatta kayıtlarda Yeni Dünya'dan eski dünyaya dönerken Kral Charles ile yolları kesişen ve kral tarafından iyileştirilen birkaç Amerikan sömürgecisinin adları bile bulunur.

Kral dokunuşu gerçekten işe yarıyor muydu? Kraliyet dokunuşuna maruz kaldıktan sonra hiç kimse iyileşmese, uygulamanın yitip gideceği besbelliydi. Ama tarih boyunca kraliyet dokunuşunun binlerce insanı iyileştirdiği söylenmişti. İnsanı çirkinleştiren, sosyal olarak da tecrit ve çoğunlukla cüzamla karıştırılan sıraca hastalığının kral dokunuşuyla giderilebileceğine inanılıyordu. Kral dokunuşu 1820'li yıllara kadar sürdü. O dönemde artık zamanın krallarının cennetten çıkmadığı düşünülmeye başlandı.

Plasebonun gücü, gerçekte zihnimizin vücudumuzu nasıl şaşırtıcı bir şekilde kontrol ettiğini gösterir.

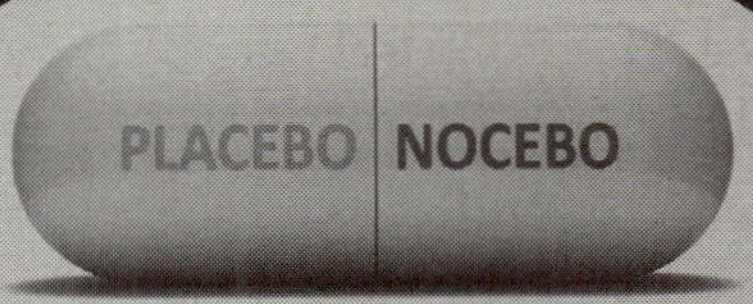

Plasebo Etkisi

Bazı hastalara fiziksel anlamda tedaviye yönelik hiçbir etkisi olmayan içi boş kapsüller ve ilaçlar vererek ya da yöntemler uygulayarak "işinize çok yarayacak ve iyileşeceksiniz" denilmesi, kişilerin de buna inanarak kendisini iyi hissetmesidir. İşin ilginç tarafı, bazen bu hastalarda hiç beklenmedik mucizevi fiziksel iyileşmeler de kaydedilmektedir. Plasebo etkisi genellikle tıbbi araştırmalar sırasında kontrol amaçlı seçilen insanlar üzerinde test edilen ilaçların gerçek etkisini anlamak için uygulanır. Ya da hiçbir sağlık problemi olmayan hastalık hastası ya da "ben bu ilacı kullanmazsam yaşayamam" diyen insanlar üzerinde denenir. Nosebo Etkisi'nde ise kişi olumsuz koşullardan etkilenip olumsuz tepkiler verir.

1950 yılında göğüs ağrısı yaşayan bir kişi olsaydınız, genel anestezi yapılarak göğüs kafesiniz açılır ve iç meme arteriniz bağlanırdı. Böylelikle kalp kasına akan kan artar ve ağrı geçerdi. Herkes de mutlu olurdu. Bu sancılı yöntemden vazgeçmek için 1955 yılına kadar beklemek gerekiyordu. Seattle'da Leonard Cobb adlı bir kardiyolog ve birkaç meslektaşı bu yapılan işlemden dolayı şüpheye düştüler. Bu işlemin insanlar üzerinde gerçekten de etkisi var mıydı? Cobb, cesur bir karar alarak hastaların yarısına bu işlemi uygulayacak, diğer yarısına da plasebo işlemini uygulayacaktı. Sonra hangi hastaya uygulanan tedavinin ne işe yaradığını tespit edecekti. Plasebo işleminde sadece hastanın bedenini bisturiyle kesilip geride iki kesik bırakılıyor başka da bir şey yapılmıyordu. Ortaya çıkan sonuçlar çok şaşırtıcıydı. Her iki işlemin uygulandığı grupta yer alan hastalar göğüs ağrılarından kurtulmuştu. Her iki grupta da rahatlama yaklaşık 3 ay sürmüş, ardından göğüs ağrısı şikâyetleri geri gelmişti. Bu sırada elektrokardiyogramlar gerçek operasyon geçirenlerle plasebo operasyonları geçirenler arasında bir fark olmadığını ortaya çıkarıyordu. Bir başka deyişle, geleneksel işlemle kısa süreliğine bir rahatlama sağlamıştı ancak aynı rahatlamayı plasebo da yapıyordu. Sonuç olarak işlemlerin hiçbiri uzun süreli bir rahatlama sağlamıyordu.

Plasebo mu Nosebo mu?

Plasebo kelimesi Latince "memnun edeceğim" ifadesinden gelir. Bu terim 14. yüzyılda cenazelerde ölüye ağlamak ve hıçkırmak için ücretle tutulan sahte ağıtçılara atfen kullanılıyordu. Plasebo etkisinin tıp literatüründe yer alan ilk kayıtlarından biri de 1794 yılından kalmadır. Derbi adındaki Dr. Gerbi, belli tip solucanların salgılarını ağrıyan dişe sürdüğünde ağrı bir yıl süresince yok oluyordu. Düzenli kayıt tutan Dr. Gerbi'nin bu yönteminin bugün işe yaramadığını biliyoruz. Fakat aslolan, Dr. Gerbi ve hastalarının çoğunun solucan yönteminin faydasına inanmış olmasıdır.

Sadece solucanlar değil, bir süre öncesine kadar, hatta bugün de hemen hemen tüm ilaçlar plaseboydu. Kara kurbağa gözü, yarasa kanadı, kurumuş tilki ciğeri, cıva, maden suyu, vs gibi maddelerin çoğunun hastalığa iyi geldiği yönünde spekülasyon yapılıyordu.

Plasebo, hastalığı tedavi edecek herhangi bir etkinliği olmayan maddelerin veya nedensiz girişimlerin, hastaların kendilerini daha iyi hissetmelerine neden olan etkilere verilen isimdir. Gerçek olan bir şey var ki, plasebo etkisi, telkin ve ikna süreciyle çalışır. İnsanlar ona inandıkları içindir yöntem çalışır. Doktorunuzu görürsünüz ve kendinizi daha iyi hissedersiniz. Doktorunuzun yazdığı bir hapı içer kendinizi daha iyi hissedersiniz.

Ha bu arada "Nosebo Etkisi"nden de söz etmek gerekir. Placebo Etkisi'nin tersidir. Nosebo'da kişi olumsuz koşullardan etkilenip olumsuz tepkiler gösterir, örneğin ilaçların yan etkilerini okuyan kişi bu yan etkileri yaşar.

İnsan Kendini Tamir Edebilir mi?

Samuel Hahnemann (1755-1843) tarafından icat edilen homeopati iki nedenden dolayı anlamsız bulunur. Birinci olarak, dayandığı ilke hatalıdır ve kimyaya yönelik bilinen gerçeklerle örtüşmez. Bu hatalı prensip, "benzeri benzerle tedavi etme" ilkesidir. Sözgelişi, soğuk algınlığı nedeniyle gözleriniz yaşarıyor ve sürekli burnunuz akıyor. Homeopatiye göre bu şikâyeti gidermenin yolu soğandır. Bu tedavi yöntemi aynı zamanda şuna benzetilir: Diyelim ki üşüttün ve öksürüyorsun. Öksürmek tütün içmenin bir sonucu olduğuna göre, nargile içecek olursan kendi kendini tedavi edebilirsin. Homeopatik ilaçlarda hemen hemen hiçbir şey yoktur çünkü etken maddenin defalarca seyretilmesi yoluyla oluşturulurlar. Diyelim ki, 30 C'lik bir çözeltiden tek bir molekül etken madde almak isteyen bir hastanın 10 (üzeri 60) molekül sıvı yutması gerekir. Bu da bir molekül etken madde için dünyanın çevresinin 30 milyar katı büyüklüğündeki ağzına kadar dolu bardağın içerisindeki homeopatik ilacın tamamının içilmesi gerektiği anlamına gelir.[19]

Fakat asıl trajik olan, homeopati yüzünden israf edilen kaynakların büyüklüğüdür. Homeopati için sadece Hollanda'da harcanan para yılda 100 milyon Euro'yu bulmaktadır. İşin ko-

---

19 Roelf Bolt, 2015, s. 227

mik tarafı, bazı sigorta şirketlerinin de homeopatik tedaviyi içermeleri akıl sınırlarını zorlamaktadır.

Birçok homeopat gibi Peter Chappell'in eli şifalıydı ve birçok hastalığı iyileştirmeye muktedirdi. Listesinde neler yoktu ki? MS hastalığı, Parkinson, Alzheimer, anoreksiya, astım, kronik yorgunluk sendromu, hepatit, spastik kolon, kısırlık vs. İlginç bir gelişme Aralık 2007'de yaşandı. Hastalıklar için müzikal tedaviler geliştirmeye karar verdi. Ona göre Afrika'daki AIDS sorunu bile radyoda çalınacak basit bir melodiyle halledilebilecekti. Kendi niyetinin para olmadığını göstermek için de sitesine kuş gribiyle mücadelede kullanılabilecek ücretsiz bir melodi koymuştu. Fakat domuz gribi salgınının başladığı 2009 baharında melodinin adı bir gecede "Domuz Gribi Tedavisi-Download MP3" olarak değişiverdi.[20]

Gelmiş Geçmiş En İyi Safsatalar

"Musa gemisine her türden kaç tane hayvan almıştı?"

Bu soruyu sorsam vereceğiniz cevap ne olur? "Siz cevabınızı verin, ondan sonra okumaya devam edin" derim. Aslında Musa'nın değil Nuh'un gemisiydi değil mi? Peki, ben söyleyene kadar kaç kişi bunun farkına varabildi? Birçok kişi, bir cümlede veya soruda bir sözcük çok benzer, ancak doğru olmayan başka bir sözcükle değiştirildiğinde farkına varmıyormuş. Bu durumun psikolojideki adı ise Moses Illusion, yani "Musa Yanılsaması". Kavram, ilk kez 1981'de keşfedilmiş.

Beynimiz, iyi sunulan bir hikâyede ufak ayrıntı olarak algıladığı bazı olguları göz ardı edip yalanlara kolaylıkla kapıları aralayabiliyor çünkü insanlar "bilişsel olarak cimridir", yani beynimiz analizden çok sezgilerini kullanıyor.

---

20 Aynı yer, s. 191

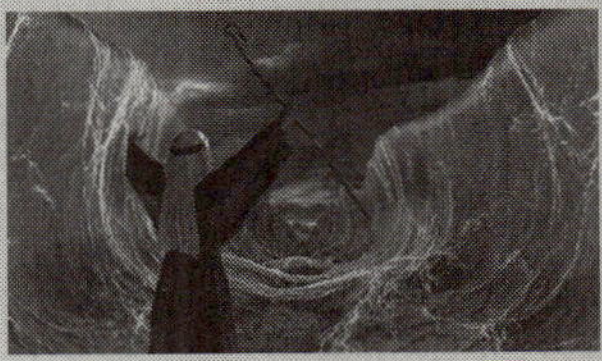

Beynimiz Nasıl Yanılır?
Beynimiz, iyi sunulan bir hikâyede ufak ayrıntı olarak algıladığı bazı olguları göz ardı edip yalanlara kolaylıkla kapıları aralar. "Musa gemisine her türden kaç tane hayvan almıştı?" Aslında gemisi olan Nuh Peygamber'di değil mi?
(Moses Illusion-Musa Yanılsaması)

İnsanın kolay kandırılabilir olmasına en iyi örneklerden biri, 2000 yılı başında yayılan et yiyen muz hikâyesiydi. Zincirleme bir halde yayılan e-postalar, ithal edilen muzların "nekrotizan fasit" (et yiyen bakteri hastalığı) yaydığını iddia ediyordu. Buna göre, ithal muz yiyen insanlarda görülen bu hastalık, vücutta mor yumruların oluşmasına ve etin çürüyüp dökülmesine neden oluyordu. Yayılan mesajlar ayrıca, paniği önlemek için ABD'de yetkili kurumların olayın üstünü kapatmaya çalıştığını bildiriyordu. Bu söylentilerde hiç gerçek payı yoktu ama öyle yayılmıştı ki, yetkililer açıklama yapmak zorunda kaldı. Olay yalanlandı ancak bu da işe yaramadı, tersine, söylentileri daha da körükledi. Aslında bunun zekâyla ilgisinin olmadığını, en zeki insanların bile bu tuzağa düşebileceğini gösteriyordu.

Bilim Açıkladı: Safsata, İnsanın Hayatını Sürdürmesi İçin Bir İhtiyaçtır

Safsata, insanların düşünürken ve çıkarımlar yaparken yaptıkları hatalar bütününe deniyor. Yani safsata, akıl yürütme sürecinde ortaya çıkan bir durum. Bir fikrin ortaya atılma sürecinde kullanılan bilgilerin doğru ya da yanlış olmasının bir önemi yoktur. Safsataların en önemli özelliği, ilk duyduğumuzda mantıklı gelmeleridir. Eğer anlatılan konuyla ilgili bilginiz yoksa, dikkatli ve mantıklı bir şekilde düşünemiyorsanız karşınızdaki kişi kullandığı safsatalarla sizi ikna edebilir ve kandırabilir. Gerekli araştırmayı yapmadığımız takdirde birçoğumuz bunu hayatımızın sonuna kadar anlayamayabiliriz. Safsataların ortaya çıkmasında önyargı, eksik bilgi, batıl inançlar, duygusallık, yersiz göndermeler, genelleme, duygu sömürüsü ve Türkçeyi kötü kullanma gibi nedenler en başta gelir.

Sosyal, duygusal ve biyolojik bir varlık olan insan düşünen, olaylar arasındaki ilişkileri anlayabilen, neden-sonuç ilişkileri kurabilen bir canlıdır. Fakat bazı sosyal, duygusal ya da biyolojik süreçler insan beyninin mantık yürütmesini zorlaştırabilir, mantıksız davranmasına neden olabilir.

Bio-psiko-sosyal bir varlık olarak safsataları kullanmamız ya da başkalarının kullandığı safsatalara kanmamız son derece doğal. Wikipedia'da safsatanın tanımında şunlar yazılıdır: "Safsata (İngilizce: Logical fallacy, Osmanlıca: Kıyas-ı batıl), bir düşünceyi ortaya koyarken ya da anlamaya çalışırken yapılan yanlış çıkarsamadır. Safsatalar ilk bakışta geçerli ve ikna edici gibi görülebilen fakat yakından bakıldığında kendilerini ele veren sahte argümanlardır. Safsataların ayırdına varmak, onları geçerli ve sağlam argümanlardan ayırmak önemli bir eleştirel düşünme becerisidir. Aşağıda bir dizi yalın safsata örneği verilmiştir. Kimi zaman ciltler dolusu yapıta da yayılabilen uzun ve karmaşık bir argümanda ise farklı türden çok sayıda safsata yer alabilir."

Bu safsatalar insanı etki altında bırakır. Birçok yaygın örneği vardır. Bunların başlıcalarını Wikipedia'dan ödünç aldığımız bilgiler ışığında sıralayalım.

Bir şeyin doğruluğu, o şeyi geliştiren kişinin karakteriyle ilişkilendirilir. Düşünsenize, "Freud cinsel sapığın biridir. Dolayısıyla söylediklerini ciddiye almamıza gerek yoktur" sözüne inananlar mutlaka vardır.

Çoğunluk benimsiyorsa o zaten doğrudur. Yani Hitler'in II. Dünya Savaşı'na katılmasaydı ABD'ye saldırmayacağını söylemen çok saçma. Herkes bilir ki onun hedefi dünyayı ele geçirmekti.

Tersi ispatlanamıyorsa demek ki doğrudur. UFO'ların dünyayı ziyaret etmediği yolunda hiçbir delil yoktur. Demek ki ediyorlar.

Bağlantı, ilişki ya da ortak özelliklerin mutlaka neden-sonuç ilişkisi içinde olduğunu savunmak. Genç kızlar çok çikolata yiyor. Genç kızlarda sivilce çok görülüyor. Demek ki sivilcenin sebebi çikolatadır.

Zaman içerisinde önce gerçekleşen bir olgunun, onu izleyen başka bir olgunun nedeni olması gerektiğini iddia etme: Falanca ülke kurulmadan önce nükleer silah diye bir şey yoktu. Demek ki nükleer silahların sebebi falanca ülkedir.

Bir başka örnek: Güneş tutulmasından sonra deprem oldu. Demek ki depremin nedeni güneş tutulmasıdır.

Tepkisel indirgemecilik, sıklıkla kullanılan bir tespittir:

- Kürt sorununun bu hâle gelmesinin sosyal, ekonomik, politik bir sürü sebebi var.

- Terör örgütünü mü savunuyorsun bana?!...

Geleneksel olan her zaman doğrudur: Evliliği reddeden kadını öldürmemiz çok doğru çünkü töre böyle.

Zenginlerin söylediklerinin doğru ya da tam tersine yoksulların söylediklerinin yanlış olduğu: Sakıp Sabancı bunu söylüyorsa doğrudur. O beş parasızın teki! Söylediklerine kim inanır!?.

Sorunun ardında yatan varsayımların doğru olduğu savı.

- Uyuşturucu kullanmaktan ne zaman vazgeçtin?

- Vazgeçmedim.

- Demek hâlâ kullanıyorsun?!.

- Hayır, hiç kullanmadım!

- Ama vazgeçmediğini itiraf ettin!

Her Ne Kadar Ufo'ları Türklerden Saklasalar da O İçimizi Isıtmaya Devam Ediyor

(Komplo Teorileri)

TÜRK JETİNİN
UFO İLE İT DALAŞI
Hürriyet

Sırada, konuyla ilgili Türkiye'de de inananı fazlaca bulunan Komplo Teorileri var. Düşünün bir kere, ne kadar da sıklıkla duymuşuzdur, "Kanserin aşısı bulundu ancak herkesten saklıyorlar", "Bilmem ne şirketinin ya da ülkelerin gizli ortaklıkları var", "Devletin bildiği ama açıklamadığı gizli bilimsel çalışmalar yapılıyor", "Dünyaya çarpmak üzere olan göktaşları var", "Aşıların içindeki cıva, çocukları hasta ediyor", "Astronotlar aslında Ay'a gitmedi", "UFO'ları bizden saklıyorlar" gibi nice komplo teorisi Türkiye'de ve dünyada yayılmış durumda. Ha bu arada yeri gelmişken söyleyelim, İngiliz Doktor Andrew Wakefield, araştırma sonuçlarıyla oynayarak kızamık aşısı ile otizm arasında yanlış bir bağlantı kurup yaydığı için doktorluktan men edilmişti.

Peki insanlar bütün bunlara neden inanıyor ve insanları kandırmak neden bu kadar kolay?

Her ülkede ve toplumda farklı farklı türevleri olan komplo teorileri üretilir? Peki hiç düşündünüz mü bu teoriler nasıl yayılıyor? Komplo teorilerinin ortaya çıkış yeri de çok bariz bir komplo teorisine dayanıyor. Teorinin çıkışı da, adına Chemtrails (toksik bulutlar) denilen teoriyle açıklanmaya çalışılıyor. Hepiniz görmüşsünüzdür, uçaklar gökyüzünde ilerlerken bazen arkalarında, genellikle beyaz renkte bir iz bırakır. Jet motorlu uçakların arkasında bıraktığı, bazen uzun süre gökyüzünde kalan bu izlere "yoğunlaşma izi" ya da kısaca contrail denir.

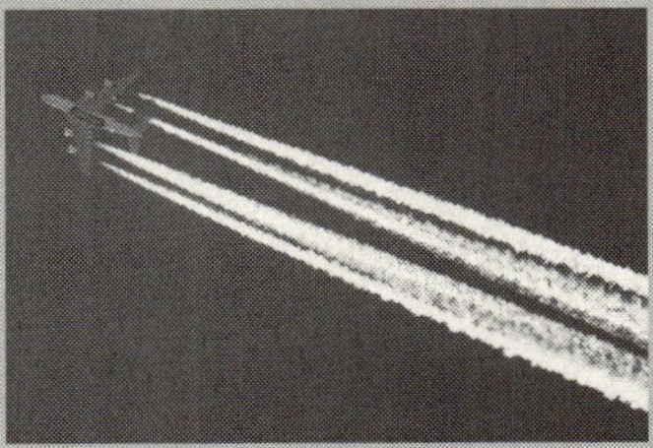

Komplo Teorileri
Görünen olayların arka planlarında daha farklı olayların olabileceğine ilişkin komplo teorileri her zaman taraftar bulur. Chemtrails (toksik bulutlar) da bunlardan biridir.

Uçaklardan bu izlerin çıkma sebebi, soğuk havalarda ağzınızdan çıkan havanın buhar gibi gözükmesinin sebebiyle aynı. Sıcak ve içinde su molekülleri bulunan (nemli) hava, nefesimizi verdiğimiz zaman soğuk havaya çıkar ve su molekülleri soğuk havanın etkisiyle yoğunlaşır, buharı oluşturur. Aynen çaydanlıktan çıkan buhar gibi. Chemtrails teorisyenleri bu izlerin uçakların motorlarından çıkmadığını, yazları sinek ilacı sıkan kamyonetlerdeki gibi, uçakların arkalarından atmosfere ilaç püskürttüklerini iddia eder. Havada uzun süre kalan bu izler toksit buluttur. Yani Contrail değil, chemtrail'dir. Peki neden? Bu gazların atmosfere salınma nedenleri insanların düşüncelerini ve davranışlarını kontrol altına almak, onları hasta yapıp ilaç satmak, beyinlerini uyuşturup isyan etmelerini engellemek, küresel ısınmayı engellemek vs! Peki kim yapıyor bunu? Devletler ya da büyük şirketler!

90'ların sonunda ABD'de çıkan "Chemtrails Teorisi"ni aslında çürütmek hiç de zor değil. Düşünsenize, bu komployu tasarlayanlar, atmosfere püskürtülen bu gazların kendilerine de ulaşacağını ve zarar vereceğini bilmiyorlar mı? Bu iş yıllardır yapılıyorsa acaba neden bugüne kadar, "evet, ben bu gazları etrafa yaydım!" diyen bir pilot çıkmadı?

"Kuşku", insanların komplolara inanmalarını kolaylaştırır. Dünyanın hemen her yerinde insanlar devlet kurumlarına, büyük şirketlere ve ana akım medyaya (haklı olarak) kuşku ile yaklaşırlar. Sahte komplo teorileri yayılırken de mutlaka bu kuşkulardan faydalanılır, "arkasında şu devlet/şirket var" ya da "medya bundan bahsetmiyor" gibi yorumlar ön plana çıkartılır.

Bilimin ve rasyonel düşüncenin ön planda olduğu ülkelerde birilerinin çeşitli nedenlerle insanları kandırması pek ciddiye alınmayabilir. Ancak bilimsel düşüncenin yaygın olmadığı ülkelerde durum daha farklı sonuçlar doğuruyor. Normal şartlar altında çok rahatlıkla çürütebilecek komplo teorilerinin eğitim sistemi zayıf ülkelerde ciddi miktarda yayılmasına şaşırmamak gerekir.

Dolandırıcılar Eğitimli İnsanları Nasıl İkna Ediyor?

(Barnum Etkisi)

"Cahil insanlar kendilerini mükemmel görmeye, zeki insanlarsa yeteneklerini hafife almaya eğilimlidirler."
Einstein

Jet Fadıl, Sülün Osman, Selçuk Parsadan ve benzerleri, yakın dönemde dolandırıcılık konusunda duyduğumuz isimler. Sahtekârlık ve yalan. İkisi de hayatımızın içinde, belki de sık sık karşımıza çıkan kavramlar. Gerçeğin tam da karşısında duran, onu bulandıran yalancılar ve sahtekârlar biz istesek de istemesek de var. Bizden para koparmaya çalışanlar, orijinal değil taklit mal satmaya kalkanlar, olmadığı biri gibi davrananlar, zaaflarımızdan istifade edenler. Tüm bunların çeşitleri toplumdan topluma değişse de, aldatmak insanlık tarihi kadar eski aslında. Ve artık bu sahtekârlık ve yalancılık hikâyelerinin bir de ansiklopedisi var.

Roelf Bolt, 1400'e yakın sahtekârlık ve yalancılık vakasını araştırarak konu hakkında bir ansiklopedi yazmış. Birbirinden ilgi çekici 146 dolandırıcılık hikâyesi aldatma ve aldatılma üzerine bir kez daha düşündürecek nitelikte. Bolt, aslında insan doğasını ele alıyor. En zayıf yönleriyle insanların inançlarını inceleyen ve farklı olayları ortaya koyan yazar, tüm bunlar için bir hayli titiz çalışma gerçekleştirmiş.

Bu ibretlik olaylardan biri de 1883'te açılan ve kısa zamanda New York'un sembollerinden biri haline gelen Brooklyn Köprüsü'nün satılma hikâyesi. Köprünün New York limanına olan yakınlığı ve pek çok şair ve ressama ilham vermesi onu satışa çıkarmak için harika sebeplerdi. Bu fikirle yola çıkan profesyonel dolandırıcı George C. Parker da boş durmuyor ve gemilerle gelen zengin ama pek de uyanık olmayan yolcuları aramaya başlıyor. İstediği gibi birilerini yakalayınca da ona köprünün özelliklerinden bahsedip, satın aldıkları takdirde çok talihli olacakları yönünde ikna ediyordu. 200 ila 1000 dolar arasında ödeme yapanlara ise "Bir adet köprü, iyi durumda" yazılı bir tapu veriyordu. Nihayetinde bu olay gün yüzüne çıktı ve Parker, 1928 yılında çeşitli dolandırıcılık suçlarından müebbet hapis cezasına çarptırıldı. Yetkililer de göçmenlerin şehre indiği noktalara "Kamuya ait yapıları ve caddeleri satın alamazsınız" broşürleri dağıtmaya başladı.

İşte size insanların nasıl ikna edildiğine dair bir başka hikâye. Ekim 1822'de Gregor MacGregor adlı bir İskoç çarpıcı bir duyuru yaptı. Sadece bir bankacının oğlu olmadığını, Honduras'taki Kara Nehir boyunda kurulu Poyais ülkesinin de prensi olduğunu açıkladı. Galler'den biraz daha büyük olan bu topraklar o kadar verimliydi ki, mısırlar yılda üç kez ürün veriyordu. Suları tertemizdi ve nehir yataklarında altın bulunuyordu. Ağaçlar meyve doluydu. Yurtdışında, böyle cennet gibi bir ülkede yeni bir hayat kurmak İskoçya'nın karanlık ve yağmurlu havası, kayalı toprakları karşısında çok cazip görünüyordu. Poyais'in tek eksiği, bu kaynakların tam kullanımını sağlayacak yerleşimciler ve yatırımcılardı. O zamanlar Orta ve Güney Amerika'ya yatırım yapmak revaçtaydı ve Poyais iyi bir seçenek gibi görünüyordu. İskoçya'nın kendi kolonileri yoktu. Bu yeni ülke onun için Yeni

Dünya'ya atlama tahtası olabilirdi. Siz olsanız böyle bir dolandırıcılığa aldanır mıydınız? MacGregor usta bir pazarlamacıydı ve birçok insanı tuzağına düşürmüştü.

"Çevremde Her Şeye Kanmaya Hazır İnsanlar Var"

Phineas Taylor Barnum, 19. yüzyılın sonunda ABD'de yaşamış, şovmenlik yapmış, çeşitli müzeler kurmuş, konserler organize etmiş, üç sahneli sirk gibi gösteri sanatına boyut getiren yenilik de yapmıştır. 25 yaşında ve meteliksiz bir gençken rastladığı 80 yaşındaki zenci bir kadını G. Washington'un 161 yaşındaki dadısı olarak tanıtarak bir haftada zengin olmuştur. Abartılı reklamlar ve tanıtımlar sayesinde uluslararası şöhret, itibar ve çok büyük bir servetin sahibi olmuştur.

Barnum Etkisi

Phineas Taylor Barnum, insanların gönüllü olarak yanılmaya ve yanıltılmaya izin verdiklerini fark etti. Bu etkiye "Barnum Effect" adı verildi, Sirkinde kullandığı, şu sözü çok ünlüdür: "Her dakika bir enayi doğuyor." Bu etki, astroloji, grafoloji, falcılık ve kişilik testlerinin bazı türleri gibi yaygın olarak kabul görmüş inanış ve uygulamalar için kısmen açıklama getirmektedir.

Reklamların ve abartmalı tanıtımların insanlar üzerinde nasıl bir etkisinin olduğunu bilen bir sirkçi olarak, insanları kandırmanın çok kolay olduğu belirtmiştir. Bu nedenle, insanların gönüllü olarak yanılmaya ve yanıltılmaya izin vermeleri nedeniyle bu etkiye "Barnum Effect" adı verilmiştir. Sirkinde kullandığı şu sözü çok ünlüdür:

"Her dakika bir enayi doğuyor."

1940'lı yıllarda bu durumu fark eden, Psikolog Bertram R. Forer oldu. Barnum'un sürekli kullandığı *"Herkese uyan bir şeylerimiz var!"* sözünün, astrolojinin arka planında yatan düşünce sistematiğinin anahtarı olabileceğini düşündü.

Yaptığı araştırmalarda, "astrolojik analizlerin" insanlara neden uyduğunu ya da insanların buna neden inandıklarını göstermeye çalıştı. Gerçekten de, analizlerin içerisindeki argümanlar geniş ve kapsayıcıydı ve çok sayıda olasılığı içeriyordu. Yani kanmaya hazır insanların bunlara inanmaması mümkün değildi. Günümüzde buna "Forer Etkisi" ya da "Barnum Etkisi" deniyor. Bu terimler, 1956 yılında Amerikan Psikoloğu Paul Meehl tarafından ileri sürülmüştür. "Forer Etkisi" onu keşfeden bilim insanına, "Barnum Etkisi" ise bu etkiyi iş modeli olarak kullanan iş adamına ithafen kullanılıyordu.

Ferrari'sini Satan Bilge Şimdi de Simit Sarayı'nda Çalışıyor!

(Başarının İkarus Paradoksu Üzerine Etkisi, Bill Nighty Etkisi, İşe Yaramazlık Hissi)

Hepimiz, sıfırdan zirveye tırmanmış, "başarılı olmuş" insanlar üzerine yazılan kitapları okumaya bayılırız. O "muhteşem" insanlarla yapılmış "nasıl başardım?" içerikli röportajları okumak insanlara büyük bir keyif verebilir. İş dünyasının o başarılı iş insanları da, kendileri hakkında yaratılmış olan "efsaneler"den memnundurlar ve bu efsanelerin devam ettirilmesinden de yanadırlar çünkü onlar zoru başarmış, ağır bedeller ödeyerek sıfırdan dev imparatorluklar yaratmışlardır. Ancak onların, onları başarıya götüren "olayların ve insanların" içinde olmadığı, doğal akışından ve gerçeklikten uzak, ayakları yere basmayan başarı öyküleri ikna edicilikten uzak, inandırıcılıktan da yoksundur. İşte sırf bu yüzden bu ünlü kişilerin başarı öyküleri gerçekçi değildir çünkü hepimiz biliriz ki başarıya doğru zamanda, doğru yerde olarak, çok çalışarak, tutkuyla, sebat ederek ve elbette birilerinin yardımlarıyla ulaşılır. Başarıya ulaşmanın ilk yolu ise başarısızlığa uğramaktır. Genel olarak insanlar başarısız ola ola başarılı olmayı öğrenirler. Ve yine hepimiz biliriz ki başarı bazen taklit ederek, bazen de birilerinden esinlenerek gelir.

Başarıya giden yol çetrefillidir. Mükemmeliyetçilik bizi ileri mi taşır, yoksa yerimizde mi saydırır? Mükemmeliyetçiliği hep daha iyisini yapmak olarak görürseniz sizi ileriye götürür, yok eğer aynı yerde takılıp kalıyorsanız ilerlemenizin önüne geçer.

Yunan mitolojisine göre Giritli mimar olan Daidalos ve oğlu İkarus, Kral Minos'un emriyle bir labirente kapattırılmıştır. Daidalos, kendisi ve oğlu için oradan kaçmaya yarayacak kuş tüyü ve balmumundan kanatlar yapar. Daidalos kanatları takıp uçarak kaçmadan önce oğlu İkarus'a, "Güneşe fazla yaklaşma yoksa kanatlarındaki balmumu erir" der. İkarus, babasının ardından kanatlarını takarak uçmaya başlar ve labirentten çıkar. Ancak ne var ki uzun süre hapis kalan İkarus uçmanın ve gökyüzünde yükselmenin verdiği tada doyamaz. Uçtukça kendisine olan güveni daha da artar ve babasının verdiği öğütleri bir anda unutur. Güneşe doğru yükselir, sıcaklığın etkisiyle kanatlarındaki balmumunu erir, denize düşer ve hayatını kaybeder.

1990 yılında bu dramatik hikâyeden esinlenerek bir ekonomik kavram ortaya atıldı. Yazar Danny Miller, "İkarus Paradoksu" adlı çalışmasıyla bir çelişkiye dikkat çeker. Ona göre, şirketler, belirli bir başarıya ulaştıktan sonra bu başarının verdiği aşırı güvenle gelişmeleri takip etmemeye, rakip şirketleri küçük görmeye ve stratejik olarak hatalı kararlar almaya başlarlar. Öğrenme engeli virüsü kapan yöneticiler bazı hatalı davranış kalıplarını uygulamaya başlarlar. Sorunları kabul etmezler, onları görmezden gelirler. Bilgiyi paylaşmazlar, ders çıkarmazlar ve sonunda da analiz yeteneklerini yitirirler. Bir de sorunlarla kişileri karıştırırlar, bazen de geçmişin başarılarına sığınırlar. Sonunda beklenen son onları hızla çöküşe götürür. İkarus paradoksundan kurtulmanın tek yolu ise öğrenmeye karşı olan olan "açlık"tır.

Kendi alanlarının uzmanı olan insanların bazı ortak özellikleri vardır. En iyiye ulaşana kadar gece gündüz demeden çalışırlar, doğruyu bulana kadar rahatlayamazlar, uykusuz geceleri, sıkıntı çekmeyi rutin hayatlarının bir parçası haline getirerek yaşam felsefelerini buna dönüştürürler.

Kişisel Gelişimde "Bill Nighty Etkisi"

Başarılı olmanın aslında tek bir yolu var: "İşe yaramazlık hissi." Kendini işe yaramaz hissetmenin en önemli yararı ise sürekli denemek, çalışmak, hep daha iyi yapabileceğine inanmak. *Financial Times*'ın köşe yazarlarından Lucy Kellaway, işe yaramazlık hissinin kişiyi başarıya iten en önemli güç olduğunu söylüyor. Kellaway bu saptamaya bir de isim vermiş: "Bill Nighty Etkisi." İngilizlerin ödüllü aktörü Bill Nighty mükemmeliyetçi yapısıyla her şeyi daha iyi yapabileceğini düşünen ve kendisini acımasızca eleştiren bir yapıya sahip. Kellaway, vakti zamanında aktörle röportaj yapmak üzere buluşmuş ve aktörün 90 dakika boyunca kendisinin ne kadar işe yaramaz biri olduğu yönündeki özeleştirilerini dinlemiş. Ünlü aktör aslında her yaptığı işi daha iyi yapılabilirmiş, hep eksik bir şeyler kalmışmış vs... Röportajdan da memnun kalmamış ve ertesi gün röportajı tekrarlama isteğiyle gazetenin kapısına dayanmış. Aslında bu durum bir paradoks gibi gözükse de bu "haleti ruhiye" onun hep daha iyiye gitmesini sağlamış. Sonuçta, beğenelim ya da beğenmeyelim, bu düşünüş tarzı onu bugün İngiltere'nin en başarılı oyuncularından biri haline getirmiş.

Bu yaşadıklarından hareketle Kellaway, mesleğinde hep iyi olmak isteyen kişilerin yapması gereken tek şeyin kendini hep zayıf hissetmek ve hep kendi zayıflıklarını aşmak için çalışmak olduğuna dikkat çekiyor çünkü gelişen dünyada kendinizi geliştirmezseniz geride kalmaya mahkûm oluyorsunuz. Kişinin kendini sürekli güncel bilgilerle donatması, her gün yaptığı işe yeniden başlıyormuş gibi farklı ve eleştirel gözlerle bakması gerekiyor. İnsanın kendisinin eleştirmeni olması, başkasının onu eleştirmesinden çok daha fazla tercih edilir. Bu süreç daha az yıpratıcıdır. Ne kadar zayıf olduğunuzu düşünürseniz çok daha fazla çalışır, çok daha fazla dener, daha çok üretirsiniz. Yapabileceğinizin en iyisini yapmaya çalışırsınız. "Geri kalma korkusu" bizi tetikte tutar ve kendinizi sürekli güncellemenizi sağlar.

Yaşam ve kariyer koçlarının söylediklerinin aksine, kişinin özgüvenini sağlamlaştırmak yerine, daha büyük başarılara koşmak için girişimcinin yaptığı işi sorgulaması ona çok daha fazla değer kazandıracaktır. Buradaki amaç kişinin kendini yetersiz hissetmesini değil, işini en iyi şekilde yapması için titizlenmesini ve kendi işine odaklanmasını sağlamaktır.

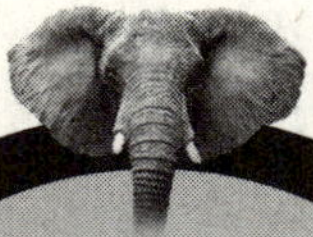

Bill Nighty Etkisi

Kişilerin mesleklerinde hep iyi olabilmelerinin tek yolu kendini hep zayıf hissetmek ve hep zayıflıklarını aşmaya çalışmaktır, ancak bu onları başarıya götürür. "Bill Nighty Etkisi"nin özü budur.

Etrafımızdaki Kişilerin Bizi İzlemesinden Neden Rahatsız Oluruz?

(Seyirci Etkisi, Spot Işığı Etkisi)

Günümüz insanlarının en çok merak ettiği konulardan biri de "başarıya nasıl ulaşacağız?" konusudur. Psikolojimizle o kadar çok kavga ederiz ki, başarılı olmamıza rağmen yine de sorun bitmez. Başarımıza rağmen, yaptığımız şeyde aslında iyi olmadığımızı düşünmeye ve er ya da geç insanların bunu fark edeceğine inanmamıza "İmpostor Sendromu" deniliyor. Sendroma bu ismi veren Psikolog Pauline Rose Clance, bunun arkasında "başarısızlık korkusu" olduğunu söyler. Üstüne üstlük bu sendrom, en yetenekli ve işinde iyi olan kişilerin bile yeni bir işten keyif almasını, başarıları için kendine saygı duymasını ve ilişkisinde kendini harika hissetmesini engelleyebiliyor. Daha uç durumlarda kişi başarısızlıktan o kadar korkar ki, önüne çıkan yeni fırsatları değerlendiremez.[21]

21 (CBT, 26/ 6/2015)

Başarısız olan insanların en çok maruz kaldığı konulardan biri de etrafındaki insanların o kişi üzerindeki etkisidir. Aslında etrafımızda başkaları varken ve bildiğimiz şeyleri gerçekleştirirken başarılı, bilmediğimiz şeyleri yapmaya çalışırken başarısız oluyoruz. Buna psikolojide "Seyirci Etkisi" ya da "Sosyal Kolaylaştırma Etkisi" deniyor. Başkalarının varlığı, çok iyi öğrenilmiş ve kolay işlerde performansı artırıyor, iyi öğrenilmemiş ve zor işlerdeyse performansı düşürüyor. Bu etki enerjiyi artırıyor ama dikkatin eski ve tanıdık eylemlere odaklanmasına, yeni ve daha yabancı eylemlerdeyse uzaklaşmasına yol açıyor.

Psikoloji dünyasının en ünlü deneylerinden birini yaratan Christopher Chabris ve Daniel Simons bu "Görünmez Goril" çalışmasında çok önemli bir gerçeği ortaya çıkarmak için akıl almaz hikâyelerden ve bilimsel bulgulardan faydalandı. Zihnimiz sandığımız gibi işlemez. Kendimizi ve dünyayı olduğu gibi gördüğümüzü düşünürüz ama gözden kaçan bir sürü şey vardır. "Görünmez Goril", uygulanan deneye verilen isimdir. Deneklerden, ekrandaki üçü beyaz, üçü siyah giymiş basketbol oyuncularının birbirleriyle kaç kez paslaştıklarının sayılması istenir. Denekler basketbolcuların paslaşmalarını sayarken, goril kıyafeti giymiş birinin görüntüsü kısa süreliğine gösterilip çekilir. Oyun bitince deneklere goril sorulur, hepsi birden fark etmediklerini söyler. Deney, algılamalar ile gerçeklik arasındaki farkı sergilemeyi amaçlar. İnsanın sezgilerinin yanıltıcı olabileceğini, bir şeye odaklandığında etrafında olup biteni kaçırdığını sergiler.

Başkalarının varlığı, sesleri, insanlarda bir anlamda "tünel görüşünü" tetikliyor. Yani görüş açısının ciddi bir şekilde daralması sonucu insanlar bir tünelin içinden bakar gibi oluyor ve tek bir noktaya bakarak başka bir şeyi göremiyor. İnsanlar çevrelerinde birileri varken, "çuvallamaktan" ya da hata yapmaktan korktukları için en iyi yaptıkları neyse onu yapmaya ve onların yanında yeni bir şey denememeye çalışırlar. Sonuçta etrafta birileri varken inovatörlerin yeni şeyler denemelerinin önündeki en büyük engellerden biri budur. İtibarlarını korumak istedikleri için tecrübeyle sabitlenmiş yolların dışına çıkmamalarına neden olur.

Hata Yapmaktan Neden Korkarız?
İnsanlar çevrelerinde birileri varken, "çuvallamaktan" ya da hata yapmaktan korktukları için en iyi yaptıkları neyse onu yapmaya ve onların yanında yeni bir şey denememeye çalışırlar.

"Seyirci Etkisi"nin genellikle bireyler üzerinde etkili olduğu zannedilir oysa beyin fırtınası grupları üzerinde yapılan araştırmalarda da, dışarıdan gelen davetli ya da davetsiz misafirlerin kişiler üzerinde aynı etkiyi oluşturabileceği gösteriliyor. Bu nedenle inovasyon çalışmaları yapan grupların kendi hallerinde tecrit edilmeleri düşüncesi ağırlık kazanır. Tracy Kidder'ın Pulitzer Ödülü kazanan kitabı *The Soul of a New Machine,* bodrum katındaki konforsuz ofislerde tecrit edilen bir mühendis ekibini konu alır. "Eagle Team" olarak adlandırılan bu ekip, Data General için yeni bir mikrobilgisayar tasarlamakla görevlendirilir. Kidder kitabında, tecrit sayesinde kimse tarafından rahatsız edilmeyen ekibin nasıl daha iyi ve daha hızlı iş çıkardığını anlatır.[22] Bu arada Apple'ın efsanevi CEO'su Steve Jobs'un da ekibini rahatsız edilmekten ve eleştirilmekten ve özellikle de Apple'daki diğer mühendis ve yöneticilerden koruduğu bilinir.

22 Sutto, 2006, s. 166

Mükemmel Değilseniz İnsanlar Sizi Daha Çok Sever

Bir de bunun tersi, utanacağımız durumlar vardır. Thomas D. Gilovich'in deneylerine göre çevremiz bizi düşündüğümüzden çok daha az inceliyor veya fark ediyor. Sandığınızdan daha az fark ediliyorsunuz. O yüzden umumi yerlerde kendinizi çok da kasmayın. Ayrıca küçük bir kusur işlediğinizde yerin dibine geçmenize gerek yok. Yani, gün boyu pantolonunuzun "dükkânı açık" bir şekilde dolaştığınızı fark ettiğinizde bunu büyük bir ulusal sorun haline getirmenize gerek yok çünkü tahmin ettiğinizden çok daha az kişi bunu fark ediyormuş. Bir kişinin kendi davranış veya görünümüne diğer insanların gerçekte olduğundan daha fazla dikkat verdiğini sanmasına "Spot Işığı Etkisi" (Spotlight Etkisi-Pratfall Etkisi) deniyor. Aynı yanılgı, yaptığımız hataların ne kadar çok insan tarafından fark edildiği konusunda da geçerli. Aslında diğerleri küçük başarısızlık ya da sakarlık anlarımıza düşündüğümüz kadar çok dikkat etmiyorlar.

Spot Işığı Etkisi

Hatalarımız, korktuğumuz kadar çok fark edilmiyor. Bir kişinin kendi davranış veya görünümüne diğer insanların gerçekte olduğundan daha fazla dikkat verdiğini sanmasına "Spot Işığı Etkisi" deniyor. Aynı yanılgı, yaptığımız hataların ne kadar çok insan tarafından fark edildiği konusunda da geçerli. Aslında diğerleri küçük başarısızlık ya da sakarlık anlarımıza düşündüğümüz kadar çok dikkat etmiyorlar.

Cornell Üniversitesi'nde birkaç yıl önce yapılan bir araştırmada, üzerinde o dönem pek de sevilmeyen Amerikalı müzisyen Barry Manilow'un fotoğrafının bulunduğu bir tişörtle kalabalık bir ortama giren öğrencilerin aldığı tepkiler ölçüldü. Kalabalık içinde bir süre geçiren öğrenciler salondan çıktıklarında araştırmacılara, insanların en az yarısının üzerlerindeki tişörtü fark ettiğini ve hakkında yorum yaptığını söylediler. Oysa kalabalığın çeyreği bile bu kişilere ve giydikleri tişörtlere ilgi göstermemişti.

Bütün bunların yanı sıra "False Consensus" olarak tabir edilen yanlış fikir birliği eğilimimiz var. Kısaca, genellikle düşüncelerimiz ya da davranışlarımızın genel geçerliğini abartma eğilimindeyiz. Yani herkesin bizim gibi davrandığını, düşündüğünü varsayıyor ve benzer düşünen, davranan insanlarla bir araya gelmeye çalışıyoruz.

Pratfall Etkisi

Psikolojik araştırmalar gösteriyor ki, başkalarının önünde hata yapmanız veya bir hatanızı itiraf etmeniz sizi başkalarına daha çok sevdiriyor. Belki de Jennifer Lawrence'ın iki Oscar töreninde milyonların gözü önünde düşmesinin sebebi budur. İnsan psikolojisine göre, sevilme olasılığımız, mükemmel olmadığımız oranda artıyor. Sonuçta herkes hata yapıyor fakat hata yaptığını kabul etmek başka bir erdem. Hata, başarısızlık ve sakarlıklarımızı kabul edebilmek ve bunlarla dalga geçebilmek kendimizle daha barışık olmamızı sağlarken, bir yandan da bizi başkaları tarafından daha sevilebilir bir insan haline getiriyor. Hiçbir hatası yakalanmayan "mükemmel" insan ise, bir ulaşılmazlık havası ve mesafe algısı yaratıyor. Bu teori, Kaliforniya Üniversitesi psikologlarından Elliot Aronson tarafından öne sürüldü. Yaptığı deneyde, hazırladığı sorulara yanıt veren insanların ses kayıtlarını gönüllülere dinleten Aronson, kayıtları sevimlilik açısından değerlendirmelerini istedi. Yanıt verme sırasında önündeki kahve kupasını deviren kişilere ait ses kayıtları en samimi, dolayısıyla en sevimli olarak algılananlar oldu.

Biz insanlar en çok kurban rolünü oynamayı severiz. Çoğumuz, bir başına bile olsa, mücadele edenden çok mağdurları ve kader kurbanlarını severiz. Kurban rolünü oynamak insana ciddi bir getiri sağlar. Fakat nedense mücadele edenleri takdir etmeyiz, gerek de görmeyiz, Sonuçta onlar nasıl olsa başlarının çaresine bakmıştır. Ama mağdur olanlar öyle mi? Bu nedenle hatalı olmak sorun değildir. Hatta bu sizi başkalarının gözünde daha sevimli hale getirecektir. Bu arada eğer mükemmel değilseniz, insanlar sizi daha çok sevecek ("Pratfall Etkisi"). Belki de Jennifer Lawrence'ın iki Oscar töreninde milyonların gözü önünde düşmesinin sebebi budur. Psikolojik araştırmalar gösteriyor ki, başkalarının önünde hata yapmanız veya bir hatanızı itiraf etmeniz sizi daha çok sevdiriyor.

Psikolog Elliott Aronson, bir grup insana bir sınav sorusunu yanıtlayan öğrencileri dinletiyor. Öğrencilerin bazıları ses kaydında bir fincan kahveyi döküyorlar. Araştırmacılar, dinleyicilere hangi kişileri daha çok sevdiğini sorduğunda, sonuçlar gösteriyor ki, kahve döken grubu daha çok sevmişler.

Başarı Neden Başarıyı Getirir?

"Çünkü kimde varsa ona daha çok verilecek ve o bolluk içinde olacak. Ancak kimde yoksa kendisinde olan da elinden alınacak."

Matta İncili, Yeni Ahit Ayeti, 25:29

Toplumsal hayatımızda başarılı olanlar her zaman takdir görür, beğenilir ve toplumun sevgisini kazanır, başarısız olanlarsa dışlanır. Belki de başarılı olanların yarattığı ortamdan dolayı toplumun konumu göz ardı edilir. Kimin başarılı olup kimin başarılı olamayacağı konusunda karar verici olan toplumun tavrıysa bir türlü önemsenmez.

Bugünlerde konuya bir soruyla başlamak âdet olmaya başladı. Acaba bazı başarılı olmuş kişilerin başarısının sırrı sadece kendisinin azmine ve çalışmasına mı bağlıdır? Yoksa başka unsurlar da var mıdır?

Biyologlar, bir canlı organizmanın ekolojisini şöyle tarif eder: Ormanlardaki en uzun meşe ağacı en sert palamuttan yetiştiği için en uzun ağaç olmamıştır. Diğer ağaçlar ona ulaşan güneş ışınlarını engellemediği, çevresindeki toprak derin ve mineral yönünden zengin olduğu, henüz fidan aşamasındayken hiçbir kemirgenin onu kemirerek zarar vermediği ve ormandaki oduncunun da onu vakti gelmeden kesmediği için en uzun meşe ağacı olmuştur.

Kendi alanlarında başarılı olmuş kişilerin sağlam ve güçlü tohumlardan geldiğini hepimiz biliriz. Onların "başarılı olma tutkusu"na sahip olduklarının farkındayızdır. Peki onları ısıtan güneş ışınları, güneş ışınlarının ona ulaşmasına engellemeyen diğer ağaçlar, kemirgenler ve oduncular hakkında da yeteri kadar bilgi sahibi miyiz?

Daha büyük başarılara imza atacak olanlar, halen başarılı olmuş kişiler arasından çıkar. Başarı, sosyologların "kümülatif avantaj" olarak adlandırmaktan hoşlandıkları şeydir. Yola diğerlerinden biraz daha iyi başlayanlar, diğerlerine ve akranlarına göre her zaman daha iyi konumdadır. Profesyonel hokey oyuncusu, akranlarından bir parça daha iyi başlangıç yapar. Bu küçük fark giderek daha fazla büyür. Gladwell'in deyişiyle, bu durum diğer insanları en başından başarısızlığa mahkûm etmektir.

"En büyük vergi indiriminden yararlananlar zenginlerdir. En iyi eğitimi alanlar ve en çok özen gösterilenler, en iyi öğrencilerdir." [23]

"Matthew Etkisi" (veya "Birikmiş Üstünlük") sosyolojide "zenginin daha zengin, fakirin daha da fakir" olduğu duruma denir. Ekonomik veya sosyal kapital güce sahip olanlar bu kaynaklarla daha fazla güç veya sermaye kazanabilir. Terim, Sosyolog Robert K. Merton tarafından 1968 yılında ortaya

---

23 Gladwell, 2009, s. 28-29

atıldı ve ismini İncil'deki Matthew akidesinden aldı. "Matthew Etkisi" terimi, Robert K. Merton tarafından, rütbeli bilim adamlarının çalışmalarının, kendisine kıyasla daha bilinmedik bir araştırmacının çalışmaları ile benzer olsa bile daha fazla itibar göreceğini açıklamak için ortaya atılmıştır. Bu da demek oluyor ki çalışmaları benzer olsa bile itibar ve rütbe ünlü olan bilim adamına verilecektir. Örneğin, bütün iş lisans mezunu bir öğrenci tarafından yapılsa da ödül neredeyse hep üst düzey araştırmacılara verilir.

Matthew Effect

Matta Etkisi

Bu etki neden "zenginin daha zengin, fakirin daha da neden fakir" olduğunu anlamamızı sağlayabilir. Ekonomik veya sosyal kapital güce sahip olanlar bu kaynaklarla daha fazla güç veya sermaye kazanabilir. Terim, sosyolog Robert K. Merton tarafından 1968 yılında ortaya atıldı ve ismini, İncil'deki Matthew akidesinden aldı. Bir anlamda başarı, başarıyı getirir. Bütün imkânlar, başarılı olmuş, bu konuda rüştünü ispat etmiş kişilere akar. Yani ormanlardaki en uzun meşe ağacı en sert palamuttan yetiştiği için en uzun ağaç olmamıştır. Başka faktörler de devreye girmiştir.

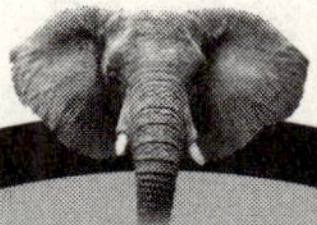

Kazanan Etkisi

Her birimiz neden bazılarının hayatta ve işte başarılı, bazılarınınsa başarısız olduğunu merak etmişizdir. Ya da birçok insanın güçsüz kalırken birkaç kişinin nasıl son derece güçlü kaldığını. Peki güç beynimizi nasıl etkiliyor? Ian Robertson *"The Winner Effect: Exploring the neuroscience of success and failure"* isimli çalışmasında bu soruların yanıtlarını arıyor. Robertson, bir "kazanan"ın beyninde gerçekleşen zihinsel ve fiziksel değişimlerin nasıl gerçekleştiğini ve neden bazı insanları diğerlerinden daha fazla etkilediklerini anlamak için, bazı kişilerin neden başarılı oldukları ve daha sonra başarıyı nasıl elde tuttukları konularına yanıt veriyor. "Kazanan Etkisi", biyolojide zayıf rakibe karşı birkaç kavgayı kazanan bir hayvanın, daha sonra daha güçlü yarışmacılara karşı kazanma olasılığının çok daha yüksek olduğunu açıklamak için kullanılan bir terim. Robertson, başarının beynin kimyasını değiştirerek kişiyi daha odaklanmış, daha akıllı, daha emin ve daha agresif hale getirdiğini söylüyor. Bu etki, herhangi bir ilaç kadar güçlü. Ve ne kadar çok kazanırsan o kadar kazanacağın ortada. Fakat olumsuz olan, kazanmak da fiziksel olarak bağımlılık haline gelebilir.

Kendimizi Neden Ortalamanın Üstünde İnsanlar Olarak Görüyoruz?

(Projektör Etkisi, Lake Wobegon Etkisi)

Çevremizi ve kendimizi değerlendirirken pek objektif olamadığımız bir gerçek. Düşündüğümüz kadar da harika ve ortalamadan üstün insanlar değiliz. Ancak araştırmacılar, kendi çekiciliğimizi ve zekâmızı, çalışma alışkanlıklarımızı, başarı şansımızı (piyango kazanma, terfi vs.), olumsuzluklardan sakınma şansımızı (kansere yakalanma, iflas etme), dış olaylar ya da başkaları üzerindeki etkimizi, hatta yakın arkadaş çevresindeki üstünlüğümüzü abarttığımızı saptamışlar.

Garrison Keillor'ın herkesin harikulade güzel ve zeki olduğu bir kasabayı anlatan radyo şovundan ismini alan "Lake Wobegon Etkisi" sayesinde hepimiz kendimizi ortalamanın üstünde insanlar olarak görüyoruz. Yani hepimiz bir diğerimizden daha iyi bir şoför, öğretmen, öğrenci, sevgili veya reklamcıyız.

Gelin görün ki Allah'tan hiçbirimiz gerçek hayatta böylesine süper insanlar değiliz çünkü madalyonun bir de öbür yüzü var.

Kendimizi ciddi ölçüde büyük görürken genel olarak dünyayı önemli ölçüde küçültüyoruz.

Bazen etrafımızda o kadar çok küçük dünyalar yaratırız ki, o küçük dünyalara kendimizi kaptırırız ve diğer dünyalara set çekeriz. Tabii ki simit dünyası, sanat dünyası, siyaset dünyasından bahsetmiyoruz. Dediğim gibi, ilgilendiğimiz mevzuya kendimizi o kadar çok kaptırırız ki, gözümüzün önünde cereyan eden olayları takip edemeyiz, mevzunun dışında ve kendi dünyamızın içinde hapsolma tehlikesiyle karşı karşıya kalabiliriz.

Lake Wobegon Etkisi

Hepimiz kendimizi ortalamanın üstünde insanlar olarak görüyoruz. Yani hepimiz diğerlerinden daha iyi bir şoför, öğretmen, öğrenci, sevgili veya reklamcıyız. Bu etki ismini, Garrison Keillor'ın herkesin harikulade güzel ve zeki olduğu bir kasabayı anlatan radyo şovundan aldı.

Evrim gereği, insan beyni hayvanlardan çok daha farklı bir yönde gelişti. Dünyanın yaşayan en akıllı canlılarıyız ancak yalnızca akıldan ibaret ve mükemmel karar verebilen canlılar da değiliz. Hepimiz böyle değil miyiz? Kişiler, siyasi partiler ya da şirketlerle ilgili görüşlerimizi çoğunlukla bir kez oluşturduktan sonra bir daha değiştirmeyiz. Bir kez daha objektif olarak değerlendirme yapmayız. Negatif olarak kişi, kuruluş ya da şirketlerle ilgili görüşümüz ancak çok büyük bir kırılma yaşadığımız zaman değişir. Bunun üç nedeni var. Birincisi, Aristo'nun bahsettiği, bir kez karar verilmişse ve bir daha objektif olarak bakılmaz. İkincisi, insanların kendilerinin hep doğru düşündüğünü düşünmesidir, bir kez bir konuda beyanat verildikten sonra markaların ya da kişilerin kötü yanları görmezden gelinir. Üçüncüsü, tamamen duygusal, sevdiğimiz bir kişinin ya da kuruluşun hatalarını da görmezlikten gelme eğilimidir.

Peki sayılan bütün bu şartlar altında, rasyonel kararlarımızı nasıl veriyoruz?

Aldığımız kararlar, hayatımızın her alanındaki davranışımızı belirlediği için konu birçok disiplini birden ilgilendirir. Klasik iktisat düşüncesine göre "karar alma modeli", doğal olarak fevkalade mantıksal bir modeldi. İnsanın var olan bütün bilgiyi toplayacağı ve kendisi için en akılcı, kendi çıkarını maksimize eden kararı vereceği düşünülüyordu. Fakat zamanla insanların karışık, riskli durumlarda karar verirken her zaman mantıklı ve akılcı davranmadıkları ortaya çıktı.

Tartışmanın içinde yer alan iki psikolog, Daniel Kahneman ve Amors Tversky, insanların kendilerine özgü, kendi deneme ve yanılmalarından oluşan, kendi kendilerine öğrendikleri bir çeşit subjektif teoriler geliştirdiklerini ve karar alırken bu kendilerine özgü mantıkla davrandıklarını ispatladı. "Beklenti Teorisi"ni kuran Kahneman ve Tversky'nin çalışmaları, 1700'lü yıllarda ortaya atılan ve üzerine koskocaman bir ekonomi teorisi inşa edilen jenerik karar alma modelini kökünden sarsıyordu. Rasyonel ekonomi dünyasına, psikolojinin, zihinselliğin, bahislerin, belirsizlik ve rastgeleliğin girmesini sağlayan Kahneman, 2002'de Stokholm'de Nobel Ekonomi Ödülü'ne layık görüldü.

Yaşamdan biriktirdiğimiz deneyime dayanarak her konuda söyleyecek fikrimiz ve sözümüz vardır. Bilmediğimiz konularda da, bize sunulan veriyle eski bildiklerimiz arasında benzerlik kurarak sonuca gitmekte sakınca görmeyiz. Kahneman, insanların görünürdeki bilgiye çok fazla önem verdiğini, bunun dışında kalmış olanları hesaba katmayıp hızla sonuca vardığını söyler. Kahneman, insanların çoğunun kendisi için çok iyimser olduğuna, kendini diğerlerine göre daha şanslı, daha zeki sandığına dikkat çeker. Kahneman, "Bu aşırı özgüvenin pahalıya patlayan bir şey" olduğunu söyler ve bu durumu, "ortada olanı görmek" olarak adlandırır. Heath Kardeşler ise buna, tiyatroda dikkatimizi yönlendiren bir araçtan hareketle "Projektör Etkisi" adını verir. Bu etki altında olanlar sadece kendi amaçlarına yöneldikleri ve odaklandıkları için bunun dışındaki verileri ve geçerli bilgileri görmüyorlar. Bildiğine odaklanıp sonucu etkileyebilecek bilmediği veya öngöremediği faktörleri göz ardı ettikleri için de aşırı güven yanılgısı yaşıyorlar.

Ortada olanı gören veya "Projektör Etkisi" altında olan kişi dört noktada hata yapıyor:

Sadece kendi amacına odaklanıyor, bilinen ve geçerli olan verileri görmüyor. Kişi sadece kendi yapmak istediğine odaklandığı için başkalarının beceri ve girişimlerini göz ardı ediyor. Geçmişi açıklamak ve geleceği öngörmek konusunda kendi becerilerine güveniyor, kontrolü dışındaki durumların ve şansın rolünü hesaba katmıyor. Bildiğine odaklanıyor ve sonucu etkileyebilecek bilmediği veya öngöremeyeceği faktörleri göz ardı ediyor ve aşırı güven yanılgısı yaşıyor. İyi şeyler başka insanlardan çok benim başıma gelir diye düşünüyor.

İnsanlar, kontrolün kendi ellerinde olduğunu zannediyorlar. Bu, ekonomik olayların pek çoğunda geçerli. Başarı ihtimalini düşünürken, insanlar rakiplerinin yaptıklarını küçümsüyorlar. Kendilerini geminin kaptanı gibi görüyor ama olası bir fırtınanın etkisini unutuyorlar.

İlk İzlenim İçin 4 Saniyeye İhtiyacımız Var

(Halo Etkisi, Takım Elbise Etkisi)

Acaba izlenimlerimizi nasıl oluştururuz? İzlenimlerimizi, kendimizi en kapsamlı merkeze yerleştirerek ve küresel düşünerek mi oluştururuz? İlk izlenim her zaman, hepimiz için önemlidir. Dış görünüşümüz, özellik jestlerimiz, mimiklerimiz, beden ve el hareketlerimiz izlenim oluşmasında yardımcı olur. İzlenimlerimizi bizimle "aynı koşullarda" olan çevremizdeki insanlarla karşılaştırarak gerçekleştiririz.

İnsan, ilk kez gördüğü bir insan hakkındaki ilk izlenimini birkaç saniye içinde oluşturuyor. İlk kez gördüğü bu insanın iyi mi, güvenilir mi ya da güzel mi olduğuna karar vermek için 4 saniyeye ihtiyacı var. Bu kısa zaman dilimi içinde o insanın tavırları, davranışları, oturması, kalkması ve diğer insanlara karşı olan davranışlarından o insanın en ayrıntılı vücut analizine kadar bütün değerlendirmeleri yapıyor. Bu kararları verirken de mantığıyla değil, duygu ve sezgileriyle hareket ediyor. Bunu aslında bilerek ve isteyerek değil, farkında olmadan yapıyor. Neden mi böyle mi yapıyor? İnsan zihni grilikleri sevmiyor, siyah-beyaz düşünmek daha kolayına geliyor. İnsan, bir insan hakkında olumlu bir izlenime sahipse, onun hatalarını görmez, görmek istemez.

Geçelim konuyla ilgili bir örneğe. I. Dünya Savaşı sırasında, Amerikalı Psikolog Edward Thorndike, komutanların emri altındaki askerlerle ilgili bir araştırma yaptı. Komutanlara, askerlerinin yetenekleri, zekâları, emirleri yerine getirme şekilleri vs hakkında sorular sordu. Komutanların başarılı ve "üstün asker" olarak tanımladığı askerler sağlam yapılı ve yakışıklıydılar. İşin ilginç yanı, komutanlara göre bu yakışıklı askerler aynı zamanda iyi nişancı, disiplinli, kararlı, zeki, fedakâr, liderlik yanları gelişmiş askerlerdi. Komutanların askerlerin dış görünüşlerinden etkilenerek onlar hakkında gerçekte var olmayan olumlu özellikler atfetmesine Thorndike, "Halo Etkisi" adını verdi. Halo etkisi, hayatımızın her alanında hepimizin içine düştüğü bir yanılsama hali. Hepimizde, yakışıklı veya güzel insanların daha zeki, daha akıllı olduklarına inanma eğilimi vardır. Her başarılı insanın, hayatı boyunca hep doğru kararlar verdiği için başarılı olduğunu zannederiz. Oysa durum hiç de öyle değil.

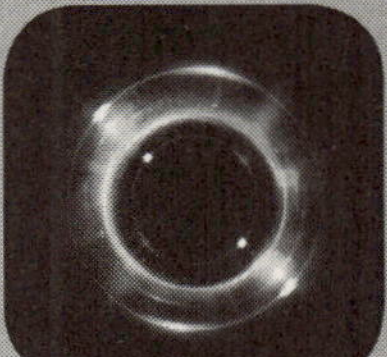

Halo ve Horn Etkisi

Birini ilk gördüğümüzde edindiğimiz izlenime bakarak, kişinin diğer özellikleri hakkında da çıkarım yaparız. Örneğin çok güzel bir kız gördüğümüzde, onun sadece güzelliğine bakarak ona sıcakkanlı, yardımsever, hoş görülü, saygılı gibi özellikleri de yükleriz.

Horn Etkisi, kişinin sahip olduğu bir olumsuz özellikten yola çıkarak diğer özellikleri hakkında da olumsuz çıkarımlar yapmaktır. Tembel bir insanın aynı zamanda yalancı, saygısız gibi olumsuz özelliklerle de anılmasıdır.

Halo Etkisi'ne göre, birini ilk gördüğümüzde edindiğimiz izlenime bakarak, kişinin diğer özellikleri hakkında da çıkarım yaparız. Yani ilk izlenimimiz, kişinin diğer özellikleri hakkında tahminde bulunurken bizim için temel oluşturur. Örneğin çok güzel bir kız gördüğümüzde onun sadece güzelliğine bakarak ona sıcakkanlı, yardımsever, hoş görülü, saygılı gibi özellikleri de yükleriz. Bu sıklıkla iş görüşmelerinde rastlanan bir durumdur çünkü özellikle iş görüşmelerinde ilk izlenim çok önemlidir. Kişinin sahip olduğu olumlu bir özelliğinden yola çıkarak kısa yoldan onun hakkında genel olarak olumlu bir düşünceye sahip olmak isteriz. Örneğin temiz, şık giyimli ya da titiz birinin aynı zamanda çalışkan olduğunu düşünürüz.

Halo Etkisi'nin tam tersi de Horn Etkisi'dir. Kişinin sahip olduğu bir tane olumsuz özellikten yola çıkarak, diğer özellikleri hakkında da olumsuz çıkarımlar yapmaktır. Yani, kişinin o olumsuz özelliğine bakarak, genel olarak kişi hakkında olumsuz bir düşünceye ulaşmaktır. Örneğin tembel bir insanın aynı zamanda yalancı, saygısız gibi olumsuz özelliklerle de anılmasıdır. İş yerinde çalışanın belirli bir alandaki bir başarısızlığını genele mal etmek ve başka olumsuz özellikler yüklemektir.

İnsanın, diğer insanlar hakkında ilk edindiği izlenim genellikle kalıcıdır. Sezgileriyle karar alan insanlar, sonra bu kararlarını açıklarken onlara mantıklı gerekçeler bulurlar. Her ne kadar bazı insanlar "Ben görünüşe bakmam" deseler de, aslında görünüşe bakmadan karar veren insan yoktur.

İlk İzlenim Neden Önemli?

Nobel ödülü almış Psikolog Daniel Kahneman'a göre, insan çocukluğundan itibaren diğer insanlar hakkında değerlendirmede bulunurken kendince kestirme yollar icat ediyor. Bunlardan biri de, söz konusu kişinin bir iki hareketine bakıp genellemelere gitmek. Yürüyüş şeklinden, yemek yeme alışkanlıklarından, göz renginden, konuşma şeklinden yola çıkarak birtakım çıkarımlarda bulunmak. Tabii ki bu çıkarımlar doğru olabileceği gibi yanlış da olabilir. Sonuçta doğru ya da yanlış da olsa, insan kendi hayatını kolaylaştırmak için kısa yollar kullanıyor.

Tabii ki insanların, diğer insanları bu şekilde değerlendirmeleri aslında hiç de adilane değil. Fakat kabul edelim ya da etmeyelim, işin gerçeği bu ve dış görünüş, insanın kaderini belirliyor. İnsanın yarattığı ilk izlenimin bir ilişkiyi başlatma gücü olduğu kadar o ilişkiyi doğmadan öldürme gücü de var. Dolayısıyla insan kendine özen göstererek, herkes üzerinde daha olumlu izlenimler yaratacak adımları atabilir. Dış görünüşün insanın başarısı ve mutluluğu üzerindeki "korkutucu" etkisini bilmek bile bu konuya gereken önemi ve önceliği vermemiz için yeterli bir nedendir. İyi bir ilk izlenim kendi haline bırakılacak bir şey değildir; kontrolü kendi elimizde olmalıdır. Yani uzun lafın kısası, insanlar üzerinde oluşturacağımız ilk izlenimi belki de kendi haline bırakmamak gerekir çünkü ilk izlenimin ikincisi yoktur. Sahip olduğumuz diğer bütün özellikler, insanlar üzerinde oluşturacağımız ilk izleniminden sonra kabul görür. Eğer doğru bir ilk izlenim yaratamazsak, insanlara kendimizi anlatmamız çok zor olur ve çok uzun zaman alır.

N'olur böyle yapan insanlara kızmayınız çünkü insan evrimsel olarak karmaşık ve belirsizliklerle dolu dünyada hızlı karar almak zorundadır. Onun için "kısa yol" tuşları geliştirmesini doğal karşılamak gerekir. Bu kısa yollar sayesinde etrafındaki yırtıcı vahşi hayvanlardan, ona zarar verecek düşmanlardan kendisini korumasını bilmiş ve hayatta kalmayı başarmıştır. Fakat bu "kısa yol" tuşları çoğu zaman doğru karar vermesini sağlamış olsa da, bazen onu yanıltmış ve yanlış kararlar almasına neden olmuştur.

Görünen odur ki, Halo Etkisi'nden kurtulmanın imkânı yok. Ama zihnimizin böyle çalıştığını bilmenin ilk izlenimlerimizi yaratırken bize katkı sağlayacağı kesindir.

Takım Elbise Düşkünü Barney Stinson Başından Beri Haklı mıymış?

2015'in son aylarında, 2013 yılında Diyarbakır'da, 14 yaşındaki kız çocuğuna cinsel saldırı suçundan yargılanan sanığa hâkimin "saygın tutum indirimi" uygulaması gerçekten pek ilginçti. Cezası 43 yıldan 11 yıla indirilmişti. Saldırı sonucu hamile kalan ve bir çocuk dünyaya getiren mağdurun ruh sağlığının bozulmadığı gerekçesiyle ceza artışına da gidilmedi. Bu haberi okuyunca ilk olarak aklıma, hukuk yapımızdaki bu şekilsel sakatlık geldi. Aslında "saygı indirimi" diye bir indirim söz konusu değil. Zaten duruşmada herkes mahkemeye saygılı olmak durumunda, olmadığı takdirde zaten mahkemeye saygısızlıktan ayrıca yargılanması söz konusu.

Takım Elbise Etkisi

Takım elbise içerisine girmek yalnızca görünüşünüzü değiştirmiyor, aynı zamanda dünyayı kavrayış biçiminizi de etkiliyormuş. Olayları daha geniş bakış açısıyla değerlendirebiliyorsunuz. Dolayısıyla "How I Met Your Mother" (Annenizle Nasıl Tanıştım) dizisindeki Barney Stinson karakteri resmi giyinişin gücü hakkında başından beri haklıymış.

Fakat gelin görün ki, Diyarbakır'da 14 yaşındaki çocuğa cinsel istismardan suçlu bulunan sanığa "saygın tutum indirimi" yine aynı tartışmayı alevlendirdi. Kadın cinayetlerinde, kadına yönelik cinsel suçlarda haksız tahrik ve iyi hal indirimleri uygulanıyor. Her verilen ceza indirimi başka bir dava için emsal oluyor. Hukukçular, "karar hâkime bırakılmamalı" uyarısında bulunuyor ve "cezalarda indirim yapılmaması yasa ile güvence altına alınmalı" diyor.

Takım elbise giymenin yalnızca görünüşünüzü değiştirdiğini sanıyorsanız belki de yanılıyorsunuz. Bilimfili'nin haberine göre, yeni yapılan bir araştırmada kıyafet şekilleriyle düşünüş biçimleri arasındaki ilişki test edildi, ortaya oldukça şaşırtıcı sonuçlar çıktı. Takım elbise içerisine girmek yalnızca görünüşünüzü değiştirmiyor, aynı zamanda dünyayı kavrayış biçiminizi değiştirebiliyor ve daha geniş bir çerçeveden bakmanızı sağlayabiliyor. Dolayısıyla "How I Met Your Mother" (Annenizle Nasıl Tanıştım) dizisindeki Barney Stinson karakteri resmi giyinişin gücü hakkında başından beri haklıymış. *Social Psychological & Personality Science*'ta yayımlanan bir araştırmada araştırmacılar, insanların resmi kıyafet şekilleriyle düşünüş biçimlerinin ilişkisini test ettikten sonra, takım elbise giyenlerin daha etkili (kuvvetli, güçlü, keskin) oldukları ve bu durumun onlara detaylara takılı kalmak yerine büyük resmi görmeleri açısından cesaret verdiği sonucuna ulaştılar.

Peki ama neden takım elbise giymek düşünüş biçimimizi değiştiriyor? Nasıl giyindiğimizin bilişimize etkilerine dair yapılan araştırmalar henüz ilk aşamalarında, fakat iyi göründüğümüzde kendimizi daha kontrollü hissediyoruz ve bu güçlülük hissi soyut düşünmedeki bir artışa bağlanıyor. Daha önce yapılan (2012) bir araştırmada, California State University'den Psikoloji Yrd. Doç. Abraham Ruthchick, yaptığı açıklamada şöyle demiş:

"Resmi kıyafet giymek, beraberinde bizi diğer insanlarla araya sosyal bir mesafe koyma hissi getiren güçlü (kudretli) olma duy-

gusu veriyor. Güç ve -beyinde- soyut işlemler yürütme, literatürde defalarca birbirine bağlantılı olmuştur. Ancak daha soyut düşünmenin yeterince iyi olmak anlamına gelmediği akıldan çıkarılmasın. Soyut düşünmek daha geniş ve daha yaratıcı, ancak detaylara daha az takılan bir biçim anlamına geliyor." [24]

24 (http://www.radikal.com.tr/hayat/takim_elbise_giymek_beyninizin_calisma_bicimini_degistiriyor-1396938)

Geri Tepen Silahlar Değildi, Yasaklardı

(Barbara Streisand Etkisi, Kobra Etkisi)

"Amerika'da kurtların, Avustralya'da tavşanların ve Hindistan'da yılanların sayısını artırmanın en iyi yolu kafataslarına ödül koymaktır. O zaman tüm vatanseverler bunları yetiştirmeye başlar."
Mark Twain

Bütün her şey bir yasakla başladı öyle değil mi? İyiliğin ve kötülüğün bilgisini taşıyan ağaçtan yasak meyveyi yiyen Âdem ve Havva, cennet bahçesinden kovuldular. Dolayısıyla yasaklar, insanlık tarihinin bu dünyada varoluşunun başlangıç noktası oldu. Yasaklar bizi her zaman cezbetti. Babalar "yapmayın, etmeyin" dememiş gibi evlatlar tam tersini yaparlar.

Bu konuda âdeta "ters psikoloji" devreye giriyor. Haşema satışlarında da öyle oldu. Yasaklar haşema satışlarını dört misli artırdı. Fransa'nın güney sahilindeki yasaklamalar Cannes ile başlamıştı. Cannes belediyesinin aldığı karar ile kamuya açık plajlarda açıkça dini bir bağlılık sergileyen giysilerin giyilmesi yasaklanıyor, giyenlere 38 Euro ceza kesilmesi öngörülüyordu.

Bu adımı, başka sahil kasabalarının belediyelerinin de benzer kararlar alması izlemişti. Haşema tasarımlarının yaratıcısı olarak tanınan Avustralyalı Aheda Zanetti, tesettürlü deniz kıyafeti satışlarının Fransa'daki yasaklardan sonra büyük oranda arttığını, internetten haşema satışlarının yasaklardan sonra yüzde 200 artış gösterdiğini söyledi.[25]

Geçelim bir başka yasak hikâyesine... 2014'ün Mart ayında Türkiye bir yasakla karşı karşıya kaldı. Dönemin Başbakanı Recep Tayyip Erdoğan'ın, "Twitter miwitter, hepsinin kökünü kazıyacağız" açıklamasının ardından Twitter'a erişimin yasaklanması, bu sosyal paylaşım sitesine olan ilgiyi daha da artırdı. Üyeliği olmayanlar yeni hesap açarken, kullanmayanlar da aktif biçimde sanal dünyaya akın etti. Atılan tweet sayısı yükseldi. Bilişim ve internet dünyası yasağa karşı takınılan bu tavrı "Streisand Etkisi" ile açıkladı.

2003 yılında ABD'li bir fotoğrafçı olan Kenneth Adelman, California-Malibu kıyısındaki yalı erozyonuna dikkat çekmek ister ve havadan 12 bin adet fotoğraf çeker. Bu fotoğrafları da "pictopia.com" isimli siteye koyar. İlginçtir, çekilen fotoğraflar arasında ABD'li ünlü sanatçı Barbra Streisand'ın malikânesinin fotoğrafı bulunmaktadır. Bunu öğrenen "güzel burunlu" sanatçımız Streisand, aslında hiç de gereği yokken farkında olmadan burnunu gereksiz bir polemiğin sokuvermiştir. Malikânesinin yer aldığı fotoğrafların siteden kaldırılması için 50 milyon dolarlık dava açarak "mahremiyetinin ihlal edildiğini" öne sürer. İşin komik tarafı, Barbra Streisand davayı açana kadar fotoğraflar siteden yalnızca 6 defa indirilmiştir. Bu indirmelerden 2⊠si de Streisand'ın avukatı tarafından gerçekleştirilmiştir. Dava kamuoyunda duyulmaya başlayınca fotoğraflar 420 binin üzerinde görüntülenme alır ve sansürleme çabasının tam tersi bir etki yarattığı görülür. 2005 yılında ABD'li editör ve Techdirt blog'unun

---

25 http://www.bbc.com/turkce/haberler-dunya-37173419

kurucularından Mike Masnick bu durumu dile getirir. İnternet sansür olaylarında sansürlemenin yarattığı ters etkiye "Barbara Streisand"ın adını verir.

Erişimi engellenen sitelerin ortalamanın üzerinde trafik elde etmesi, özel görüntüleri internette yer almasın diye dava açan futbolcu, manken, oyuncu vb kişilerin bu görüntülerinin daha çok izlenmesi ve yayılması vb örnekleri çoğaltmak hayli mümkün.

Barbara Streisand Etkisi

Güzel burunlu sanatçımız Barbara Hanım malikânesinin fotoğraflarının internet sitesinden kaldırılmasını istemese kimse malikâneden haberdar olmayacaktı. Yasaklama ya da sansürlemenin yarattığı ters etkiye "Barbara Streisand Etkisi" denir. Saklanmaya, gizlenmeye, engellemeye, sansürlenmeye veya kaldırılmaya çalışılan bir bilginin genellikle internet gibi araçlarla daha geniş kitlelere ulaşması anlamına gelir. Engelleme ve yasaklama çabaları sonucu krizlerin hızla büyümesi, bir bilgiyi yasaklamaya çalıştığınızda, istemediğiniz bir şekilde bu bilginin internette hızla yayılması durumudur.

Nobel ödüllü Ekonomist Thomas Sargent'in ekonomi hakkında bilinmesi gereken temel kurallarından biri de teşvikler konusundadır. "Sizin yardım etmek istedikleriniz de dahil olmak üzere tüm insanlar teşviklere tepki verir. Bu yüzden sosyal güvenlik programları her zaman istendiği gibi çalışmaz," der.

Bazen ortada geçmişten beri süregelen bir sorun vardır ve sizin bu sorunu çözmek için yaptığınız her müdahale işleri daha da kötü duruma getirebilir. Teşviklerin çoğu başarısızlıkla sonuçlanır ve kimi zaman beklenen değişikliği önlemediği gibi çok daha kötü davranışları fazlasıyla yaratır. Şimdi bu ne demek diyeceksiniz?

Mexico City, birçok ülkenin baş belası olan trafik ve onun yarattığı sorunlarla cebelleşiyordu, hava kirliliği korkunç boyuttaydı ve insanlar gitmek istedikleri yerlere zamanında gidemiyorlardı. Elleri kolları bağlı kalan yetkililer sorunu çözmek için trafikte kısıtlamaya gitmeye karar verdi. Otomobil sahipleri haftanın bir günü araçlarını evde bırakmak zorunda kalacaklardı. Söz konusu gün, plakanın son rakamına göre belirlenecekti. Böylelikle daha az sayıda aracın trafiğe çıkmasıyla tıkanıklık azalacak, daha çok sayıda insan toplu taşıma araçlarına yönelecek ve hava kirliliği azalacaktı, en azından böyle ümit ediliyordu..

Peki ne oldu sizce?

Uygulanan kısıtlama trafiğe çıkan araç sayısını azaltmak yerine daha da artırdı, hava kirliliği de azalmadı. Plaka bazında getirilen kısıtlamadan kurtulmak için çoğu insan ikinci bir araç satın aldı. Bu araçlar yaşlı ve ucuz araçlar olduğu için çevreye zararı daha da fazlaydı.

Geçelim bir başka örneğe. BM, sanayi kuruluşlarının atmosfere saldıkları zararlı maddeleri azaltmalarının getireceği parasal yükü telafi etmek amacıyla bir teşvik programı hazırladı. Sanayi kuruluşları, yok ettikleri her bir ton karbon dioksit karşılığında bir kredi kazanacaktı. Metan ve nitrus oksit gibi zararlı maddeler daha da değerliydi. Hidrofluorokarbon-23 veya HFC-23 gibi diğer kirleticiler ise listenin en tepesindeydi. Bunlar, çevreye çok ciddi zarar veren, ancak sıklıkla kullanılan bir soğutucu olan HCFC-22'nin üretimi sırasında bir yan ürün olarak ortaya çıkan sera gazlarıdır. BM, şirketlerin HCFC-22'ye karşılık çevreye daha az zararlı bir soğutucuya geçeceğini düşünüyordu. Bunu teşvik etmenin bir yolunun HFC-23 stoklarını yok etmelerini ödüllendirmek olabileceğini düşündü.

Atmosfere gönderilmek yerine yok edilecek bir ton HFC-23 gazına 11 bin 700 karbon kredisi ödül verilmesi kararlaştırıldı.

Fakat gelin görün ki, başta Çin ve Hindistan olmak üzere dünyanın çeşitli yerlerindeki fabrikalar daha fazla ödül kazanmak için HCF-23 üretimini artırmaya ve bunun için de daha fazla HCFC-22 yaymaya başladılar. Environmental Investigation Agency'den (EIA) bir yetkili durumu şöyle özetliyordu: *"Üreticilerin daha fazla karbon kredi kazanmak için daha fazla HCF-23 üretip bunu yok ettiği yönünde deliller bulunuyor."* (Levitt-Dubner, 2015, s.111)

Sıradan bir fabrika HCF-23 için verilen karbon kredileri satarak yılda 20 milyon dolardan fazla kazanıyordu. Bu durumdan çok rahatsız olan BM, programın kurallarını değiştirdi ve karbon piyasalarının birçoğu HCF-23 kredilerini iptal etti. Böylece fabrikaların alıcı bulması zorlaştı. Bu örnekten de anlaşıldığı gibi, BM, çevre kirleticilere daha fazla kirlilik yaratmaları için milyonlarca dolar vermişti.

Kobraları Saldım Çayıra

Yine hikâye odur ki, Hindistan'ın sömürgeyle yönetildiği dönemlerde bir İngiliz valisi Delhi'de çok fazla kobra olduğunu düşünüyordu. İngiliz askerleri kobralar tarafından sokuluyor ve hayatlarını kaybediyorlardı. Bu nedenle ölü kobra derisi getirenlere nakit ödül verileceği açıklandı. İlk başta bu teşvik gayet iyi gitti fakat bir süre sonra yeni bir sektörün doğmasına neden oldu: Kobra yetiştiriciliği. Girişimci Hintliler, yılanları üreterek büyütüp sonra da ödülden faydalanmak için öldürüyorlardı. Bu şekilde ölü kobraların sayısında görülen beklenmedik artış nedeniyle İngiliz Vali, verilen teşviki ortadan kaldırmaya karar verdi. Zaten ne olduysa da o zaman oldu. Bunun üzerine ellerinde kobralarla kalakalan kobra yetiştiricisi çiftçiler besledikleri yılanları doğaya bıraktı ve eskiye göre çok daha fazla zehirli ve istenmeyen sonuç ortaya çıktı.

Kobra Etkisi

Teşviklerin çoğu başarısızlıkla sonuçlanır ve kimi zaman yapılan teşvikler beklenen değişikliği önlemediği gibi çok daha kötü davranışları fazlasıyla yaratır. "Kobra Etkisi"nde de böyle oldu. Süregelen bir problemin çözümü için yapılan müdahaleler ters tepip problemi daha da içinden çıkılmaz hale getirebilir. Belki de var olan toplumsal ve ekonomik sorunların çözülebilmesi için çok fazla müdahale etmemek gerekir.

Bu olay, müdahalede bunulmaması gereken çok değişik toplumsal olaylarda da bir örnek oluşturdu. Eğer ortada bir sorun varsa, yapılan müdahalelerle o sorun daha da büyüyebilir. Bu nedenle bazı durumlarda müdahale edilmemesi çok daha "hayırlı sonuçlara" neden olabilir.

Peki birçok akıllı insan tarafından düşünülen ve geliştirilen teşvikler neden geri teper? Öncelikle unutulmaması gerekir ki, herhangi bir kurum tarafından geliştirilen bu tip teşvikler, bu tip teşvikleri aşmak için yollar geliştiren insanlardan daha akıllı olamaz. İkinci olarak, sizin gibi düşünen insanların davranışlarını nasıl değiştirebileceğinizi tahmin edersiniz ama davranışlarını değiştirmek istediğiniz insanlar sizin gibi düşünmedikleri için onlardan beklediğiniz tepkiyi alamazsınız. Ayrıca çoğu insan manipüle edildiği hissinden hoşlanmaz. Çoğu teşvik sistemi, güç ve para elde etmek üzere gizli bir şekilde tasarlanmıştır ve insanlar bu durumdan hoşlanmaz.

Bu nedenle insanlara bir şey yaptırmanın belki de en kestirme yolu, yaklaşım tarzından geçiyor. İnsanca ve namuslu bir şekilde yaklaşım sergilendiğinde bunun her zaman olumlu etkileri olacaktır. Teşvik sisteminde başarılı olmak için söylenenlere değil de gerçekten insanların neye değer verdiğine bakmak gerekiyor.

Eski Sabahlığından Ayrılan Bir Adamın Pişmanlığı

(Diderot Etkisi)

"Ne kadar zalim, iğrenç ve kötü olursanız olun, her nefes alışınızda bir çiçeği mutlu edersiniz."
Mort Sahl

Fransız yazar ve filozof Denis Diderot (1713-1784), Aydınlanma Çağı'nın en önemli kişiliklerinden biri. Toplumu eğitmek ve geliştirmek için tasarlanan ünlü Ansiklopedi'nin (Encyclopédie) baş editörüydü. Onun önderliğinde Aydınlanma döneminde Batı Avrupa'da ülkeler arasında çekişmeler olsa da bilgi akışı toplumlara yeni aydınların kazandırılmasını sağlamıştır.

Edebiyat alanında da birçok katkısı bulunan Diderot'nun başlıca özelliği, romanları şekil ve içeriğinin yanı sıra felsefi olarak da incelemesiydi. Romantizm akımının öncüsü ve hümanist olan Diderot, 1772 yılında, "Eski Sabahlığımdan Ayrılmanın Pişmanlıkları: Ya da Paradan Daha Ziyade Beğenisi Olanlar İçin Bir Uyarı" başlıklı makalesinin birazdan bahsedileceği türde bir etki bırakacağını büyük bir olasılıkla tahmin etmemişti. Onun yazdığı makale, tüketim sosyolojisi çalışmalarında referans olarak âdeta bir fenomen haline geldi, tüketim malları ile ilgili bir sosyal olgu haline dönüştü ve "Diderot Etkisi" olarak adlandırıldı. Peki neydi bu "Diderot Etkisi"?

Diderot Etkisi

Ünlü aydınımız Diderot'ya hediye edilen bir sabahlık onun hayatını değiştirmeye yetti. Yeni ropdöşambr odadaki her şeyin, karşılaştırma yapıldığında eski, kullanılmış görünmesine ve bunların tek tek yenilenmesine neden oldu. Diderot bu hediyeyi aldığına pişman olmuştu. Özellikle tüketim toplumunda yeni bir eşya aldığınızda, başka mallarla tamamlamak zorunda hissederiz kendimizi.

Diderot, söz konusu makalede bir arkadaşının kendisine yeni bir sabahlık hediye ettiğinden bahseder. Yazarımız bu yeni sabahlıkla birlikte hayatındaki pek çok alışkanlığı da değiştirmek zorunda kalır. Yeni sabahlık, bir anda çalışma odasındaki her şeyin eski püskü görünmesine neden olur ve yenileriyle değiştirme ihtiyacı doğurur. Diderot, çok önemsediği ve şık, asil olarak değerlendirdiği bu eşyasına odadaki masası, halısı ve diğerleri uyumlu oluncaya kadar değiştirmeyi sürdürür. Sonuçta, parlak ve yeni eşyalarla tefriş edilme işlemleri bittiğinde böyle bir süreci ister istemez yaşamış olmasına ve eski ropdöşambrından vazgeçtiğine pişman olur. Ona göre, değer verdiği bir arkadaşının verdiği bu güzel, şık, yeni hediye olmasa, gereksiz olduğuna inandığı ve pişman olduğu bu süreç hiçbir zaman yaşanmayacaktı. Arkadaşı bu hediyeyi vermemiş olsaydı, kendisi eşyalarla yeni sabahlık arasında bir karşılaştırma yapmayacağından odanın değiştirilmesine de ihtiyaç kalmayacaktı. Bu değişikliğin ne lüzumu vardı ki?

Diderot'nun yaşadığı ve sonrasında yazıya döktüğü bu gözlem, kültürel antropoloji ile tüketici davranışlarının etkileşimi üzerinde çok önemli çalışmalar yapan Grant McCracken'e ilham vermiş ve günümüzdeki tüketim olgusunun önemli bir boyutuna açıklamalar getirmesine neden olmuştur. Grant McCracken'in "Diderot Etkisi" olarak adlandırdığı ve tanımladığı durum, bir kültürel tutarlılığı, uyumu birey ile onun tüketim ürünleri arasında sağlamaya yönelik teşvik eden bir güçtür. Kısaca, birbirleriyle kültürel olarak uyumlu, birbirini tanımlayan, bütünleyen bir grup tüketim ürününün etkileşimi söz konusudur.

Diderot Etkisi teorisi, insanların tüketim alışkanlıklarının üst düzeylere çıkmaya (âdeta abartılmaya) olan yönelimini ifade eder. Diderot örneği bize, tüketici davranışlarının tüketim yoluyla bireylere nasıl yansıdığını, yani önceden alınmış mallar üzerinde nasıl değişiklik yarattığını gösterir.

Gerçekten de kişilerin davranışları tükettikleri mallara yansır, bir ürün satın aldığınızda başka mallarla tamamlamak zorunda hissederiz kendimizi. Bu tamamlayıcı mallara sahip olma haline de "Diderot Bütünlüğü" adı verilir. Tüketimde her yeni olan bir alışveriş domino etkisi yaratır. Tüketim toplumunun âdeta ölene kadar sürecek alışveriş çılgınlığından ve alışveriş yapılması gerektiğine yönelik bombardımanlarından uzak kalmak pek mümkün değildir.

Diderot Bütünlüğü'nden toplumsal ve sosyolojik yapı gereği uzak durmak pek mümkün değildir. Yeni bir iş yeni bir kıyafet gerektirir, yeni bir ev yeni koltuk takımı, mutfak dolabı, gardroplar, perdeler, yeni bebek daha geniş bir araba, çocuklar için daha uzun tatiller demektir.

Pazarlamacılar Bizi Nasıl İkna Eder?

(Tetikleme Etkisi, Aşinalık Etkisi, Salt Maruz Kalma Etkisi)

Günümüzde çok farklı kanallardan çok fazla bilgiye ulaşma imkânına sahibiz. Tabii ki bu durumun yan etkileri olmak durumunda. Fransız reklam dergisi *Influencia* için iletişim ajansı Gloryparis, insanların yeni bilgileri tüketme alışkanlıkları üzerine bir çalışma yürütmüş. Araştırmada, hızlı tüketimin kişilerde tatmin duygusunu azalttığını ve sürekli daha fazla bilgiye açlığı tetiklendiğini saptamışlar. Buna Info-blumic deniyormuş. Obezite kavramından üretilmiş araştırmanın ana ekseninde bulunan Infobesity ise kısa süre içinde farklı kaynaklardan farklı bilgileri tükettikleri için beyinlerinde oluşan aşırı kalabalık nedeniyle insanların eleştirel ve yaratıcı düşünme yeteneklerini hızla yitirmeleri olarak tanımlanıyormuş. Araştırmanın çarpıcı bir sonucu da internetin yaygın kullanımı nedeniyle kişilerin her zaman tüketebileceklerinden daha fazla bilgiyi "proses ettikleri" ya da tükettikleri ve beynin de elde edilen bilgileri yararlı hale getirebilmesi için yeterli süreye sahip olmadığıymış.[26]

26 Ali Saydam, *Derin Ekonomi,* Aralık 2016, s. 56

Yani insanların beyinlerini yıkamak ve düşünme yeteneklerini ortadan kaldırmak gibi bir faaliyet içindeysen eğer, yapacağın şey belli. İnternet ve popüler kültür eşliğinde onları her türlü bilgi bombardımanına tabi tutacaksın. Efendime söyleyeyim, beyinleri ele geçirdikten sonra da istediğin "doğru bilgileri" şırınga yöntemiyle aktarım işlemini gerçekleştireceksin. Hadi kolay gelsin...

Geçelim konuyla bağlantılı bir başka konuya. Ne kadar çok görürsek o kadar çok mu severiz? Ünlü Psikolog Robert Zajonc, kariyerinin büyük bölümünü, rastgele bir uyaranın tekrarıyla insanların sonunda bu uyarana karşı duydukları hafif yakınlık arasındaki bağlantıyı incelemeye adadı. 1968'de yaptığı deneyle "Salt Maruz kalma Etkisi"ni keşfetmiş büyüğümüz özünde, bir şeye ne kadar maruz kalırsanız ona karşı o kadar bağlılık hissedersiniz demektedir.

Zajonc'tan bu yana salt maruz kalma olgusunu inceleyen araştırmacılar, bu etkinin resim yerine ses kullanarak da yeniden yaratılabilmesinin mümkün olduğunu keşfetmişlerdir. 1974'te, Psikolog D.W. Rajecki, döllenmiş tavuk yumurtalarını kullanarak bir deney yapmış. Yumurtadaki civcivler çıkmadan önce farklı gruplardaki yumurtalara farklı frekanslarda müzik parçaları dinletmiş ve daha sonra yumurtadan çıkan tüm civcivlere aynı tonları dinletmiş. İstisnasız bir şekilde tüm civcivler doğum öncesinde çalınanları tercih etmişler. Bu etki, düzenli olarak gördüğümüz kişilerle arkadaşlıklar veya romantik ilişkiler oluşturma eğilimi içinde olmamızı da açıklıyor. Reklamcılık, her ne kadar bu alandaki tablo daha az net olsa da, salt maruz kalma etkisinin çok önemli bir rol oynadığı başka bir alandır. Araştırmalar, bir markaya veya şirket ismine tekrar tekrar maruz kalmanın satışları yükselttiğini ama bu varsayımın aşırı derecede basitleştirilmiş olduğunu ve maruz kalma sıklığının diğer olası etkilerini dikkate almadığını göstermektedir. Bu etki aynı zamanda "Aşinalık Etkisi" olarak da bilinir.

Aşinalık Etkisi
Her insan, tercihlerini bilinçli olarak kendi özgür iradesiyle yaptığına inanır. Oysa araştırmacı Robert Zajonc'un incelemeleri, "Tanıdıklık (aşinalık) Etkisi"nin, insanlar farkında olmasa da tercihlerini etkilediğini göstermiştir. İnsanlar, ne olursa olsun çok sık karşılaştığı şeylerden farkında olmadan hoşlanmaya başlıyorlar.

Küçük kelimeler anılarımızı bile değiştirebilir, bu etkiye, "tetikleme" adı veriliyor. Beyninizin bir parçası, biraz önce okuduğunuz metni bir kenara koyuyor ve sonraki algınızı etkileyecek şekilde kodluyor. Bu etkiye, "hazırlama" (priming) adı veriliyor. Yani beynimiz sonraki bilgiye açık hale gelmiş oluyor. Bu etki, anketlerde belli bilgileri vermenizi veya sizi belli ürünlerin alımına yönlendirmek isteyen şirketler tarafından kullanılıyor olabilir.

Hazırlama, politikacıların da kullandığı bir sistemdir. Bir yüzün resmini daha önce görmüşseniz, resmi daha sonra yeniden gördüğünüzde o kişi size daha çekici gelecektir, o kişiyi daha önce gördüğünüzü hatırlamasanız bile. "Salt Maruz Kalma Etkisi" adını alan bu durum, örtülü belleğinizin dünyayı yorumlama biçiminizi nasıl etkilediğini gösteren bir ipucudur. Sürekli göz önündeki kişilerin "reklamın kötüsü olmaz" demelerinin altında yatan da budur. Belirli bir ürüne veya yüze tekrar tekrar maruz kaldığınızda, onu giderek daha fazla tercih eder hale gelirsiniz.

Örtülü belleğin bir diğer versiyonu da "Doğruluk Yanılsaması Etkisi" olarak bilinen gerçektir. Herhangi bir ifadeyi daha önce duyduysak, doğru olsun ya da olmasın, doğru olduğuna yönelik inancımız artar. Bir araştırmada, katılımcılar iki haftada bir verilen cümlelerin geçerliliklerini değerlendirildikleri bir teste tabi tutuldular. Araştırmacılar, deney süresince katılımcılara belli etmeden daha önceki seanslarda kullanılan cümleleri de (bazıları doğru, bazıları yanlış) araya sıkıştırdılar. Araştırma sonucunda, katılımcılar daha önceki haftalarda karşılaştıkları cümleleri "doğru" olarak değerlendirdiler, daha önce bu cümleyi duymadıklarına yemin etseler bile!

Araştırmalar gösteriyor ki, belli bir fikre sadece maruz kalmış olmak bile onunla yeniden karşılaştığımızda fikrin bize daha inanılır gelmesi için yeterli. Bilgi bombardımanına maruz kaldığımız günümüzün hızlı dünyasında neyin doğru neyin yanlış olduğunu belirleyen formül hangisinin daha göze görünür olduğunda yatıyor gibi, siz ne dersiniz?

Zavallı Kaz Yavrularının "Anne Paradoksu"

(Imprinting, Çapa Etkisi-Anchor Effect)

"Atılan çapa geminin hareket kabiliyetini nasıl engelliyorsa, zihnimizin attığı çapa da düşünce ve tahmin alanımızı etkiliyor."
Daniel Kahneman

Dan Ariely, *Akıldışı ama Öngörülebilir* başlıklı kitabında doğa bilimci Konrad Lorenz'in kaz yavrularıyla ilgili tespitlerine yer verir. Bu minnacık yavruların yumurtadan çıktıktan sonra karşılaştıkları hareket eden ilk nesneye -o da genellikle anneleri oluyor- bağlandıklarını keşfettiğini yazar. Bu doğal olguya "Imprinting" adını verir. İnsan beyninin donanımı kaz yavrularınınki gibi mi? İlk izlenimlerimiz ve kararlarımız imprint hale mi geliyor? Örneğin yeni bir ürünle karşılaştığımızda gözümüze ilk ilişen ilk fiyatı (çıpa) kabul ediyor muyuz? Görünüşe göre kaz yavruları için geçerli olan şey insanlar için de doğru.

1970'li yıllarda Tahiti'de çıkan siyah incilerin piyasası yoktu. İtalyan elmas tüccarı James Assael'in girişimiyle Fifth Avenue'deki mağazanın vitrinine fahiş fiyatlar konularak satışa çıkarıldı ve dergilere tam sayfa ilanlar verildi. Assael, değeri belirsiz bir şeyi almış, onu şaşılacak derecede seçkin hale getirmişti.

Mark Twain'in Tom Sawyer için dediği gibi, "Tom, insan davranışının önemli kuralını keşfetmişti. Birinin bir şeyi çok istemesini sağlamak için tek yapılması gereken o şeyin elde edilmesini zorlaştırmaktır." *Tom Sawyer'ın Maceraları*'ndaki meşhur öykü şöyledir: Tom, halasının çit boyama görevini arkadaşlarını oyuna getirme egzersizine dönüştürdü. Tom işten hoşlanıyormuş gibi çitleri zevkle boyar. "Siz buna çalışmak mı diyorsunuz?" diye sorar arkadaşlarına.

Elde Edilmesi Zor Olan Neden Değerli?
Mark Twain'in Tom Sawyer için dediği gibi,
"Tom, insan davranışının önemli kuralını keşfetmişti. Birinin bir şeyi çok istemesini sağlamak için tek yapılması gereken o şeyin elde edilmesini zorlaştırmaktır."

"Bir çocuk hiç her gün çit boyama fırsatına sahip olur mu?" diye seslendiği arkadaşları çit boyamanın keyfini keşfeder. Tom'un arkadaşları bu ayrıcalık için ona para ödemekle kalmayıp bu işten zevk almaya başlarlar. Tom, olumsuz bir deneyimi olumluya, para ödenmesi gereken bir durumu insanların eğlenmek için para ödediği bir duruma dönüştürür.

Beyin, "Çapa Etkisi"nde Çapalar

Piyasada herhangi bir ürünün fiyatı belirlenirken, yarattığı faydadan çok başka koşullar dikkate alınır. Tüketim kararlarımızda bizi rasyonel akıldan uzaklaştıran ve hemen her gün etkisi altında kaldığımız unsurlar vardır.

Tüketicilerin, bir malın ya da hizmetin fiyatının gerçekte ne kadar olması gerektiğine dair bilgisi, aslında tamamen spekülasyona dayalıdır. Bir şeyin ucuz ya da pahalı olmasını belirleyen etkilerden biri de "Çapa Etkisi"dir. Bu durum genel olarak insanı etkileyen bir zaaf olarak kabul edilir çünkü etkileşime girdiğimiz veya öğrendiğimiz bir sayı gelecekteki kararlarımızı verirken bizi etkilemektedir. Zihnimiz bize verilen ilk sayıya "çapa atıp" kalmıştır. 2002'de Nobel iktisat ödülünü kazanan ve davranışsal iktisatın öncülerinden Psikolog Daniel Kahneman, bu durumu zihnimizin istemsiz olarak, ortada var olan ilk değere saplanmasına bağlıyor. Bir başka deyişle, zihnimiz, açılış rakamına çapa atıyor ve pazarlık bu çapanın çevresinde devam ediyor.

"İlk veriye saplanma durumu sadece pazarlıklarda karşımıza çıkmıyor. Mesela, size 'Gandhi öldüğünde 114 yaşından fazla mıydı?' diye sorup, umuyorum ki hayır cevabını aldığımda, daha sonra Gandhi'nin kaç yaşında öldüğünü sorsam, vereceğiniz cevap 114 yerine, 35 yaş ile sorduğum zaman alacağım cevaptan daha yüksek olacaktır." [27]

Chivas Regal Etkisi

Chivas Regal'in lüks viski dendiğinde akla gelen ilk markalardan olmasının arkasında, elbette yapılan büyük reklam yatırımının ve zekice hazırlanmış pazarlama stratejilerinin etkisi var. Ancak ilginç bir konu da pazarlama kitaplarında karşımıza çıkan, bilimsel makalelere konu olmuş "The Chivas Regal Effect", yani "Chivas Regal Etkisi". Bu etki aslında çok aşina olduğumuz ve bugünün tüketici dinamiklerinde neredeyse varsayılan kabul edilebilecek, "pahalıysa iyidir" algısı. Bildiğimiz gibi pazarlamanın Product, Pricing, Promotion, vs gibi çeşitli "P"leri bulunuyor ve bu P'lerin farklı kombinasyonlarının ürünlerin tüketicideki algısına büyük katkısı var. Chivas Regal'in, fiyatını belirgin olarak artırdıktan sonra satışlarını 2-3'e katlaması daha sonra başka markalara da örnek yaratacak bir fiyatlandırma uygulaması olarak pazarlama literatürüne girmiş durumda.

27 Murat Çetinkaya, http://www.acikbilim.com/2014/01/incelemeler/hizli-ve-yavas-dusunmek.html

Siyah Kuğunun Google Üzerindeki Etkisi

(Olasılıksız Görünenin Etkisi, Pareto İlkesi-80/20 Kuralı, Şampanya Bardağı Etkisi)

Siyah Kuğu bir sembol; bir dizi çok önemli sonuçlar doğurmakla birlikte son derece az rastlanan, beklenmedik olayları simgeler. "Olasılıksız Görünenin Etkisi" ile "Siyah Kuğu" deyimi özdeşleştirilmiştir. "Siyah Kuğu" ile olması ihtimal dışı görülen, fakat vuku bulduğunda etkisi çok büyük olan ve bir kez gerçekleştikten sonra onu daha az rastlantısal kılacak bir açıklama uydurduğumuz olaylar kastedilir. Google ya da 11 Eylül gibi... Nassim Nicholas Taleb, *Siyah Kuğu* kitabında, beklenmeyen ve imkânsız gibi görünen olayların kitleler üzerinde yarattığı etkiyi inceler. Taleb, çok özetle, "Bilmedikleriniz, bildiklerinizden daha önemlidir" der.

Olasılıksız Görünenin Etkisi

"Olasılıksız Görünenin Etkisi" ile "Siyah Kuğu" deyimi özdeşleştirilmiştir. "Siyah Kuğu" deyimiyle, olması ihtimal dışı görülen, fakat vuku bulduğunda etkisi çok büyük olan ve bir kez gerçekleştikten sonra onu daha az rastlantısal kılacak bir açıklama uydurduğumuz olaylar kastedilir.

Taleb'in Siyah Kuğu olarak nitelediği olguların üç ortak özelliği vardır: İlk olarak geçmişte olabilirliğine işaret edecek hiçbir belirti olmadığı için sıra dışıdır. Olağanüstü etki gücüne sahiptir ve son olarak, beklenmedik olmasına rağmen, ortaya çıkışından hemen sonra olan biteni açıklanabilir ve öngörülebilir hale getirecek birtakım açıklamalar mutlaka yapılmıştır.

Peki neden "Siyah Kuğu" deniliyor?

Avustralya'nın keşfinden önce Eski Dünya'da, bütün kuğular beyaz zannedilirdi. Görünüşe göre bu şüphe götürmez kanaatin dayanağı deneysel delillerdi. Görünen ilk siyah kuğu, bazı ornitologlar ve kuşların renkleriyle aşırı derecede ilgilenenler için herhalde ilginç bir sürpriz olmuştu ama bu olgunun ortaya koyduğu daha temel bir şey vardı: Gözlem ve deneylere dayalı öğrenmenin ciddi boyuttaki sınırlamaları olduğu ve bilgimizin kırılganlığı. Tek bir gözlem, milyonlarca beyaz kuğunun binlerce yıldır teyit etmiş olduğu genel bir kanıyı geçersiz kılabilir. Bunun için tek bir siyah kuğu olması yeterlidir.

Etkilerin %80'ini etkenlerin %20'si belirler (Pareto İlkesi)

Web üzerinde birçok sosyal medya sitesi olmasına rağmen bu ortamlara akmayı düşünen biri neden öncelikle Facebook ya da Twitter'a katılır? Sevdiğimiz giysilerimizin %20'sini zamanın %80'inde giymekteyiz, hatta zamanımızın %80'ini tanıdıklarımızın %20'siyle geçirmekteyiz? Şirketler neden hep kârlarının %80'ini müşterilerinin %20'sinden sağlar? Bir ofiste çalışanların %20'si neden verimliliğin %80'ini yaratır? Bir ülkenin en büyük şehirlerinin sayısı neden birkaç taneyi geçmez? Hayatımızın hemen her anında kendisine yer eden 80'e 20 kuralı gücünü nereden almaktadır?

Bilinmezliğin bilinilirliğini ortaya koyan şaşırtıcı bilinmezlik ilkelerinden biri de "Pareto İlkesi"dir. "Önemli Azın Yasası" ya da en bilinen adıyla "80'e 20 Kuralı", doğadaki birçok olayda, etkilerin yaklaşık olarak %80'inin etkenlerin %20'sinden kaynaklandığını ortaya koymaya çalışır. Yönetim gurularından Joseph Juran ilk kez bu ilkeyi önermiş ve İtalya'daki arazilerin %80'inin sahibinin nüfusun %20'si olduğunu gözlemleyen İtalyan ekonomist Vilfredo Pareto'nun adını vermiştir. İş dünyasının en yaygın kurallarından biridir.

İtalyan ekonomist Pareto, 20. yüzyılın başında İtalya ekonomisini incelediğinde şaşırtıcı bir durumla karşılaşmıştı. Nüfusun %20'si, ülkedeki zenginliğin %80'ine sahipti. Konuyu araştırmaya karar verir. Bu arada diğer ülkelerin dağılımlarını da merak etti. Benzer bir dağılım o ülkelerde de vardı. Nüfusun zenginlikten aldığı payın şematik gösterimi bir şampanya bardağını andırdığından "Şampanya Bardağı Etkisi" (Champagne Glass Effect) adı verilen bu durum günümüzde de değişmedi. Aslında "girdiler ve çıktılar" arasındaki dengesizlik ilişkisi 60/40, 75/25, 68/32 veya aradaki sayıların herhangi bir kümesi şeklinde de olabilir. Bizim buradan çıkarmamız gereken sonuç, nedenler ve sonuçlar arasındaki dengesiz orantının kaçınılmaz olduğu gerçeğidir. İnsanın zihninde, nedenler ve sonuçların eşit orantılı olduğu yönünde doğal bir beklenti vardır. Pareto ilkesi ise, bu 50/50 dengesinin çok nadiren doğru çıktığını savunur. Yani, insanın sezgiselliğine karşıttır.

İlkemiz, iktisat ve matematik gibi pek çok önemli disipline etki etmektedir. Bizim bu ilkeden çıkarmamız gereken en önemli ders, hayatta ciddi bir dengesizlik olduğudur. Aslında hayatımızdaki ve günlük yaşantımızdaki birçok etkinin yalnızca %20 kadarının gerçekten önemli olduğuna, kişisel olarak da zamanımızı daha iyi yönetebilmek için bu %20'lik kısma ağırlık vermemiz gerekliliğine dikkat çekilir.

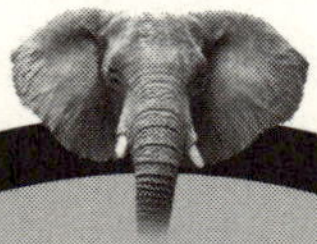

Şampanya Bardağı Etkisi
(Champagne Glass Effect)

İtalyan ekonomist Pareto, 20. yüzyılın başında İtalya ekonomisini incelediğinde şaşırtıcı bir durumla karşılaştı. Nüfusun %20'si, ülkedeki zenginliğin %80'ine sahipti. Konuyu araştırmaya karar verdi. Bu arada diğer ülkelerin dağılımlarını da merak etti. Benzer bir dağılım o ülkelerde de vardı. Nüfusun zenginlikten aldığı payın şematik gösterimi bir şampanya bardağını andırdığından "Şampanya Bardağı Etkisi" adı verilen bu durum günümüzde de değişmedi. Aslında "girdiler ve çıktılar" arasındaki dengesizlik ilişkisi 60/40, 75/25, 68/32 veya aradaki sayıların herhangi bir kümesi şeklinde de olabilir. Bizim buradan çıkarmamız gereken sonuç, nedenler ve sonuçlar arasındaki dengesiz orantının kaçınılmaz olduğu gerçeğidir.

Geçelim bir başka konuya... Matematikte, herhangi iki miktar arasındaki özel ilişkiyi tanımlayan güç kanunu (power law) adlı bir fenomenin olduğu kabul görür. Buna göre, güç ile sayı arasında ters orantı vardır. Mesela dünyanın en zengin 10 kişisinin durumu. Genellikle ilk 3 sıradakilerin serveti diğer 7 kişinin servetinin toplamı kadardır. Aynen bir ülkedeki tüm varlığın dağılımında olduğu gibi. 80'e 20 kuralının gücünü aldığı temel ilke olan güç kanunu aslında içgüdüsel bir olguya dayanıyor. Sisteme yeni girenler kendilerini daima sistemde daha güçlü olanlarla ilişkilendirmek istiyorlar ve bunun sonucunda da güçlü daha güçlü, büyük daha büyük oluyor. Sırası gelmişken konuyla ilgili son sıcak veriyi de sizinle paylaşayım. İngiliz yardım kuruluşu Oxfam'ın verilerine göre, dünyanın en zengin sekiz kişisinin serveti, dünyanın yarısını oluşturan 3.6 milyar nüfusun servetine eşit. Her 10 kişiden 7'si son 30 yıldır eşitsizliğin arttığı bir ülkede yaşıyor.[28] Bu rakamlar bize zenginlerle fakirler arasındaki gelir dağılımının ne kadar da eşitsiz paylaşıldığını gösteriyor. Görünen odur ki, gereken önlemler bir an önce alınmazsa bireylerin öfkesi daha çok büyüyecek.

28 Kaynak: BBC Türkçe

Şimdi siz, "Hocam yazı ve anlatım diliniz mükemmel. Birçok yazardan çok çok iyi yazıyorsunuz. Yazarlıktan para kazanıyor musunuz? Şey pardon! Sorum şudur, çok iyi ama güç kanununu yaratan içgüdüsel yönelim nasıl oluşuyor? Sisteme yeni girenler kendilerini nasıl oluyor da güçlü olan ile ilişkilendiriyor?" diyeceksiniz.

Buradaki ilişki şeklini, dünya küçük fenomeni (small world phenomenon) denilen başka bir olguyla anlatmak gerekir. 1967'de Sosyolog Stenley Milgram, ABD'nin çeşitli eyaletlerinde yaşayan ve isim listelerinden rastgele seçtiği 300 kişiye birer mektup gönderdi. Mektupta yapılan deneyin ayrıntıları anlatılırken, zarfın üzerine sadece alıcının adı yazıldı. Bu mektuplar farklı eyaletlerde, alıcıyla hiç ilişkisi olmayan kişilere verildi ve mektubu alıcıya ulaştırmalarını istendi. Gönderilen 300 mektuptan 60'ı ortalama 6 kişiden geçerek alıcısına ulaştı. Deneyin günümüz versiyonu internet aracılığıyla yapıldı. Avustralya'daki bir kişi tarafından gönderilen e-posta Sibirya'daki hedef alıcısına 4 günde ulaştı. Aynı deney Facebook veri tabanı üzerinde de denendi. Birbirleri ile hiç ilişkisi olmayan farklı coğrafyalardaki kullanıcıların çoğunun 6'dan daha az kişi ile birbirlerine bağlı oldukları görüldü. Dağılan konuyu toparlamak gerekirse, görüldüğü gibi dünyanın küçük olması güç kanunu denilen gizli bir yasayı tetikliyor ve bunun sonucunda da 80'e 20 kuralı gibi, bilinmezliğin farklı bir yasası oluşuyor.

"Bir Tutam Sevgi Meselesinin İç Yüzü"

(Ikea Etkisi, Bendeki Daha Değerli Etkisi-Endowment Effect)

Klasik anlayışa göre siyasette ve ekonomide kararlarımızı rasyonel olarak veririz. Oysa bunun çok da doğru olmadığı anlaşıldı çünkü karar alma sürecinde davranışlarımızı etkileyen birçok etken var. Bu etkenler özellikle davranış bilimcilerin ilgisini çeken sahaya giriyor. Davranışsal ekonomi, uzun yıllardır ekonomi ve finans biliminin görmezden geldiği bir alan olarak bugün bütün heybetiyle karşımızda duruyor. İnsan davranışlarını ve insan davranışlarını etkileyen faktörleri analiz eder, bu teoriye göre, insanların gösterdikleri her bir davranış kalıpları ayrıntılı olarak incelenir. Tüketici davranışları, bilinçaltı (subliminal) mesajlar ve türlü görsellerle yaratılan bilinçaltına yönelik mesajlar önemlidir.

İlk olarak satın alma tercihlerimizi masaya yatıralım. Soru şu: Neden bazı ürünlerin satışları sürekli artarken çok daha fazla avantaja sahip bazı ürünler ilgi çekmez?

IKEA Etkisi

Bir şeyin içine sevgimizi koyduğumuzda onu daha fazla seviyoruz. Ama bu başkaları için geçerli olmayabilir. Bu durum literatüre "IKEA Etkisi" olarak geçti. İnsanların, oluşturulmasına kısmen katkılarının olduğu ürünlere orantısız şekilde yüksek değer vermelerini açıklayan bilişsel eğilimdir. Buna göre insanoğlu, üretimine katkıda bulunduğu ürünlere daha fazla değer verip el üstünde tutar. Etki, ismini İsveçli üretici ve mobilya satıcısı IKEA'dan alır. IKEA'nın sattığı ürünler genellikle tüketicinin yaratımında ve kurulumunda payı bulunacak tarzdadır.

1940'lı yıllarda ABD'de sadece su katılarak hazırlanabilen kekler piyasaya sürüldüğünde -ki ev kadınlarının hayatını kolaylaştıracağı düşünülüyordu- ürün pek çok kadının ilgisini çekmez. Üreticiler bunun nedenini araştırırken, Ernest Dichter, onlara ürünün içindeki bazı maddeleri çıkarmalarını ve çıkarılan bu maddeleri tüketicilerin eklemelerini söyler. Sonuç başarılı olur. Tüketiciler artık kek karışımına yağ, yumurta ve sütü eklerler ve bu durum onları olumlu yönde etkilediği için satışlar da patlar çünkü tüketici karışıma kendinden bir şeyler eklemiş (mesela sevgi), emek vermiş ve bu durum da kendini iyi hissetmesine neden olmuş, ürünü daha çok benimsemiştir.

Bugün "IKEA Etkisi" olarak bilinen bu olguyu Michael Norton, Dan Ariely ve Daniel Norton daha derinlemesine araştırmaya karar verirler. Devam ettirdikleri araştırmaya katılan deneklere verdikleri broşüre origami yapmaları istenir. Ardından yaptıkları origamiye ne kadar değer biçtiklerini sorarlar. Aslında orgamiler çok da başarılı olmamıştır fakat onlar kendi yaptıkları origamileri seyircilerden çok daha fazla beğenirler. İkinci aşamada ise denekler herhangi bir broşür olmadan origami yapacaklardır. Bu kez denekler, çok daha fazla emek ve zaman harcadıkları için yaptıkları şeyi çok daha fazla beğenirler. Gerçi seyirciler için aynı şeyi söylemek pek mümkün değildir. Araştırmayı yürütenlerden Prof. Dr. Dan Ariely, sevgiyle açıklar:

"İnsanların kendi yaptıkları şeyleri daha fazla sevdikleri konusunda çalışma bilgilerimize bakarsak, evet 'IKEA Etkisi' diye bir şey var. Çok ilginç bir şekilde bunu önceden öngöremiyoruz. Bir şeyin içine sevgimizi koyduğumuzda onu daha fazla seviyoruz. Ama bu başkaları için geçerli olmayabilir. İnsanların yaptıkları işlere sevgilerini koyması konusu, yaptıkları meslekler konusunda da geçerli."[29]

İşin sevgi kısmı bir yana, bir de arka planda gizli bir mesaj var. Böylelikle insan çevredekilere kendisinin beceriksiz olmadığını da göstermiş oluyor.

Bilişsel Çelişki "IKEA Etkisi"ni Açıklar

IKEA Etkisi üzerinde çalışan uzmanlarımıza göre bu etkiyi bilişsel bir çelişkiyle açıklamak mümkün. Bu yaklaşıma göre, davranışlarımız önceki değerlerimiz tarafından belirleniyor. Deneyimler sonrası elde ettiğimiz davranışlara göre hareket etmeye çalışıyoruz. Ancak bunun aksi durumunda bilişsel çelişki, yani çatışma dediğimiz durum ortaya çıkıyor. İnsanlar gerçeği bileseler de bu durumu kabul etmemeye çalışır hatta inandığı şeylerin yanlış çıkmaması için uğraşır, dua eder. Oysa yazının da başında dediğimiz gibi ekonomistler insanı rasyonel bir varlık olarak kabul etmeye çalışır. Fakat gelin görün ki, her hareke-

29 Ikea Etkisi, *Derin Ekonomi*, Ekim 2016, s. 138

timiz, kararımız rasyonel değildir. İşte bu aşamada psikolojimiz devreye girer ve çelişkiyi ortadan kaldırmak için bahaneler üretmeye başlarız. Örneğin çok iyi kurulmasa da montajını yaptığımız eşyanın çok kaliteli olduğunu iddia ederiz.

Bu bilişsel çelişki durumları hayatımızın birçok alanında ortaya çıkabiliyor. Çelişkilerimizi azaltmak için bir anlamda kendimize yalan söylüyoruz. Çok da memnun kalmadığımız bir ürünü, çok beğenmişçesine başkalarının yanında övüyoruz. Bilişsel çelişki IKEA Etkisi'ni açıklamakta bize yardımcı olur. "Ben bunun montajına şu kadar zaman harcadım, o zaman sevmeliyim" düşüncesi ağır basar. IKEA Etkisi'ni açıklamaya yardımcı bir diğer faktör de "batık maliyetler". "Bunu yapmak için bu kadar zaman ve emek harcadım o halde bunun üzerinde çalışmaya devam etmeliyim" düşüncesi ağır basar. IKEA Etkisi, insanların boş zamanlarında gerçekleştirdikleri sıra dışı şeyleri de açıklayabilir. Örneğin modern şehir hayatının kabalığından ve trafiğinden bıkmış, doğal yaşama ve çiftlik hayatına özlem duyan insanlar normal şartlar altında çiftlikte çalışırken para almaları gerekirken, çiftçilere para ödemekte bir sakınca görmezler. IKEA Etkisi'ne göre, tarlada çalışmaktan aldıkları zevk nedeniyle bu mutluluğa para ödeyebilirler.

Son olarak, IKEA Etkisi ile ilgili belki de en iyi orta yol, etkiyi yararımıza kullanabileceğimiz gibi bu etkinin zararımıza olabileceğini de kabullenmekten geçer.

Bendeki Daha Değerli

Çocukluğumuzdan itibaren kafamızda bir "önemliler" listesi oluşmaya başlar. Spor kulüpleri, belli markalar, markaların getirdiği yüksek fiyatlar, isimler, meslekler... Bir şekilde bunlara veda ettiğimizde aslında hayatımızı karartmaya değmeyecek, bizi biz olmaktan edemeyecek doneler olmakla birlikte sahneye atlayarak büyük roller oynarlar. "Ama çok pahalıydı", "İyi bir işti",

"Herkesin gözü vardı", "Meşhurdu". Efendim, dikkatli okurlar şimdi hemen şu soruyu sormaya hazırlanmaktadır: Peki bunun bir psikolojik karşılığı yok mu? Psikologlar "bendeki daha değerli" (Endowment Effect) olarak adlandırılan bir insan psikolojisi durumuna dikkat çeker. Bu etkinin de çok garip psikolojik sonuçları var. Diyelim ki ev, araba ve çok değer verdiğiniz bir eşyanız var. Onları kaybettiğinizde bu durum sizi çok yıpratıyor. Literatüre giren, bu efekti çok iyi anlatan bir bilimsel araştırmanın detaylarını anlatayım size. İki öğrenciden birine bir fincan hediye ediliyor. Fincanı bir süre kullanan öğrenciyle kendisine hiçbir şey verilmeyen öğrenciye aynı anda aynı soru yöneltiliyor: "Sence bu fincan kaç lira eder?" Fincan sahibi olmayan öğrenci gerçek fiyatına yakın bir tahminde bulunurken, fincanı kullanan fincan sahibi ise değer olarak normal fiyatın 4-5 katı fazla bir tahminde bulunuyor. Bu deney binlerce öğrenci üzerinde yapılmış. Sonuç hep aynı. İnsanoğlu olarak elimizdekilere olması gerekenden fazla değer verdiğimiz bir gerçek çünkü işin içerisine hep duygusallık giriyor. Mantığın uzaklaştığı yerde ise duygusal kaos başlıyor.

Seçenek Bolluğu Ruhumuzu Neden Yıpratır?

(Bolluk Paradoksu)

Gerçi ben seyredemedim ama bir arkadaşım anlattı. 1997 yapımı "İhanet" filminin başrol oyuncusu Anthony Hopkins, bir uçak kazası sonrası uçaklarının düştüğü ormanda kayboldukları sırada o "filozofça" tavrıyla çevresindekilere şunları söylüyormuş: "Ormanda kaybolanların çoğu neden ölüyormuş biliyor musunuz?" Çevresindekiler sessizliklerini korurken o sözlerine şöyle devam edermiş: "Utançtan. 'Ben bu duruma nasıl düştüm?' diye kıvranırken çare üretmeye takatleri kalmazmış."

Uzun lafın kısası, hiç kimse tek bir seçeneğe mahkûm olmak istemez. Ey benim, kitaplarını AVM'lerden değil de kitapçılardan alan sevgili okurum. O gün orada Anthony Hopkins'in yanında muhabbete girenlerden biri Psikolog William James (1842-1910) olsaydı daha farklı bir açılım yapardı. Ne derdi bilir misiniz? Ormanda kaybolduysan ve bir yol görürsen iki alternatifin vardır. Ya hiçbir yere gitmezsin, dolayısıyla hiçbir şey yapmazsın ve orada kalır açlıktan ölürsün. Ya da gördüğün yolun yiyecek ve barınağa doğru gittiğini düşünür, o yolu takip eder ve ormandan güvenli bir yere doğru çıkabilirsin. Dolayısıyla eylemin inançlarının doğru çıkmasına neden olur. Yani "yaptıklarınız bir fark yaratıyormuş gibi davranın, yaratılacaktır."

Başımıza gelen olayların yarısı şansın, yarısı da yaptığımız seçimlerin sonucudur. Seçenekler ne kadar artarsa seçimimizden memnun kalma olasılığımız azalır. Erich Fromm, *Özgürlükten Kaçış* (1941) isimli kitabında, modern bir demokraside insanların sadece fırsat eksikliği tarafından değil, aynı zamanda fırsatların baş döndürücü bolluğu tarafından da kuşatıldığını söyler çünkü hayatımız "önemsiz tercihlerin etkisi" altındadır. Seçim şansına sahip olmamız elbette hayat kalitemizi artırır ancak seçenekler arttıkça karar veremez hale geliriz. İşin kötüsü, yaptığımız her seçimde, aklımız seçmediklerimizde kalır. Bolluk, bizim zamanımızı gereğinden fazla alan, kafamızı karıştıran, hata yaptıran, psikolojimizi bozan bir etki yapıyor üzerimizde. Bu hastalığa yakalanan insan, hep daha çok tüketmek isteyen, satın aldığını israf eden, sürekli kaygılanan, borçlanan, daha fazla çalışmak zorunda kalan bir insan olup çıkıyor.

"Affluenzaya yakalanmak" demek "tüketimle sağlıksız bir ilişki kurmak" anlamına geliyor. Ancak bir dereceden sonra bolluk insanlar için sıkıntı yaratıyor, seçim özgürlüğü arttığı oranda da mutsuzluk artışa geçiyor. Öyle ki, insanlar ne kadar çok seçenekleri olursa seçim kabiliyetlerini o oranda kaybediyor ve sonunda sahip oldukları şeyden o kadar az memnun oluyorlar. Mark Lepper ve Sheena Iyengar isimli psikologlar, bu teoriyi bir süpermarkette denediler. Kaliteli reçellerle bir deneme standı kurarak insanlara bir seferinde 6, diğerinde 24 seçenek sundular. Deneyin sonunda, 6 seçenek sunulan kişilerin yüzde 30'u reçel alırken, 24 seçenek sunulan kişilerin sadece yüzde 3'ü reçel aldı.

Bilimsel gelişmeler ve insanlığın ilerlemesi tabii ki rasyonel akıl sayesinde olur. Fakat günlük hayatımızda yaptığımız tercihlerin, aldığımız kararın tamamını akılcı davranmak yerine, kendimize özgü bazı formüllere ve kısa yollara dayanarak alıyoruz. Örneğin insanlar güzel-yakışıklı olanı daha zeki ve daha iyi olarak algılıyor (Bkz. Halo Etkisi).

Kahneman ve Tversky'ye göre, insanlar karmaşık, riskli durumlarda karar verirken her zaman mantıklı ve akılcı davranmaz, aksine, sezgisel kararlar alır. Çoğu tercihimizde de kısa yollar kullanıyoruz çünkü çok seçenek arasında seçim yapmak durumunda kaldığımızda hayatımız kolaylaşıyor. Benzer özelliklerde iki üründen birini bize daha "cazip" geldiği için seçiyoruz. "Güzelse iyidir" diye düşünüyoruz. Nasıl bir konuda tek bir seçenek olması mecburiyet ve mutsuzluk getiriyorsa, seçeneklerin de aşırı fazla olması tatminsizlik duygusu yaşatıyor. Psikolog Barry Schwartz buna "Bolluk Paradoksu" adını veriyor.

Sistem ve medya tarafından bize sürekli her şeyi yapabileceğimiz ve olmak istediğimiz şeyi olabileceğimiz hatırlatılır. Mümkün olan her yolla kendimizi geliştirmek zorundayız. Hayatın her yönünü tatmak zorundayız. Ölmeden önce 1000 şey için gerekeni yapmalıyız. Farklı mutfaklar denemeli, farklı müzik çeşitlerini dinlemeli, uzak yerlere seyahate gitmeli, kültürler, kokular deneyimlenmeliyiz. Mutlu olmamız için mümkün olduğunca çok mal ve hizmet tüketmeliyiz. TV reklamları da yeni ürün ve hizmet tüketmenin yaşamımızı daha iyi yapacağını anlatan küçük efsanelerdir. İnsan tuhaf bir şekilde kapıdan kapıya koşuşturmak duygusuna kapılır. Sonuçta dağılma sorunu yaşanır. Yapılacak şey, bazı kapıları bilinçli olarak kapatmaktır.

Çağımızın Kâbusu: Çamaşır Makinemdeki Kireçlenme Oluşumunu Engelleyebilecek miyim?

İnsanlar, aldıkları kararların çoğunu hiç düşünmeden geliştirdiği kısa yollarla sonuca ulaştırıyor. Bilim insanlarına göre, insan beyni üç bölümden oluşuyor: "İnsan beyni-yeni beyin", "maymun beyni-orta beyin" ve "sürüngen beyni-ilkel beyin". Fakat bunların içinde en önemlisi "ilkel beyin". Bu beyin, insanları tehlikelerden koruyor, kendisini savunmasını sağlıyor, üreme faaliyetleri ve yemek yemek gibi en ilkel ihtiyaçları yönetiyor. Bu beyin karmaşık mesajlardan hoşlanmıyor, toplumsal ve kültürel ayrıntılarla vakit kaybetmek istemiyor. Onun tek hedefi, bedenine sahip olduğu kişinin hayatta kalması ve sahibinin çıkarını kollamak. İnsanın teknolojik gelişmeye, farklılaşan dünyaya rağmen hâlâ ilkel nedenlerle kararlar alması işte sırf bu yüzden. İşte bu nedenle, tartıştığımız konu ne olursa olsun, siyasi parti liderlerinin ya da pazarlama uzmanlarının kendi ideolojilerini ya da yeni bir ürünü sunarken insanları ikna etmelerinin yolu, ilkel beyinlerine seslenmekten geçiyor. Dolayısıyla insanın ilkel beyninin nasıl çalıştığını anlayan algı uzmanları her zaman başarıya ulaşacaklardır.

Zihnimizi manipüle etmek kolaydır. İnsanların büyük bir kısmı kendileriyle ilgili kontrolün iradi anlamda yine kendilerinde olduğunu sanırlar, yönlendirildiklerinin farkında bile değillerdir. *Times*'ta Ekim 2015'te çıkan bir haber gerçekten çok çarpıcıydı. *Times*, "içecek şirketi Coca-Cola'nın İngiltere'de bilim insanlarına, şekerli içecekler ve obezite krizi arasındaki bağlantıyı reddetmeleri için milyonlarca Sterlin akıttığını" yazdı.[30] *Times*'ın bu özel haberi gazetenin ilk sayfasında manşetten verilmişti. *Times*'ın araştırması, Coca-Cola'nın, ürettiği içeceklerin obeziteye sebep olduğu yönündeki iddialara karşı koymaları için İngiliz bilim adamlarına ve sağlıklı beslenme inisiyatiflerine milyonlarca Sterlin akıttığını ortaya koyuyordu.

Kendimizi ne kadar özgür hissetsek de bilinçli karar verme durumu bir yanılsamadan ibaret olabilir. Kusura bakmayın ama oynadığımız oyunun kurallarını otoriteler belirliyor. Bir profesörün ya da alanında bir uzmanın açıklamasını görsek kulak kabartır, dikkat kesiliriz. Ondan öğrendiklerimizi bizatihi uygularız ya da eşimizle dostumuzla sosyal medya üzerinden tartışırız. Mesela bu durumların farkında olan şirketler ne mi yapar? Tüketicilerini etkilemek ve ürünlerini vazgeçilmez hale getirmek için o otoritelerin görüşlerini, araştırmalarını açıktan ya da

30 http://www.bbc.com/turkce/haberler/2015/10/151008_times_coca_cola

bazen de gayri ahlâki yönden desteklerle paylaşırlar.

Siz de reklamlardan hatırlarsınız. Ev sahibi kadın çamaşır yıkarken makinesinde kireç önleyici bir ürün olarak Calgon kullanmamış ve sonunda da beklenen olmuş, rezistansı kullanılamaz hale gelmiştir. Makine tamircisi tarafından kireç önleyici kullanmayan kadına gerekli ders verilmiş, günün sonunda çağımızın en önemli sorunuyla nasıl baş edeceğimiz konusu netliğe kavuşmuştur. Yani kireç önleyici kullanmazsanız, makinenizin rezistansını kaybedebilirsiniz. Diş hekimlerinin, "Şu diş macununu kullanmazsanız dişinizi bile kaybedebilirsiniz" demeleriyle yine bu etki yaratılır.

ABD'nin 32. Cumhurbaşkanı Franklin D. Roosevelt, "Korkulacak tek şey korkunun kendisidir" demişti. Günümüz reklamcılarının kullandığı "korkutarak" satma taktiği çok iş görüyor. Korkutarak ürün pazarlama ve satış yöntemi çok etkili olduğu için buna isim olarak, sevgili dostum Güventürk Görgülü çok yerinde bir kararla "Calgon-Domestos Etkisi" demiş.[31]

Reklamcılar Korkutmayı Pek Sever
Reklamlar, tüketicileri korkutarak etkilemeye devam ediyor. Mesaj nettir: *"Bu macunu kullanmazsanız dişleriniz dökülür".* Kızın caanım dişi gitti.

31 http://www.dunya.com/kose-yazisi/yeralti039nda-yasayan-trumanlar/25971

Haydi ilk etapta aklımıza gelen birkaç örnek daha sıralayalım.

"Bu macunu kullanmazsanız dişleriniz dökülür."

"Bu şampuanı kullanmazsanız saçlarınız dökülür."

"Eğer onu değil de bunu içerseniz kilo almazsınız, aşk hayatınız hareketlenir."

"Organik besin tüketin, sağlıklı olun."

Yine korku edebiyatına devam edecek olursak... Yaşlanma korkusu yeni kozmetik mağazaları açtırıyor, ölüm korkusu organik pazarı büyütüyor, kaybetme korkusu sigorta devleri yaratıyor çünkü korku davranış değiştiren her duygu gibi kendi ekonomisini yaratıyor. Her korku başkasını tetikliyor, deprem korkusu deprem sigortasının satışını artırıyor.

Ünlüler Neden Örnek Alınıyor?

(Oprah Etkisi-Angelina Jolie Etkisi)

İnsanlardaki tutum değişikliği bazen mesajlar dışındaki yollarla gerçekleşir. Kimi insanlar mesajın gücünden çok, iknaya yönelik iletişimi kimin aktardığıyla etkilenir. Ünlü bir medya insanının ya da sanatçının önerisi yığınları etkisi altına alabilir, yaptıkları ya da önerileri mesajları daha etkili kılar.

Pazarlama gurusu Philip Kotler, şirketlerin kendi adlarını parlatmak için ünlülerin havalarını ödünç aldıklarını söyler. Zaten rakamlar da Kotler'in bu saptamasını doğrular niteliktedir. Amaç, ünlülerin popülarite, güven ve dikkat duygularından yararlanmaktır. Üstelik Şöhret Satar *(Celebrity Sells)* kitabının yazarı Hamish Pringle bu durumun gelecekte daha da artacağını söylüyor çünkü marka ve ünlü kişi doğru eşleştirildiğinde satışlar artabiliyor. Pazarlamada ünlü kullanımının bu kadar tercih ediliyor olmasının nedeni ise hiç kuşkusuz "ünlü satar" kuralına duyulan güven. Ünlüleri yaratan medya. Aynı ünlüler daha sonra yine medya sayesinde rol model olarak hayatımızın her alanını etkiliyor. Saçımız, makyajımız, giydiğimiz, yediğimiz, içtiğimiz her şey onların etkisi altına giriyor. Ünlüler sahip olmayı arzuladığımız şeyleri etkiliyor, kilomuzu, neredeyse boyumuzu, posumuzu etkiliyor. Bu nedenle ünlüler markalara kısa sürede "çıkış" yaptıran vazgeçilmez pazarlama araçları.

Oprah Etkisi

İnsanlar, rol model olarak gördükleri kişilerin yaptıklarını örnek alır. Oprah da onlardan biri. Amerikan halkı bugün de Oprah'a âdeta aşkla bağlı. Popüler kültür araştırmacılarına göre, Winfrey bugünkü Amerikan kadınının şekillenmesinde en büyük etkenlerden biri. Ekranda önerdiği kitapların bestseller olması, desteklediği politikacıların seçilmesi nedeniyle "Oprah Etkisi" diye bir kavramdan bahsediliyor. Winfrey'in "O Kilisesi"ni yöneten ruhani bir lider olduğu söyleniyor.

İnsanlar, rol model olarak gördükleri kişilerin yaptıklarını örnek alır. Oprah da onlardan biri. Televizyon programında sık sık duygularını sergilemekten çekinmeyen, obezite ile kişisel mücadelesini seyircileriyle paylaşan Oprah Winfrey, 1986 yılından beri Amerikan televizyonlarında boy gösteriyor. Yapılan anketlerde Amerikan kadınının en çok güvendiği isimlerin başında gelen, *Forbes* dergisinin dünyanın en güçlü ünlüleri listesinde üst sıralarda yer bulan Oprah Winfrey, ABD'nin en zengin kadınlarından biri. Oprah'ın herhangi bir ürünü kullanıp beğendiğini söylemesi ciddi bir etki yapıyor. Örneğin, dünya klasik kitaplar arasında yer alan Tolstoy'un *Anna Karenina* ve Gabriel Garcia Marguez'in *Kolera Günlerinde Aşk* romanlarının satışları, Oprah'ın bu kitapları favori listesine almasının ardından yüz kat arttı. Obama'nın seçildiği ABD başkanlık seçimlerinde de "Oprah Etkisi" büyüktü. Demokratların aday adayı olarak seçim kampanyasına girdiği dönemde Obama'yı Amerikan halkına tanıtan kişi, yine Oprah'tı. "Ben Barack'ın kefiliyim" diyerek zihinlerdeki soru işaretlerini yok eden Winfrey, Barack Obama için Hollywood'un en ünlü yıldızlarını bir araya getirdi, 3 milyon dolar bağış toplandı. Uzmanlar, onun sayesinde Obama'nın 1 milyondan fazla seçmenin oyunu topladığını tahmin ediyor.

Angelina Jolie Etkisi

Ünlü bir medya insanının ya da sanatçının önerisi yığınları etkisi altına alabilir, yaptıkları ya da önerileri mesajları daha etkili kılar. Amerikalı oyuncu Angelina Jolie'nin kansere yakalanma riskini azaltmak için iki memesini aldırdığı mastektomi ameliyatı olduğunu açıklamasının ardından meme kanseri kliniklerine başvuranların sayısı iki kat arttı. Bu duruma "Angelika Jolie Etkisi" denilmeye başlandı.

Hollywood ünlüsü sinema aktristi Angelina Jolie, Brad Pitt ile biten evliliği, evlat edindiği çocuklarla her zaman popüler medyanın bir figürü olarak toplumun önünde oldu. Angelina Jolie, 2012'de "taşıdığı bozuk bir gen nedeniyle meme kanserine yakalanma riskinin yüzde 87 olduğunu" öğrenmesinin ardından ameliyat oldu. Manchester Üniversitesi'nin yaptığı bir araştırma, Jolie'nin ameliyat olduğu haberinin, ailelerindeki sağlık sorunları konusunda endişelenen diğer kadınları da danışmaya teşvik ettiğini ortaya koydu. "Angelina Jolie Etkisi" uzun ömürlü ve küresel oldu, merkezlere başvurular da arttı. Araştırmacılar, Angelina Jolie'nin ameliyat haberinin basına yansıdığı 2013 yılı Mayıs ayından sonra 20'den fazla genetik tanı merkezinde ve klinikte incelemelerde bulundu. Haziran ve Temmuz aylarında, meme kanseri mutasyonuna yönelik genetik danışmanlık ve DNA testleri için pratisyen hekimlere başvuranların sayısı 2012 yılındaki aynı döneme oranla iki buçuk katına çıktı. Meme Kanseri Araştırma *(Breast Cancer Research)* dergisinde yayımlanan araştırmaya göre, bir önceki yıl Ağustos ve Ekim ayları arasında başvuru yapanların sayısı da ikiye katlandı. Araştırmanın başındaki Profesör Evans bu artışı şu sözlerle yorumlamış:

"Angelina Jolie'nin BRCA1 (hasarlı gen) mutasyonu nedeniyle, risk azaltma amacıyla mastektomi ameliyatı olduğunu duyurması, muhtemelen cazibeli ve güçlü kadın imajı nedeniyle, diğer ünlülerin yaptığı açıklamalara kıyasla daha büyük bir etki yarattı."[32]

Kylie Minogue'un da meme kanseri olduğunu duyurduktan sonraki iki haftada Avustralya'da mamografi randevularının %40 arttığı bilinmektedir.[33]

32 (http://www.bbc.co.uk/turkce/haberler/2014/09/140919_meme_kanseri_angelina_jolie)
33 (https://twitter.com/IKucukparlak/status/776746918831587328)

Zihnimizi Manipüle Eden Mutfakta Çok Kişi Var!

İletişim teorisinde "algılar gerçeklerden daha önemlidir" çünkü insan gerçeklere değil, algılarıyla oluşturduğu bakış açısına göre davranır. İç dünyasından ve dışarıdan gelen her uyarıya insan, hafızasındaki bilgi ve çağrışımlara göre tepki verir. Bizi yanıltarak irademizi ele geçirmeye çalışan bir algı savaşı yaşıyoruz. Görmemizi istedikleri şeyleri görüyor, yapmamızı istedikleri şeyleri yapıyor, bir figüran olarak ne söylenirse ona inanıyoruz çünkü algı dünyamızı yönetenler toplumumuzu da esir almış durumdalar. Psikolojik olarak, çoğu kararımızın farkında bile olmadığımız şeylerin etkisiyle alındığını biliyoruz. Hatta insanları etkileyen unsurları öğrenip kendi lehlerine kullanan insanlar ya da kurumlar olduğundan da haberdarız.

Psikolojide, bir bilginin sunum şekline bağlı olarak insanlarda algılama ve karar verme sürecinin etkilendiğini belirten sava, yaptığımız tercihlerin seçeneklerin sunuluş şekliyle ilgisinin olduğunu söyler. Faydamıza olan seçenekleri, kaybımıza olan seçeneklere tercih ederiz. Aslında aynı olan durum sadece çerçeveleme etkisinde bulunduğumuz için farklı sonuçlar verir. Üzerinde %10 şeker var yazan ürünlerin yerine %90 şeker içermez diyen ürünleri tercih eder diyet yapanlar. Aslında iki durumda da şeker oranı %10'dur, değişen bir şey yoktur ama %10 şeker var itici gelir, bunu duymak istemeyiz. Bir örnek vermek gerekirse; diyelim ki doktorunuz size bir ameliyat önerdi ve şöyle dedi: "Bu ameliyatı geçiren 100 kişiden 90'ı 5 yıldan sonra hâlâ hayatta." Bu ameliyatı ister misiniz? Ya da doktorunuz "Bu ameliyatı geçiren 100 kişiden 10'u 5 yıldan sonra öldü" deseydi ne yapardınız? Aynı bilginin iki farklı şekilde dile getirilmesi insanların seçimlerini büyük bir şekilde etkileyebilir ve pek çok araştırmada da etkilediği görülüyor. Buna "Çerçeveleme Etkisi" (Framing Effect) deniyor.

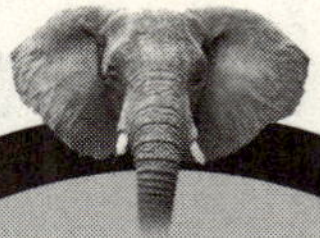

Çerçeveleme Etkisi (Framing Effect)

Psikolojide, bir bilginin sunum şekline bağlı olarak insanlarda algılama ve karar verme sürecinin etkilendiğini belirten sav. Yaptığımız tercihlerin seçeneklerin sunuş şekli ile ilgili olması halidir. Aynı bilginin iki farklı şekilde dile getirilmesi insanların seçimlerini büyük bir şekilde etkileyebilir ve pek çok araştırmada da etkilediği görülüyor.

"Çerçeveleme Etkisi", bireylerin aynı durumlara farklı sunuluş şekli ile farklı tepkiler vermeleridir. Bu etkiyi en güzel anlatan örneklerden biri yan tarafta yer almaktadır. Şekilde iki figür vardır. Bu figürlerdeki çizgilerden hangisinin daha uzun olduğu sorulduğunda, her ikisinin de aynı uzunlukta olduğundan emin olmak için cetvelle ölçüm yapılsa da genellikle ikinci çizginin birinci çizgiden daha uzun olduğu düşünülür. Ancak durum görüldüğü gibi değildir. Ya da başka bir deyişle, algılandığı gibi değildir. Şekilde yer alan iki çizgi de aynı uzunluktadır.

Yapılan deneyler, zihnimizi manipüle etmenin öyle sanıldığı gibi zor olmadığını gösteriyor. Örneğin, dokunmak insanlar üzerinde ciddi bir etki bırakıyor. Birinin omuzuna dokunarak ve gözlerine bakarak onu etki altına almak daha kolaydır. Süpermarketlerde de en çok satılması istenen malzemeler göz hizasına yerleştirilir.

Tüketici onları özgür iradesiyle satın aldığını sanır ama aslında kendisine sunulan şeyi almıştır. Kendimizi ne kadar özgür hissedersek hissedelim, bilinçli karar verme olayı bir yanılsamadan ibaret olabilir. Diyelim ki süpermarkette şarap seçerken, arka planda Fransız veya Alman müziğin çalması müşterileri o bölgelerin şaraplarını almaya yöneltiyordu. Fakat tercihlerinin nedeni sorulduğunda bu durumun farkında olmadıkları görüldü.

Pazarlamacıların başvurduğu yöntemlerden biri de sattıkları ürüne talebin çok olduğu, müşterilerin bu ürünü kapış kapış aldığı yanılsamasını yaratmaktır. Kararlarımızı verirken başkalarının davranışlarından etkilendiğimiz için bu yöntem zaman zaman işe yarıyor. Buna "Sosyal Kanıt İlkesi" adı veriliyor. Yani başkalarının bir ürünü satın aldığını görüp biz de aynı şeye yönelebiliyoruz. Başkalarının o ürünü satın alıyor olması o üründen az sayıda kaldığı algısı yaratıyor. Dolayısıyla, insanlar o fırsatı kaçırmak istemiyor, aslında ortada bir fırsat bulunmasa bile.

Araştırmalar, insanların başka birinden bir yardım gördüklerinde bir şekilde bunun karşılığını vermek istediklerini gösteriyor. Sosyal bilimciler buna "Karşılıklılık Kuralı" ismini vermiş. 2006'daki bir araştırmada Profesör Burger, insanların kendilerine yapılan bir yardımın karşılığını verdikten sonra bile kısa süreliğine ikinci bir talebe bile cevap verebildiklerini ortaya koymuş. İşte pazarlamacılar bu eğilimleri biliyor ve kendi avantajlarına kullanıyor. Bir ürünle ilgili uzun uzun bilgi veriyor, ekstra çabalara girişiyor. İnsanlar bir şeyi bedava aldıklarında ya da birinin zamanını aldıklarında kendilerini kötü hissedip bunların karşılığını vermek istiyor. Yani bir şeyi satın alma zorunluluğu yaratılmış oluyor.[34]

Düşünsenize, bu bilgiler yanlış bir elde toplandığında kötüye kullanma söz konusu olamaz mı? Başkaları iradenizi yönlendirmeye çalışamaz mı? Kısacası, aslında üzerimizdeki ince etkileme çabalarının yönlendirdiği birer Pinokyo'yuz belki de. Ama ipleri kimin ve nasıl çektiğini fark edersek en azından karşı koymaya çalışabiliriz.

Sosyal Medya Bir Kez Daha İkiye Bölündü: Ördek mi, Tavşan mı?

Bir ikna aracı olarak algı yönetimi, hedef kitlenin veya kişinin tutumunu oluşturmaya, değiştirmeye yönelik iletişim çalışmaları içerir, somut sonuçlar almayı hedefler. Algı yönetiminde uzun vadeli etkiler sağlamak amaçlanır.

Algı yönetimi kavramı ilk olarak, devlet yöneticileri tarafından kamuoyunu ikna etmek amacıyla kullanılmaya başlandı. Fakat daha sonra siyasetçilerin olmazsa olmaz araçlarından biri haline geldi. Örneğin, Irak işgali öncesinde Bush yönetimi tarafından Amerikan kamuoyunu ikna etmek amacıyla Irak'ın elinde kitle imha silahları olduğu, eğer müdahale edilmezse bu silahların masum insanlar üzerinde kullanılabileceği algısı yaratıldı. Böylece Irak'a yapılacak müdahale ilk etapta ahlâki açıdan zorunlu bir görünüme kavuştu,

34 http://www.bbc.com/turkce/haberler/2015/05/150429_vert_fut_pazarlama_teknikleri.shtml

devamında da Birleşmiş Milletler kararıyla uluslararası hukuka uygun hale getirildi. Irak işgali sona erdiğinde hiç kimsenin kitle imha silahlarının nerede olduğunu sormak aklına gelmedi.

Algı yönetimi açısından Irak başarılı bir örnektir. Algı yönetiminin siyasetteki başarısını görenler bu stratejiyi farklı çalışma alanlarına da kaydırdı. Algı oluşturma, çokuluslu şirketlerin ve ticari kuruluşların araçları haline dönüştü, nihai olarak da toplulukların ve bireylerin kullanımına girdi. Şu anda ünlü kişilerin "image-maker" olarak kullandığı profesyoneller, aslında temsil ettikleri kişilerin kamuoyu nezdindeki algılarını yönetmektedir. 1933'te Nazilerin iktidarı ele geçirmesinin ardından Hitler'in Joseph Goebbels'in başkanlığında "Kamuoyu Aydınlanma ve Propaganda Devlet Bakanlığı'nı" kurması dünya tarihinin en ölümcül propaganda çalışmalarından biridir. Bu bakanlığın amacı, Nazi fikirlerini sanat, müzik, tiyatro, film, kitap ve basın aracılığıyla kitlelerin kabullenmesini sağlamaktı. Otoriter bir rejimde bu yöntem amacına fazlasıyla ulaştı ve tarihte eşi benzeri görülmemiş bir zulüm yaşanarak altı milyon masun insanın ölümüyle sonuçlandı.

Her Şey Algılarla İlgilidir

Algı, her şeydir, bizi yöneten algılardır. J.K. Rowling, kitap yazarak milyarlar kazanan bir yazar. *Harry Potter* 200 ülkede 55 farklı dile tercüme edildi. Peki, J.K. Rowling bir roman (*Guguk Kuşu*) yazıp bunu takma bir isimle (Robert Galbraith) yayınlattığı zaman ne oldu dersiniz? Hiçbir şey, tüm olumlu eleştirilere rağmen, *Guguk Kuşu* bin kopya bile satamadı. Daha sonra kitabın yazarının aslında J.K. Rowling olduğu ortaya çıktı ve kitap anında çok satanlar listesine girdi. Birkaç ay içinde de kitap 1.1 milyon adet sattı.

Bu arada başka bir kitap da "kazara best seller" oldu. A.J. Waines'in *A Girl on a Train* romanı, Paula Hawkins'in *The Girl on the Train* ile arasındaki isim benzerliği nedeniyle çoksatar oldu. Online perakende devi Amazon'da A.J. Waines'in kitabı ile ilgili yapılan

300 yorumunun 40'ının Hawkins'in kitabı düşünülerek yazıldığı da ortaya çıktı. 30 binlik satış rakamına ulaşan Waines, durumu "Hiç olmadığı kadar fazla para kazanıyorum" şeklinde yorumladı.[35]

Bu kitapları kim ve neden aldı, onları bu kitapları almaya yönelten şey neydi? Kitabın yazarının ünlü bir insan olması satışları etkilemiş olabilir mi?

Sırada dünyanın en ünlü kemancılarından birinin başına gelenler var. Literatüre geçmiş deneylerden birisini de *Washington Post* gazetesi yaptı. Gazeteci Gene Weingarten, dünyanın en iyi kemancılarından biri sayılan Joshua Bell'den kendine sokak çalgıcısı süsü vermesini, Washington'daki bir metro durağında sabahın kalabalık bir saatinde şimdiye kadar bestelenmiş en iyi müziklerinden bazılarını çalmasını istedi. Acaba insanlar adamın sokak çalgıcısından daha iyi bir müzisyen olduğunu anlayabilecekler miydi? Önüne bozuk para atacaklar mıydı?

O sabah L'Enfant Plaza Durağı'ndan geçen insanların %98'i gösterinin farkına bile varmadan aceleyle ünlü müzisyenin önünden geçip gittiler. 1097 kişiden sadece 27'si (yüzde 2.5'i) Bell'in açık duran kemanının kutusuna para bırakmış ve sadece 7'si (%0,5'i) müziği dinlemek için bir dakikadan fazla duraklamıştı. Bell, bir saate yakın keman çalmış ve yaklaşık 32 dolar kazanmıştı. Weingarten, o sabah istasyondan geçen birkaç kişiyle röportaj yaptı. Duraklayanlardan biri Bell'i bir gece önceki gösterisinden tanımıştı. Bir diğeri önemli bir kemancıydı. Öbürü sıradan, arada bir de yetenekli sokak çalgıcılarını yıllarca diledikten sonra Bell'in ortalamadan daha iyi olduğunu ayırt eden bir metro çalışanıydı. Birkaç kişi dışında kimse müziği dinlemek için durmamıştı. Hiç kimse birinci sınıf bir müzisyenin teknik yönden göz kamaştırıcı parçaları bir metro durağında çalıyor olabileceğini aklından geçirmemişti. Bu nedenle büyük çoğunluk parçaların birine bile kulak vermemişti.[36]

35 Radikal-18.11.2015
36 Arıely, 2009, s. 231

Saçmalığa Övgü: Dr. Fox Etkisi

(Algı Savaşı, Çerçeveleme Etkisi, Dr. Fox Etkisi)

Mükemmel bir sunum ya da yazım tekniğiyle, içerikteki saçmalıkları fark ettirmeden konunun uzmanlarını kandırmak mümkün mü? Sizin de genel gidişattan anladığınız üzere, bu mümkün.

2016'nın Ekim ayının sonlarında çıkan haber şuydu: Nükleer fizik konusunda hiçbir bilgisi olmayan Profesör Christoph Bartneck'in Apple'ın mobil işletim sistemi iOS'taki otomatik tamamlama özelliğiyle ilgili yazdığı nükleer fizik makalesi bilimsel konferansa dahil edildi.

Yeni Zelanda'da bir üniversitede görevli Bartneck, hiç bilgi sahibi olmadığı nükleer fizik konusunda bir makale yazdı. Ancak makaleyi, iOS'un otomatik tamamlama özelliğiyle tamamladı. Christoph Bartneck'in anlattığına göre, tamamen saçmalık olan makaleyi oluşturmak için atomik, nükleer, fizik, elektron gibi kelimeler yazdı ve iOS'un kendisine önerdiği cümlelere rastgele onay vererek makaleyi kısa sürede bitirdi.

Daha sonra sahte bir isimle bu makaleyi ABD'deki bir bilimsel komiteye gönderen Christoph Bartneck, kısa süre sonra komiteden mesaj aldığında ise çok şaşırdı çünkü komite bilim insanını, makalesini sunması için nükleer fizik konusundaki çok önemli bir konferansa çağırıyordu. Makalesini süslemek için çizimler de kullanan bilim insanı bu çizimleri internetten alıp çizimlere dair metinleri de Wikipedia'daki Nükleer Fizik maddesinin içinden rastgele seçti. Bilim insanı elbette ABD'deki konferansa katılmayacak, ancak iOS'un otomatik tamamlama özelliğinin ciddi bir bilimsel kurumu kandıracak kadar başarılı olduğunu fark ettiğinin altını çiziyor. Bilim dünyası skandalı tartışa dursun, ödevlerini/projelerini kısa yoldan bitirmek isteyen sayısız üniversite öğrencisinin bu yöntemi kullanmaya kalkışmalarından endişe duyuluyor.[37]

Şimdi de bu bölüme başlığını veren konuya gelelim. 1970'te yapılan bir deney, usta bir oyun tekniğiyle, uyduruk bir bildirinin uzmanların kandırabileceğini gösterdi.

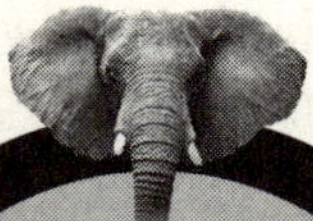

Dr. Fox Etkisi

Mükemmel bir sunum tekniğiyle, içerikteki saçmalıkları fark ettirmeden konunun uzmanlarını kandırmak mümkün mü? Evet mümkün.

Myron L. Fox'un bir toplantıda sunduğu bildirinin başlığı, "Matematiksel Oyun Teorisinin Tıp Eğitiminde Kullanılması" idi. Güney Kaliforniya Üniversitesi Tıp Okulu Eğitim Programı katılımcısı Fox, "Matematiği insan davranışları üzerinde uygula-

37 http://shiftdelete.net/ios-nukleer-fizik-profesoru-oldu-76293

yan otorite" olarak tanıtıldı. Dinleyicileri iddialı çıkışıyla o kadar büyülemişti ki hiç kimse yalanını fark etmedi. Adam oyuncuydu ve Oyun Teorisi hakkında hiçbir şey bilmiyordu. 1970 yılında, Fox'un tüm yaptığı Oyun Teorisi hakkındaki bir makaleden anlaşılması zor bir konuşma, uydurma sözcükler ve tartışmalı saptamalardan oluşan ve mizah ve anlamsız bağlantılarla diğer çalışmalara aktarılan bir bildiri hazırlamaktı. Bu aldatmacanın arkasında ise bu tezle eğitim programı için bir tartışma yapmak isteyen John E. Ware, Donald H. Naftulin ve Frank A. Donnelly vardı. Araştırmayla yanıtlanması beklenen soru şu idi:

Bir grup uzmanı mükemmel bir sunum tekniğiyle, içerikteki saçmalıkları fark ettirmeden kandırmak mümkün mü? John Ware, saatlerce oyuncuyla çalışmıştı. Burada amaç, Fox'un bildiriyi sunarken ve sunduktan sonra saçmalamasını ve deneyin çökmesini engellemekti.

Fox, aldatmacanın başarılı olmayacağından emindi. Fakat ne var ki dinleyici bildiriye hayran kalmış ve bir saatlik sunumun arkasından da heyecanla sorular sormaya başlamıştı. Fox, aldatmacanın anlaşılmaması için soruları yanıtlamamıştı. On uzmanın tümü daha sonra değerlendirme formunda bildirinin kendilerini düşünmeye ittiğini, dokuzu, Fox'un konuyu çok iyi ele aldığını ve yeterli örnek verdiğini söylemişler. Böylece bir bildirinin sunuş şekliyle uydurma içeriğinin fark edilmeyeceğine dayanan etki o zamandan bu yana "Dr. Fox Etkisi" olarak biliniyor.

Müşkülpesent Bir At Sahibinin İbretlik Sırları

(Akıllı Hans Etkisi)

Konuya biraz klişe bir ifadeyle girelim: "Sosyal paylaşım sitelerinde konulan görüntülerde akıllı hayvanların yaptıkları hareketler görenleri hayrete düşürüyor". Gerçekten de bazı örnekler insanı "bu kadar da olmaz" denilebilecek türden.

Belli ki ismi "Akıllı Hans" olan atımız da bu hayvancağızlardan biriymiş. Akıllı Hans, 20. yüzyıl başlarında Almanya'da yaşamış ve iddialara göre, aritmetik işlemler yapabildiği ve zekâ gerektiren başka problemleri çözebildiği iddia edilen bir atmış.

1905 yılında, Almanya'da Kral Krall isimli bir kuyumcu amatör bir etolojist ve emekli bir öğretmen olan Wilhelm von Osten'den "Akıllı Hans" (Kuge Hans) adında bir at satın aldı. Osten, 1891'den itibaren hayvanların yüksek zekâlı olduğunu öne süren araştırmalar yapıyordu. Bay von Osten bir şarlatan, üçkağıtçı, dolandırıcı ya da sirk eğitmeni değildi. Disiplinli bir at eğiticisi, şiddet içeren yöntemler kullanmasa da Hans'ı bazen saatlerce çalıştıracak kadar sabırlı ve hırslı birisiydi.

Akıllı Hans Etkisi
Araştırmacıların kendi deneylerini farkında olmadan etkilemelerine "Akıllı Hans Etkisi" adı verilir.

Akıllı Hans'a da matematik öğretmişti. Görünüşe bakılırsa da Akıllı Hans, toplamayı, çıkartmayı, çarpmayı, bölmeyi, kesirli sayılarla işlem yapmayı, zamanı söylemeyi, günün tarihini takip etmeyi, notaları, okumayı, yazmayı ve Almancayı öğrettiğini iddia ediyordu. Hans, "eğer ayın sekizinci günü Salıya isabet ederse, bir sonraki cuma ayın kaçıncı günü olur?" gibi sorulara toynağını yere vurarak cevap veriyordu. Sorular sözlü olarak sorulabildiği gibi ata yazılı olarak da verilebiliyordu. Sahibi, Hans'la tüm Almanya'yı gezdi ve gösteriler düzenledi. Bu arada Krall, takip eden yıllarda Hans ile yetinmedi ve Muhammed, Zairf, Amasis, Aourn, Bento ve bir midilli olan Küçük Hans'ı da akıllı at kulübüne dahil etti. Hayvanlar, toplama işlemlerinin hepsinde sayıları (sol ayak vuruyorsa "1"in katları, sağ ayak vuruyorsa "10"un katları demek istiyorlar) kendilerince ifade ediyorlardı.

Araştırmayı Yönlendirmek

Hans Almanya'da ve diğer ülkelerde ün kazandı. Bunun üzerine, durumu araştırmak üzere bilim adamlarından oluşan bir

Hans Komisyonu kuruldu. Komisyon, 1904 yılında Hans'ın gösterilerinde hiçbir hile yapılmadığı sonucuna vardı ve dosyayı nitelikli bir fizyolog Oskar Pfungst'a devretti. İşin içine Pfungst'un girmesiyle Akıllı Hans efsanesi çöktü. 1907'de Hans'ı inceleyen Pfungst, atın gerçekte (zannedilen anlamda) zihinsel işlemler yapmadığını, fakat kendisini izleyen insanların tepkilerindeki küçük değişimler yoluyla beklentilerini algıladığını gösterdi. Pfungst, atın bakıcısının vücut dilindeki istemsiz ipuçlarına tepki verdiğini gösterdi. Bakıcı, bu durumun farkında değildi. Oskar Pfungst, "Bay von Osten'in Atı: Akıllı Hans" isimli kitabında o zamanlar Hans'ın davranışlarına yapılan açıklamaları incelemiş ve kendi deney düzeneklerini açıkladı.

Pfungst'un keşfi araştırmacının kendisinin de doğru yanıtı bilmediği ve bu sayede çıktıyı farkında olmadan etkileyebildikleri çift-kör deneylerin önemini ortaya çıkardı. Pfungst'un onuruna araştırmacıların kendi deneylerini farkında olmadan etkilemelerine "Akıllı Hans Etkisi" adı verildi.

Pfungst, atın davranışlarında kendini gösteren yüksek zihinsel becerilerin aslında ata soruyu soranların becerileri olduğunu belirtiyor ve "Akıllı Hans Vakası'na" son noktayı koyuyordu.

Bu arada, Krall artık olayın nasıl işlediğini anlamış olmasına rağmen Pfungst'un açıklamalarını kabul etmedi. Pfungst'un deneyinde kullandığı Bento isimli atın, kör olması gibi bazı gerekçeli itirazlar öne sürdü. Fakat enteresan bir şekilde bu kör at da sadece yanında Krall varken doğru yanıt verebiliyordu. Anlaşılan Bento görmese de ayağını ne kadar vurması gerektiği sorusunun yanıtını anlamak için başka yöntemlere başvuruyordu. Fakat yine de Krall atlarının zeki olduğunu düşünmekte ısrarcı oldu ve ölene dek bu konuda yayınlar yapmaya devam etti.[38]

38 Bolt, 2015, s. 56

Boynuzu Olan Her Canlı İblis Değildir, Bukalemunun da Boynuzu Vardır

(Haberlerin Kuşatıcı Etkisi, Kötü Dünya Sendromu)

"Hayatımın ilk yıllarında gazetelerde hiçbir olayın doğru olarak sunulmadığını fark ettim."
George Orwell

"Hiçbir şey okumayan bir adam, sadece gazete okuyan bir adamdan daha bilgedir."
Thomas Jefferson

Simülasyon (sanal gerçeklik) Kuramı'nı oluşturan Jean Baudrillard, kitle zihni üzerine çarpıcı satırlar yazdı. Onun medya ve kitle iletişim araçlarına dair eleştirileri diğer düşünceleri kadar çarpıcıdır. I. Körfez Savaşı üzerine yaptığı açıklamalarla Körfez Savaşı'nın oluşumunu ve etkilerini entelektüel bir açıdan farklı bir şekilde yorumladı. Jean Baudrillard, Batı toplumlarını eleştirir. Modernliğin, yani Batı toplumlarının içinde bulunduğu durumu "simülasyon" dönemi olarak adlandırır, Batı'nın içinde bulunduğu aşamayı modernliğin patladığı dönem olarak değerlendirir.

Batı kendi ekseni etrafında dönmeye başladı, bu dönüşle kavramların içleri boşaltıldı. Artık her kavram televizyonlardan akmakta, insanlar teknolojinin onlara sağladığı bu rahatlık sayesinde herhangi bir şeyi derinlemesine düşünememektedir. Teknolojinin ve medyanın aşırı etkinleşmesiyle insanlar onların arkasına gizlenir. Sosyal gerçeklik buharlaşmıştır ve gerçekliğin yerine sanal durum ortaya çıkmıştır. Gerçekle gerçek dışı yer değiştirmiştir. Günümüzde maddi üretimin bizzat kendisi hiper gerçek bir şeye dönüşmüştür. Gerçeğin yerini simülarklar almıştır. Simüle ederken, sahip olunamayan şeye sahipmiş gibi yapılmaktadır. Hiçliklerin olduğu bir dünyada yaşıyoruz. Bu durumu yaratan temel mekanizma teknolojik aletler, kitle iletişim araçlarıdır. Her şey taklidine dönüşmüştür, hakikat kaybolmuştur. TV=Hakikat haline gelmiştir. Hakikat ile TV'nin yarattığı hakikat birbirine karışmıştır. İnsanlık bir simülasyon durumundadır.

Hakikat ve Gerçek Nasıl Karıştı?
Hakikat ile TV'nin yarattığı hakikat birbirine karıştı. İnsanlık bir simülasyon durumu yaşıyor. Savaşlar TV'lerin canlı yayınlarıyla âdeta bir film gibi seyrediliyor.

Birey ise bu durumu çaresizlik içinde izlemektedir; her şeyin farkındadır, fakat rahatlığından da taviz vermek istememektedir. Birey, televizyonda Sudan iç savaşını herhangi bir tuvalet kâğıdı reklamıyla aynı duyarsızlıkla izlemektedir. Televizyonu kapattıktan sonra, Sudan'daki iç savaş devam etse bile onun için bitmiştir. İşte bireyin yaşadığı bu evren simülasyon evrenidir. Her şey görüntülerden ibarettir ve cansızdır. 1991'deki Irak-Amerika Körfez Savaşı'nda ilk kez canlı uydu bağlantısıyla anlık haber akışını ve savaş görüntülerini milyonlara ulaştıran CNN'in görüntüleri âdeta bir film gibi seyredilmiştir.

Bugün gelinen aşamada, dijitalleşmeyle birlikte artık hayatımızın her saniyesini haberlerle iç içe yaşıyoruz. Haberlerin yayılış hızı ve biçimi, insanlar üzerinde yıpratıcı, sarsıcı ve yok edici etkiler yaratıyor. "Haber alma hakkımızı" büyük küresel kuruluşlar, gazeteler, dergiler ve internetteki haber kaynakları tatmin etmeye çalışıyor. Bu anlatı akışı hayatımızın o kadar ayrılmaz ve önemli bir parçası haline geldi ki, onsuz bir yaşam hayal bile edemiyoruz. Haber bültenlerinin keşfedilmesi ve haberlerin birer metaya dönüşmesi insanların algı dünyasında bir dönüm noktası oluşturdu. Böylelikle insanlara, olguları, fikirleri ve hikâyeleri bir araya getirmeleri için yeni bir yöntem ve olayları içine toplayıp sunacakları bir sistem sunulmuş oldu. Günlük gazetelerse kamusal algıda kökten bir değişim yaratmasını bildi. Yeni merak ve bilgi çeşitleri ortaya çıktı. Sonunda da siyaset, iş, spor gibi pek çok konuda ortak bir algıya sahip topluluklar meydana geldi. Bu durumu ilk fark edenlerden biri olan Hegel, her sabah günlük gazeteleri okumanın sabah duasının seküler karşılığı olduğunu ifade etmişti. Robert Fulford da bu durumu doğrulayan bir yazar olarak, *Anlatının Gücü* isimli çalışmasında, İncil okuma oranları düşerken gazete okuma oranlarının artmasını şöyle açıklar:

"*Peygamber hikâyelerinin yerine, aramızda yaşayan insanları ve onların başına gelen fevkalede olayları koyduk. Tıpkı din gibi, gazeteler de insanlarda ola*ğanüstü değişimlere yol açtı."[39]

Marshall McLuhan, insanların aslında gazete okumadıkları-

39 Fullford, 2014, s. 69

nı ve tıpkı küvete girer gibi gazetelerin içine daldıklarını söyler. Ona göre, 19. yüzyılın sonlarına gelindiğinde insanlar haberlerden oluşan yeni dünyaya kapılmış, her sabah bunu yapmaya, son 24 saat içinde ülkelerinde ve dünyada neler olup bittiğini bilmeye ihtiyaç duyduklarını sanmaya başlamışlardı. Halbuki insanlar bütün bunlar olmadan da varlıklarını binlerce yıldır sürdürmüşlerdi. Fakat gelin görün ki gazetecilik yeni bir insani arzu yaratıyordu. Günlük olaylara yönelik öğrenilmesi gereken "taze haber açlığı" yeni dönemini müjdeliyordu.

Haberlerin Kuşatıcı Etkisi

İsviçreli yazar Alain de Botton, *Haberler: Bir Kullanma Kılavuzu* isimli çalışmasında basının güç kaynağını, etkilerini ve bu etkiler karşısındaki tutumların psikolojik ve sosyolojik temellerini araştırdı. Alain De Botton, Hegel'in, "İnsanlara yol göstermek ve en temel otorite olmak konusunda dinin yerini haberler aldığı zaman toplumlar modernleşir," sözünü çıkış noktası olarak alıyor.

Haberler Bizi Nasıl Kuşattı?
Haberler öylesine bir uyuşturucu etki yaratır ki, kısa bir zaman diliminde bile haberlere erişilemediğinde insanlar sanki dünyada çok kötü şeylerin olduğu duygusuna kapılır.

Ona göre haber merkezleri şunun için önemli: *"Devrimcilerin gayet iyi bildiği üzere, bir ülkenin kafa yapısını değiştirmek istiyorsanız, işe bir sanat galerisine, eğitim departmanına ya da tanınmış romancıların evlerine giderek başlamazsınız; tanklarınızı doğrudan sürmeniz gereken yer, politikanın sinir sistemini oluşturan haber merkezi ofisidir."*

Bu durumda, dinin insanlara yol gösterme gücünün artık ibadet seansları gibi haber merkezlerine devredildiğini gördüğümüz üzere, acaba insanın modern toplumdaki konumu ne olacaktır? Haberler genellikle can sıkıcı bilgi ve olaylarla doludur. Doğal felaketler, kazalar, cinayetler gibi. Fakat yine de haberleri takip etmekten neden geri durmayız?

Haberler öylesine bir uyuşturucu etki yaratmıştır ki, kısa bir zaman diliminde bile haberlere erişilemediğinde insanlar sanki dünyada çok kötü şeylerin olduğu duygusuna kapılır. Haberlerin bizi kendisine bağlamasındaki temel dayanak noktalardan biri de budur.

Bir de içimizi rahatlatma dürtüsüne dikkat kesiliyor Alain De Botton. Haberlerde tanık olunan felaketlerden sonra, ne kadar mutsuz olunursa olunsun, faili meçhul bir cinayete kurban gitmediğimiz, alkollü bir sürücü tarafından pestil gibi ezilmediğimiz, bütün varlığımızı ipsiz sapsız bir dolandırıcıya kaptırmadığımız için kendimizi mutlu sayarız.

Alain De Botton, haberlerin insan psikolojisi üzerindeki derin etkisini şu sözlerle anlatıyor

"Haberlerin uğultusu ve telaşı benliğimizin en derinlerine sızmış vaziyette. Artık bir dakikalık bir sükûnet ne büyük başarı sayılıyor; dikkatimiz dağılmadan uykuya dalmak ya da bir arkadaşımızla sohbet etmek nasıl da bir tür mucizeye dönüştü - ve haber girdabından bir günlüğüne olsun uzaklaşıp yağmurun ve kendi düşüncelerimizin sesi hariç hiçbir şeyi dinlememek nasıl keşişlere özgü bir disiplin gerektiriyor."

Haberleri yayan kurumların kendilerini tanıtma biçiminde

de bir sakatlık görüyor. Ajansların, gazetelerin, televizyonların hepsi "doğru" haberi verdiklerini vurguluyorlar yıllardır. Alain De Botton'a göre burada asıl önemli olan haberlerin doğruluğu değil, insanın, her dakika kollarına bırakılan bu "doğru" bilgilerle ne yapacağı, çıldırmadan nasıl başa çıkabileceği açmazı. De Botton, işe politika noktasından baktığımızda modern bireylerin ülkelerini yönetenler hakkında bilgi sahibi olmasını sağlama misyonunu savunduklarını söyleseler de haberlerin "politik imkânlarla dolu olmak yerine, gelişmesi imkânsız ve temelinde kaotik bir evrende ve bir hiç olduğumuza ilişkin bir izlenim" doğurabileceğini söylüyor.[40]

Thomas Jefferson'un, "Hiçbir şey okumayan bir adam sadece gazete okuyan bir adamdan daha bilgedir" sözü pek anlamlıdır. Buffer CEO'su Joel Gascoigne, ana akım medyadan uzak durmanın hayırlı yanlarına şöyle dikkat çekmiş:

"Haberler genellikle olumsuzdur çünkü haberde olumsuzluk satar. Haber bültenlerini izlemez ya da büyük gazeteleri takip etmezseniz iyi şeyleri duymak için de vaktiniz kalır. Ana akım haberler bilginin fast food'udur. Ne kadar uzun süre negatiflik tüketirseniz o kadar sağlığınızdan olursunuz. Haberleri izleyeceğiniz vakti hobilerinize ya da küçük zevklerinize ayırarak günlük hayatınızı zenginleştirebilirsiniz. Siz de çok değil, bir aylığına haberleri takip etmemeyi deneyip dünyanın siz bakmadan da dönmekte hiç de öyle kötü olmadığını görebilirsiniz."[41]

---

40 http://vatankitap.gazetevatan.com/haber/modern_toplumlarin_biricik_acmazi_haber/1/24237

41 https://www.dunyahalleri.com/haftanin-ozeti-89/

Dünya Daha mı Kötüye Gidiyor?
Fütürist Ray Kurzweil'a göre, aslında dünya kötüye gitmiyor. Dünyada problemli olan şeylere dair bilgimiz artıyor.

İşte bütün bunlar "Kötü Dünya Sendromu"nun işareti midir? Bunun da cevabını yazar, mucit, bilgisayar bilimcisi, fütürist ve Google çalışanı Ray Kurzweil veriyor. Aslında dünya kötüye gitmiyor. Postback konferansında önemli bir konuya dikkat çekmiş: *"İnsanlar dünyanın daha kötüye gittiğini sanıyor. Bu aslında sadece algımızla alakalı. Aslında olan şey, dünyada problemli olan şeylere dair bilgimizin artması. Yüz yıl önce komşu köyde gerçekleşen bir savaş köyü yerle bir etse bundan haberimiz olmayabilirdi. Şimdi ise dünyanın öbür ucunda olan bitenleri sadece duymuyoruz, ayrıca deneyimliyoruz."* [42]

Aslında uzun lafın kısası, iyi haber dikkatimizi çekmez. Olumsuz haberler kişiler üzerinde daha çok etkili olur. Kötü haber iş yapar çünkü beynimiz her zaman korkacak bir şey arar.

42 https://www.dunyahalleri.com/dunya-kotuye-gitmiyor-sadece-bilgimiz-artiyor/

Tekrarlanan Yalan Gerçeğe Dönüşür!

(Gerçek Yanılsaması Etkisi, Hakikat Sonrası Toplum)

"Gerçek ayakkabılarını giymeden, yalan dünyayı üç kere dolaşır."
Mark Twain

Gerçeklerin -sözde- önem taşıdığı bir dünyada yaşıyoruz. Fakat bazen yalanlara inanmak zorunda kalıyoruz. Nazi Propaganda Bakanı Jospeh Goebbels'e atfedilen ve propagandanın temel kuralı olarak bilinen bir söz vardır: "Tekrarlanan yalan gerçeğe dönüşür," Bir yalan sürekli tekrar edilirse o yalanı duyanlar bir süre sonra inanmaya başlıyorlar. Psikologlar bu durumu "Gerçek Yanılsaması Etkisi" olarak tanımlıyor. Etrafımıza biraz dikkatli bakarsak, insan psikolojisinin bu özelliğini reklamcıların ve politikacıların yaygın olarak kullandığını görürüz. Fakat bu etkinin görülmesi, gerçek hayatta insanların inancını etkilemede önemli bir araç olarak işlev gördüğü anlamına gelmiyor. Eğer sadece yalanları tekrarlayarak insanları inandırmak söz konusu olsaydı başka ikna yöntemlerine gerek kalmazdı. Tekrarlar, işin aslının farklı olduğunu bildiğimiz halde bazı belirlemelerin daha doğruymuş gibi algılanmasına neden olabiliyor. Her bir şey duyduğumuzda onu mevcut bilgimizin süzgecinden geçirmeye kalkışmak çok çaba ve zaman gerektirir. Oysa hızlı yargılara varmamız gerekir, bunun için kestirme yollar kullanırız ve söylenenin doğru olduğuna inanırız.

Gerçek Yanılsaması Etkisi

"Tekrarlanan yalan gerçeğe dönüşür." Bir yalan sürekli tekrar edilirse o yalanı duyanlar bir süre sonra inanmaya başlıyorlar. Bu ilke, Hitler'in Propaganda Bakanı Joseph Goebbels gibi insanların elinde olduğunda çok ciddi sonuçlar doğurabilir. Psikologların "Gerçeğin İllüzyon Efekti" olarak adlandırdıkları şey budur ve temel sebebi insanın kendisine aşina gelen şeyleri sevmesidir. Bir mesaja defalarca maruz kaldıkça bu mesaj bize tanıdık gelmeye başlar ve zihnimiz tanıdık şeyleri işlemek için daha az çaba harcayacağından bu fikri benimsemek bize daha kolay gelir. Sezgilerimizin analiz gücümüzü devre dışı bırakmasının sonucu ise kolay kandırılmak olur.

Emir Kusturica'nın ünlü "Underground" filmi 1941'de bir Alman bombardımanıyla başlar. Bombalardan kaçan bir grup insan bir evin mahzenine yerleşir ve savaşın bitmesini bekler. Grubun içinde yer alan Marco, zaman içinde mahzendekilerin dış dünyayla tek bağlantısı haline gelir. 1944'te savaş biter, ama uyanık Marco bunu aşağıdakilere söylemez ve onları savaşın devam ettiğine inandıracak yapay bir dünya kurar. İçeriye giriş çıkışlarıyla, dışarıda yaptığı efektlerle, sahte radyo yayınlarıyla mahzendekileri dışarıda şiddetli bir çatışmanın sürdüğüne inandırır. Marco'nun mahzendeki arkadaşlarını bu yapay dünyada yaşatmakta hem manevi, hem de maddi çıkarları vardır çünkü. Jim Carrey'nin oynadığı "Truman Show"u düşünelim. Filmin baş karakteri Truman, çok güzel bir adada karısıyla yaşamaktadır. Truman'ın bir evi, işi ve güzel bir hayatı vardır. Ancak hiçbiri gerçek değildir. Truman 30 yaşındadır ve doğduğundan beri bütün hayatı kesintisiz bir televizyon şovu olarak yayınlanmaktadır. Bunun farkında olmayan tek kişi ise kendisidir. Truman'ın çevresindeki her şey bir dekor, herkes oyuncudur. Truman gerçekleri önce kabul etmek istemez, ama yavaş yavaş gerçek dünyayı keşfeder. "Underground"un Marco'sunun elinde Truman'ı kandıran tüm medyatik araçların bulunduğunu ve karşısında da bir mahzen dolusu Truman olduğunu düşünün. Marco, istediği film hilesine başvurarak istediği algıyı yaratabilir, istediğinde, istediği kadar korku salabilir değil mi? Peki ya kendisini kahramanlaştırmak istediğinde? Bütün araçlar ve olanaklar elinde olduğunda kim tutabilir Marco'yu? Daha da önemlisi, kim anlatabilir?

Hikâyeleri birbirinden çok farklı bu iki film aslında ortak bir fikre sahip. İkisinde de çevresel koşullar yeterince düzenlendiğinde insan algısının nasıl yanıltılabileceğini, insanların aslında var olmayan bir dünyayı mutlak bir gerçeklik olarak nasıl algılayabileceklerini anlatıyor. Birincisinde bir tek kişinin koşullar uygun olduğunda bir grubu nasıl manipüle edebileceği, ikincisinde ise bireyin örgütlü medya dünyası karşısındaki çaresizliği konu ediliyor. Sonuç olarak bireylerin algısı medya araçlarıyla manipüle edilmeye açıktır ve edilir de.

Korku, insandaki en eski ve en güçlü duygudur. Korku, insanın karar mekanizması üzerindeki en etkili duygu sayılır. Bu duygu, medya aracılığıyla çok kolay manipüle edilebilir ve aldığımız kararlar üzerinde çok büyük etkisi olur. Yeter ki bu duyguyu harekete geçirebilecek kadar gerçeklik algısı yaratacak araçlara sahip olunsun.

Hakikat Sonrası Toplum (Post-Truth)

Dostlar, yaşadığımız toplumda, zamanda, yoksa "gerçek"in vadesi doldu mu? O halde sizi merakta bırakmayayım baştan söyleyeyim, duyurulur, hakikat sonrası topluma geçmiş bulunuyoruz. Bu toplumda yalanlar gerçeklerden daha etkili.

2016 yılı politik ve toplumsal olaylar bakımından geçmişteki birçok döneme taş çıkartacak cinsten gelişmelere tanıklık etti. Birleşik Krallık'ın Avrupa Birliği'nden ayrılma kararında halkın verdiği "evet" oyu, Donald Trump'ın ABD Başkanlık seçimlerindeki zaferi, bütün dünya kamuoyunu şaşırtmanın yanı sıra uluslararası anlamda daha önce hiç karşılaşılmamış terimlerin ortaya çıkmasına da sebep oldu. Bu gelişmelerin ışığında ise 2016 yılının son çeyreğinde en sık kullanılan sözcüklerden biri haline gelen "post-truth" kelimesi Oxford Üniversitesi'ne bağlı Oxford Dictionaries tarafından "2016'nın Uluslararası Kelimesi" unvanına layık görüldü...

Oxford Sözlükleri, bir sıfat olarak tanımladığı kalıp için "Tarafsız gerçeklerin kamuoyu fikrini etkilemede duygulara ve kişisel inançlara cazip gelen şeylerden çok daha az etkili olması durumuyla ilgili olan ya da bu anlama gelen" açıklamasına yer verilmiş. Yani, toplumsal kanaatlerin objektif gerçekler yerine şahsi duygu ve inançlar tarafından belirlendiği bir ortama dönüşmesi hali.

Sözlüğün editörleri de "post-truth (post-gerçek)" kelimesinin kullanımının 2016 yılında geçtiğimiz yıla göre %2000 arttığını ifade etti. Kelimenin kullanılmasındaki bu fırlamanın sebebi ise "Birleşik Krallık'ta gerçekleştirilen AB referandumu ve Amerika Birleşik Devletleri başkanlık seçimleri"

Buzzfeed, 2016 ABD seçimleri sırasında bir hafta boyunca haber yayınlayan 9 Facebook sayfasını inceleyen detaylı bir analiz yapmış. Çıkan sonuçlar tabii ki çarpıcı: Gerçek haberler kullanıcıların ilgisini çekmiyor. Aşırı partizan, ayrımcı ya da yalan haberler ilgi çekmiş ve paylaşılmış. Gerçeğin pek de alıcısı yokmuş.

Günümüzde yalan haberlerin hızla yayılmasının temel nedenlerinden biri, Facebook gibi sosyal medya platformlarının haberlerin objektif olarak yayılmasını sağlayamaması. Hatta sonuçları belirleyen ve yönlendiren bir mecra olmaya başlaması. Bugün haberlerin önemli bir kısmı artık Facebook gibi sosyal mecralardan okunuyor. Ancak Facebook yalan haberle doğru haber arasında bir ayrım yapmadığı için yalan haberin dolaşımını belirleyen bir algoritma tercih etmiş durumda.

Bu toplumda yalanlar gerçeklerden daha etkili bu durum, yeni sosyal medya düzeninde, Selçuk Şirin'e göre insanın gelecekteki politik seçimlere olan inancını sarsıyor.[43] Makedonya'nın Veles kasabası 40 bin kişilik küçük bir kasaba. Ama bu kasaba, ABD başkanlık seçimlerinde, politik bir site kuran gençlerin sahte haber yayınlaması nedeniyle ciddi bir rol oynamış. Onların derdi Trump ya da Clinton değil, sitelerine olan trafiği artırıp Google'dan reklam geliri almaktı. Evet, haber yalan, kötü ya da aldatıcı, ancak kullanıcıdan tık alıyorsa sorun yok. Günün iyi haberi, Facebook, algoritmasını gözden geçirme kararı aldı.

43 http://sosyal.hurriyet.com.tr/yazar/selcuk-sirin_530/hakikat-sonrasi-toplumda-haberler-ve-secimler_40283551

ÜÇÜNCÜ BÖLÜM

Akıllı Olup Etkilenmememek Mümkün mü?

"Güzel düşün, güzel konuş, güzel şeyler yap... Her birimiz her gün bilinçli olarak olumlu kelimeler seçip olumlu duygu ve davranışlarla dünyadaki iyilik eylemlerini çoğaltabiliriz. İyi şeyler yapmanın sadece yaşamımızı büyük ölçüde değiştirip zenginleştirmekle kalmayıp güçlü bir dalgalanma etkisi yaratacağına da inanıyorum. Kendimize ve başkalarına yapılan bireysel ve ortak iyilik, sonuçta yaşamın, gezegenin ve bütün insanlığın tüm yönlerini etkileyecektir."

Shari Arison

Mutluluk, Yaşanmaya Değer Bir Hayat Demektir

(Zeigarnik Etkisi)

"Tıpkı sigara gibi kötü bir alışkanlık mutsuzluk; tuhaf bir keyif veriyor tiryakisine."
Ayşe Kulin

Bugüne kadar mutluluğu büyük ölçüde zenginlik, sağlık, pahalı yiyecekler ve hayata dair deneyimler gibi fiziksel koşuların yarattığı bir doğal sonuç olarak gördük. Bütün bu sayılanlara sahip olduk fakat gelin görün ki yine de mutlu olamadık. Aslında mutlu olmak için para, statü, şan ve şöhrete ihtiyaç yok. En az fiziksel koşullar kadar toplumsal, ahlâki ve ruhani etkenlerin de mutluluk üzerinde etkisi var.

Çoğu zaman tırmanmakta olduğumuz basamaklara o kadar çabuk adapte oluruz ki, çıkmaya çalıştığımız merdivenin nereye dayandığını fark edemeyiz bile çünkü algılarımız görecelidir, doğuştan karşılaştırma eğilimliyizdir. Ki modern yaşam da zaten bunu tetikler. Kendimizi bizimle aynı durumdaki insanlarla karşılaştırır ve tavrımızı buna göre belirleriz. Daima meslekleri meslekleriyle, tatilleri tatillerle, insanları insanlarla karşılaştırırız. Bu karşılaştırmadan kıskançlık ve çekememezlik doğar. 20. yy. gazetecisi, hicivcisi, sosyal eleştirmeni H.L. Mencken'in de dediği gibi, "Bir erkeğin maaşından duyduğu tatmin, bacanağından daha fazla kazanıp kazanamadığına bağlıdır". Ne kadar çok şeyimiz olursa o kadar çok şey isteriz.

Neden Sürekli Karşılaştırma Yaparız?

Doğuştan karşılaştırma eğilimliyiz; kendimizi bizimle aynı durumdaki insanlarla karşılaştırır ve buna göre tavrımızı belirleriz. Kendimizi mutlu ya da mutsuz hissetmemiz biraz da buna bağlıdır.

Bu durum hayattan aldığımız tadı da etkiler. Eğer çoğu insanın mutsuz olduğu bir yerde bunalımdaysak kendimizi etrafınızdakilerle karşılaştırır ve aslında o kadar da kötü hissetmeyiz. Oysa herkesin yüzünde kocaman bir gülümsemenin olduğu bir ülkede bunalımdaysak, hayatımızın ne kadar zor olabileceğini tahmin etmek hiç de zor değildir. Belki de bu nedenle tek çare, bu mukayese döngüsünü kırmaktır.

Ayrıca günümüz sosyal medya düzeninde de mutlu olmak o kadar zor ki! Çünkü sosyal medya insanlar üzerinde ciddi psikolojik etkiler bırakıyor ve "dikizledikçe" mutsuz oluyoruz. Bu konu üzerine çalışmalar yapan Psikolog Barış Gürkaş'a göre, Sosyal medya kullanıcıları, diğer insanların kendilerinden daha iyi bir hayat sürdüğüne inanıyormuş. *"Bu yenilgi, eksiklik, geride kalmışlık duygusu insanın iç dünyasını etkiliyor. Başkalarının kendisinden daha mutlu olduğunu her sabah uyandığında telefonundan görüyor ve büyük hayal kırıklıkları yaşıyor. Dikizledikçe insanlarla kendimizi daha çok kıyaslıyor ve kıyasladıkça daha çok stresli ve mutsuz oluyoruz."* [44]

Bir de "Zeigarnik Etkisi" var. Dostoyevski, "Aslında insanı en çok acıtan şey hayal kırıklıkları değil. Yaşanması mümkünken yaşayamadığı mutluluklardır" der. Tamamlanamamış ya da kesintiye uğramış işlerin tamamlanmışlardan daha çok akılda kalması durumudur. Yarım kalan şeyler daima güzeldir örneğin, iş nedeniyle güzel tatiliniz yarım kalmışsa o tatili hiç unutamazsınız.

1920'lerin ortalarında bir grup psikolog Berlin Üniversitesi'nin restoranına gider. Kalabalık grup siparişlerini verir. Siparişi tek bir garson alır. Ancak hiçbir siparişi kaydetmez. Grup, yemeklerini yer ve restorandan çıkar. Daha sonra gruptan bir psikolog geri dönerek aynı garsonu bulur ve bunca siparişi aklında nasıl tuttuğunu sorar. Garson, üniversitenin kalabalık restoranındaki biraz evvel aldığı siparişi bırakın, psikologlardan oluşan grubu bile hatırlamamaktadır. Garsonun psikoloğa söylediği tek şey, siparişleri aklına yazıp, yemeklerin ilgili kişilere ulaştırılmasını sağladıktan sonra siparişleri aklından sildiğidir. Zeigarnik ve ekibi, bitirilmemiş, sonlandırılmamış işlerin zihni meşgul ettiğini görürler.

Şimdi anlıyorum eski sevgilimi neden unutamadığımı :))

Bu arada hazır konu digital ortamdan açılmışken, o alandaki kimi etkilerin kişileri nasıl etkilediğini inceleyelim. Enteresan bir şekilde insanlar, "avatar"ların etkisi altına giriyormuş. Sanal ortamdaki karakterlerin gerçek dünyanın sakinleri üzerindeki muhtemel etkilerini araştıran uzmanlar, "avatarların" kişinin hareket ve düşüncelerini etkilediğini tespit etmiş. Araştırmayı

---

44 http://www.diken.com.tr/psikolog-baris-gurkas-sosyal-medyada-dikizledikce-mutsuz-oluyoruz/

yöneten Stanford Üniversitesinden Jesse Fox, insanların, sanal dünyadaki benzerlerini, yani avatarlarını taklit etme eğiliminde olduğunu belirtmiş. Araştırmada, sanal ortamdaki benzerlerini spor yaparken gören deneklerin de daha sonra spor yaptıkları, kendilerine benzemeyen figürleri spor yaparken izleyenlerde ise bu eğilimin düşük olduğu görülmüş. Kişiyle sanal benzeri arasında anlık bir bağın oluştuğunu ve bunun da kişinin bilinçaltına yerleştiğini ifade eden Fox, Amerikalı yönetmen James Cameron'un "Avatar" filminin sanal benzerlerin gerçek kişi üzerindeki etkisine ilgiyi artırdığını söylemiş.[45]

Yaşamak İçin Bir Sebebiniz Var mı?

Her kişi en azından teoride, hayata dair prensiplerini belirleyerek neyle mutlu olacağını bilir ve inandığı değerleri bularak manalı bir hayat sürdürmek için çaba sarf eder çünkü hayatta bir amacınız varsa hem daha mutlu olursunuz ve hem de daha uzun yaşarsınız.

Uzun lafın kısası, mutluluk aslında bir insanın hayatını değerli görüp görmediğiyle ilgili bir şeydir. Nietzsche'nin söylediği gibi, şayet yaşamak için bir sebebiniz varsa her şeyle baş edebilirsiniz. Anlamlı bir hayat türlü zorluklar içinde geçse de insanlar buna rağmen son derece mutlu olabilir. Bunun karşısında anlamsız bir hayat da ne kadar rahat ve konforlu olursa olsun çekilmez bir hal alabilir.

2015'in Kasım ayında *Journal of Biobehavioral Medicine* isimli bilimsel dergide çıkan bir makaleye göre, hayatlarına mutlu devam edenlerin ortak noktası "pozitif duygularla dolu bir hedeflerinin" olması. New York'taki Roosevelt Hastanesi'nde Dr. Alan Rozanski ve ekibinin 136 bin kişi üzerinde yaptığı istatistiki araştırmaya katılanların yaş ortalaması 67. Bu hastalar 7 yıl boyunca takip edil-

---

45 http://www.radikal.com.tr/ekonomi/kisiler-avatarlarin-etkisi-altinda-982589/

miş. Bu süre içerisinde aralarından ölen sayısı 14 bin 500. Kalp krizi ve felç gibi ciddi rahatsızlıklarla yüz yüze geldiği halde yaşamını sürdürenler ise 4 bin kişi civarında. Kalp rahatsızlığından ölenlerin yüzde 99'unun ortak özelliği "Hayatta amacınız nedir?" sorusuna yanıt verememiş olmaları. Ufak tefek sağlık sorunları dışında hayatlarına mutlulukla devam eden ve kendilerini iyi hissedenlerin ortak noktaları araştırıldığında ortaya tek bir faktör çıkıyor: Yaşamlarında pozitif duygularla dolu bir hedefleri var.

Yaşamak İçin Nedeniniz Var mı?

Mutluluk aslında bir insanın hayatını değerli görüp görmediğiyle ilgili bir şeydir. Nietzsche'nin söylediği gibi, şayet yaşamak için bir sebebiniz varsa her şeyle baş edebilirsiniz.

Bugüne kadar "mutluluğu" büyük ölçüde sağlık, değerli yiyeceklere sahip olmak ve zenginlik gibi fiziksel koşulların yarattığı bir doğal sonuç olarak gördük. Buna göre insanlar daha zenginse ve sağlıkları da yerindeyse mutlu olurlar. Fakat gelin görün ki, gözümüzün önündeki örneklerden de anladığımız üzere, mutlu olmak için para, statü ve sağlığın yeterli olamayacağını kısa sürede öğrendik.

Filozoflar, din adamları, psikologlar ve iktisatçılar binlerce yıldır mutluluğun ne olduğunu anlamaya çalıştılar. Bugün gelinen aşamada, en az fiziksel koşullar kadar toplumsal, ahlâki ve ruhani etkenlerin de mutluluk üzerinde etkisinin olduğu sonucuna vardılar.

Yapılan onca araştırmanın ortaya koyduğu genel çıkarım, paranın mutluluk getirebileceği yönündedir. Ancak bu sonuç bir noktaya kadar doğruyken, bir aşamadan sonra anlamını yitirir. Ekonomik piramidin en altındaki bir insan için tabii ki daha fazla para demek, daha fazla mutluluk demektir. Öte yandan zaten ekonomik durumu iyi olan üst düzey bir yönetici için daha fazla para demek, onun mutluluk algısında uzun dönemde çok fazla bir değişim yaratmayacaktır.

Peki mutlu olmak için gerçekten de hiç paraya ihtiyaç yok mu? Bu sorunun yanıtını da Nobel ödülü sahibi İngiliz ekonomist Angus Deaton veriyor. Deaton ve çalışma arkadaşı Daniel Kahneman'ın araştırmalarına göre, mutlu olmak için ayda yaklaşık 18 bin TL kazanmak gerekiyor. Yılda 75 bin dolardan (yaklaşık 219 bin TL) fazla kazanmak insanların mutluluk oranlarını artırmıyor. Deaton ve Kahneman, "Daha çok para daha çok mutluluk vermiyor ama az para acı verebiliyor," diyor.

Bu nedenle kimse piyangodan para çıktığı, yeni bir ev aldığı, işinde yükseldiği ve gerçek aşkı bulduğu için sonsuza kadar mutlu olamaz. Gerçekten de o kazançlı an bize güzel duygular yaşatır ama kısa süre sonra her zamanki ruh halimiz neyse ona geri döneriz. Eninde sonunda mutlu hissetme hali azalacak ve yerini sıradan duygulara bırakacaktır. Piyangodan para kazanmış ya da aradığı aşkı bulmuş biri mutluluktan mutluluğa koşmaz, sadece kanında dolaşan hormonlara ve beyninin çeşitli bölgelerinde çakan sinyallere tepki verir. İnsanlar, vücutlarında bulunan keyif veren hislerin artışı sayesinde bir süreliğine mutlu olurlar. Mutluluk, vücut kimyasında bulunan serotonin, dopamin ve oksitosin gibi çeşitli biyokimyasal maddeler tarafından yönlendirilir.

Bugün artık mutluluğun sırrının biyokimya sistemimizde saklı olduğunu biliyoruz. Peki, her şeyi bir kenara bırakıp biyokimya sistemimizi manipüle etsek ne olur? İnsanların bu yolla sonsuza kadar mutlu olmasını sağlayamaz mıyız? Evet, unutulmaması gerekir ki Prozac, belki rejimleri değiştirmiyor ama insanların serotonin seviyelerini yükselterek depresyondan çıkarmada başarılı oluyor. Acaba bazı özel ilaçlarla ve ideal bir toplum düzeniyle insanlar, o sonu mutlu biten hikâyelerdeki gibi sonsuza kadar mutlu bir hayat yaşayamazlar mı?

Mutlu hayatın zekâyla bir ilişkisi olabilir mi? Zekâ da manipüle edilebilir mi? Bilim insanları şimdi bu genlerle oynanarak beyin gücünün artırılabileceğine inanıyorlar. Londra'da tıp alanındaki araştırmalarıyla ünlü Imperial College, insanların zeki olup olmamasını belirleyen bir dizi gen buldu. Araştırmacılar, uzun bir süreden beri zekânın kalıtım yoluyla geçtiğine inanıyordu. Yapılan deneylerle de zekânın yüzde 75'inin soyaçekim ile geçtiği, geri kalanının ise okul ve arkadaş grupları gibi çevre faktörleri tarafından belirlendiği kanıtlandı. Ancak şimdiye dek hiç kimse daha iyi hafıza, dikkat, beynin bilgiyi işleme hızı ve mantık yeteneklerini belirleyen genleri kesin olarak saptayamamıştı. Londra'daki Imperial College, bu genlerin hangi genler olduğunu belirledi.

Söz konusu genler bir futbol takımına benzetildi. Oyuncuların tamamı doğru pozisyonlarında oynadığında beyin fonksiyonlarının en ideal biçimde yerine getirildiği ve bunun da düşünce berraklığı, hızlı düşünme yeteneği ve parlak zekâlılık gibi sonuçlar doğurduğu belirlendi. Ancak genler mutasyona uğramış ya da yanlış bir şekilde sıralanmışsa, o zaman da düşüncede durgunluk ve hatta ciddi kognitif yetersizliğe neden olduğu ortaya çıktı. Bilim insanları bu genleri düzenleyen bir "ana şalterin" var olduğuna inanıyor ve bu şalterin bulunması halinde de herkesin zekâ düğmesini çevirerek açmanın mümkün olabileceğini düşünüyor.

Büyük Denizde Küçük Balık mı, Yoksa Küçük Denizde Büyük Balık Olmak mı İstersiniz?

(Büyük Balık Küçük Deniz Kuramı)

"Sorgulanmamış bir hayat yaşanmaya değmez."
Sokrates

George Orwell *Bin Dokuz Yüz Seksen Dört*, Aldous Huxley ise *Cesur Yeni Dünya* adlı kitaplarıyla gelecek zamandaki dünya düzeni ve yönetim sistemleri üzerindeki tahminlerini sıralamışlardı. İkisinin de ortak görüşü, insanlığın bazı güçler tarafından kontrol altına alınıp mutsuz ve dejenere hale getirileceğidir. Fakat yöntemler konusunda farklı fikirler öne sürmüşlerdi. Aldous Huxley'in distopik romanı *Cesur Yeni Dünya*'da mutluluk en üst değerdi. Psikiyatrik ilaçlar siyasetin temeline yerleşmiş, oy sandığının ve polisin yerini almıştı. İnsanlar, ürettiklerini ve etkinliklerini azaltmadan mutlu eden sentetik bir ilaç olan "soma"dan bir doz alıyorlardı. Tüm gezegeni yöneten Dünya Devleti'nde asla savaşlar, devrimler, grevler olmuyordu. Hangi şartlar altında yaşıyor olurlarsa olsunlar hallerinden son derece memnun ve mutluydular. Fakat ironik biçimde, tüm bu gelişmeler birey için çok önemli olan birçok değerin yok edilmesi ve kaldırılmasıyla başarılmıştı. Aile, kültürel çeşitlilik, sanat, edebiyat, din ve felsefe artık yoktu.

1932'de, büyük buhranın tam ortasında Huxley'in yazdığı bu kitaptaki gelecek öngörüsü, George Orwell'in *1984*'ünden çok daha tedirgin edicidir. Böyle bir dünya fikri çoğu insanı rahatsız eder fakat bunun nedenini kolay kolay da açıklayamazlar. Aslında herkes mutlu olacaksa bunda ne kötülük olabilirdi ki? Geleceğe dair distopik romanlarda korkunç bir tablo olsa da, uzmanlara göre, gelecekte beyin ve psikiyatri alanında bilgisayarların daha fazla rol alacağı bir süreç bizi bekliyor. Giyilebilir teknolojiler başta olmak üzere, kişilerin her türlü sağlığı ve psikolojik durumuyla elde edilen muazzam bilgilerin "Büyük Birader"in gözetimine mi, yoksa insanların daha sağlıklı bir hayat sürmelerine hizmet edeceğini sosyopolitik ortam belirleyecek.

Nasıl Bir Gelecek Öngörümüz Var?

George Orwell *Bin Dokuz Yüz Seksen Dört*, Aldous Huxley ise *Cesur Yeni Dünya* adlı kitaplarıyla gelecek zamandaki dünya düzeni ve yönetim sistemleri üzerindeki tahminlerini sıralamışlardı. İkisinin de ortak görüşü, insanlığın bazı güçler tarafından kontrol altına alınıp mutsuz ve dejenere hale getirileceğidir.

Bugün için tartıştığımız ve biraz da klişe olan bir konu, mutluluk-para ilişkisidir. Paraya ve refah seviyesinin yüksekliğine rağmen insanlar neden mutlu olamaz?

Haydi bakalım pek esaslı bu konuyu tartışmaya başlayalım.

İntihar oranları, insanların mutlu olduklarını söyledikleri İsviçre, Danimarka, İzlanda, Hollanda ve Kanada gibi ülkelerde mi daha yoksa hiç de mutlu olmadıklarını ifade eden insanların yaşadığı Yunanistan, İtalya, Portekiz ve İspanya gibi ülkelerde mi daha yüksektir?

Yanıt, mutlu oldukları söylenen ülkelerde daha yüksektir.

"Eğer çoğu insanın oldukça mutsuz olduğu bir yerde bunalımdaysanız, kendinizi etrafınızdakilerle karşılaştırır ve aslında o kadar da kötü hissetmezsiniz. Oysa herkesin yüzünde kocaman bir gülümsemenin olduğu bir ülkede bunalımda olmanın ne kadar zor olabileceğini tahmin edebiliyor musunuz?" [46]

Bir örnek de, Carol Graham'ın, Türkçe karşılığı "Dünyada Mutluluk: Mutlu Köylüler ve Perişan Milyonerler Paradoksu" adlı çalışmasından. Sizce hangisi daha mutludur? Şili'de yaşayan yoksul bir insan mı yoksa Honduras'taki yoksul bir insan mı? Mantık, Şili diyecektir. Şili kalkınmış, modern bir ekonomidir. Şili'deki yoksullar Honduras'taki yoksullardan neredeyse iki kat daha fazla para kazanırlar ki bu da daha iyi evlerde yaşayabilecekleri, daha iyi beslenebilecekleri ve daha fazla maddi konfora sahip olabilecekleri anlamına gelir. Oysa bu iki ülkedeki yoksulların mutluluk puanlarını karşılaştırdığınızda Honduras Şili'yi kolayca gölgede bırakır. Neden mi? Çünkü Honduraslılar diğer Honduraslıların durumuyla ilgilenir. Graham şöyle diyor: "Mutluluk açısından ülkedeki ortalama gelir düzeyleri değil de ortalama durumdakilerle aradaki mesafe önemli olduğundan, yoksul bir Honduraslı daha mutludur. Zira ortalama gelirle arasındaki mesafe daha azdır. Ve Honduras'ta yoksullar gelir açı-

46 Gladwell, 2014, s. 78

sından orta sınıfa Şili'deki yoksullardan daha yakındırlar, dolayısıyla da daha iyi durumda olduklarını hissederler."[47]

İzlenimlerimizi bizimle "aynı koşullardaki" çevremizdeki insanlarla karşılaştırarak gerçekleştiririz. Peki sizce "muhteşem" okullardaki öğrenciler çevrelerine, başarılı öğrencilere baktıklarında ne hissediyorlar dersiniz?

Bir eğitim kurumu ne kadar seçkinse öğrenciler kendilerini o kadar kötü hissedebilir. İyi bir okulda sınıfın en iyisi olabilecek öğrenciler gerçekten iyi bir okulda rahatlıkla sınıfın en kötüleri arasına düşebilirler.

"Büyük Balık Küçük Deniz Kuramı"nın öncülüğünü Psikolog Herbert Marsh yapmıştır. Ona göre çoğu anne-baba ve öğrenci yanlış okulları tercih ediyor. Ona göre pek çok kişinin düşündüğü "seçici bir okulun iyi olacağı" düşüncesi hiç de doğru değil. Doğrusu, bunun karması. Peki sizce çocuklarımızı hangisi daha mutlu edecek? Büyük denizde küçük balık mı yoksa küçük denizde büyük balık olmak mı?

---

47 Aktr Gladwell, 2014, s. 79

Önemli Olan Yola Çıkmaktır

(Serendipity Etkisi)

"Hatırladığımız şeyleri ne zaman hatırlar, sorduğumuz sualleri neden sorarız? Rastlantısal olan şeyler tesadüf müdür yoksa tevafuk (denk düşme) mudur?"
Elif Şafak- Baba ve Piç

Rastlantılar ya da güzel tesadüfler neden önemli? Çünkü hayatımızın akışının, gelişiminin bambaşka bir yöne verilmesini sağlıyor.

Peki gerçekten bu tesadüfleri kendimiz de yaratabilir miyiz? Yani amaçlandırılmış rastlantı söz konusu olabilir mi? Pagan Kennedy, *New York Times*'ta yayınlanan "How to Cultivate Serendipity?" (Rastlantı Nasıl İşlenir?) başlıklı yazısında, "Bazı insanların 'serendipity' yaratma konusunda özel yetenekleri mi var? Öyleyse neden? Ve bu yeteneği nasıl kullanıyorlar?" gibi sorulara cevap bulmaya çalışmış. Kennedy çarpıcı örnekler vermekten geri kalmıyor. Örneğin 2008 yılında Steve Hollinger, dijital fotoğraf makinesini bir yığın yastığın üzerine atarak fotoğraf çekmeyi denemiş. Amacı bir keşif yapmak değilmiş, kendi deyimiyle sadece "oynuyormuş". Kamera havadayken, birçoğumuzun bulanık diyeceği birkaç resim çekmiş. Hollinger bu resimleri kötü olarak nitelendirip sileceğine, bu kötü resimleri büyük bir fırsat olarak görmüş. Kısa sürede beyzbol topu şeklinde atılabilen jiroskop ve sensörlerle donanmış bir kamera geliştirmek için kolları sıvamış. Squito adını verdiği aygıt insan gözünün erişemediği bir perspektiften resim ve videoları kaydetmeye başlamış. Bugün Hollinger, atılabilen kameralarla ilgili 6 patente sahip.

Aslında modern hayatımızı kolaylaştıran birçok buluş tesadüfler, hatta kazalar sonucunda keşfedildi. Mikro dalga fırın, yangın alarmı, yapay tatlandırıcı, X-ray aracı bunların arasında. 1930'larda, Du Pont bilim adamlarından Wallace Hume Carothers, polimerin genişleyebilen güçlü bir iplik olduğunu tespit etmiştir. Bundan sonra gerçek anlamda "serendipity" olarak nitelendirilecek durum şudur ki, erimiş polyester bulunan çubuklarla koşuşturan kimyagerler, polyesterin kopmadan uzayabilen ve ipeğe benzeyen bir yapıda olduğunu hayret içinde gözlemlemişler. Ancak polyester çok çabuk eridiğinden giysi yapmaya uygun olmadığı anlaşılmış ve aynı işlemi poliyamidle yapmayı denemişler. Sonuç, bugün günlük yaşamımızdan hiç eksik olmayan naylonun keşfi olmuş.[48]

Önemli keşiflerin yapılmasında rol oynayan rastlantıları artırmanın yolları öğrenilebilir mi?

Missouri Üniversitesi bilgi bilimcisi Sanda Erdelez, bu soru üzerine düşünen ve deneyler yapan bir isim. Erdelez'in dediğine göre, Hırvatçada Türkçedeki gibi, serendipity kelimesinin tam bir karşılığı yok. Birilerinin sadece "şans eseri" olarak gördüğü serendipity'nin orijinal anlamı çok daha farklı. Serendipity (tesadüfi keşifler) İngilizcede tesadüfi bağlantıların gücünü anlatmak üzere bir sözcük olarak kullanılıyor. Bu kelime 1754'te ilk kez yazar Horace Walpole tarafından bir mektupta kullanılmış. Kelimenin kökeni aslında "Serendip'in Üç Prensi" isimli bir Acem masalına dayanıyor.

Bu prenslerin en önemli özellikleri gözlem yapabilme konusunda süper yeteneklerinin olması. Walpole yazısında, rastlan-

---

48 Pagan Kennedy, *New York Times*'ta yayınlanan "How to Cultivate Serendipity?" (Rastlantı Nasıl İşlenir?) (2 Ocak 2016)

tılara dayandırılan insan dehasını şu satırlarda anlatmış: Prensler seyahat ederken, tamamıyla kazara önemli keşifler yapar ve aramadıkları şeyleri tesadüfen bulurlarmış. Prenslerin bazen dedektiflik işlerine ışık tutan bu özelliklerini yeni bir yetenek olarak değerlendirmişler ve serendipity olarak adlandırmışlar. Burada serendipity rastlantısal bir durumdan çok kişilerin yeteneği olarak karşımıza çıkmakta. Hikâyenin kahramanları böyle bir çaba içinde olmamalarına rağmen kimi zaman tesadüfen, kimi zaman da akıl ve sağduyuyla daima keşifler yapar. Yazar John Barth bu durumu denizcilik kavramlarıyla açıklar:

"Serendip'e bir rota tayin ederek ulaşamazsınız. Başka bir yer için iyi niyetle yola çıkılmalı ve kaderin hoş bir cilvesiyle pusulayı şaşırmalısınız."

Serendipity Etkisi

Şanslı tesadüflere bir rota tayin ederek ulaşamazsınız. Başka bir yer için iyi niyetle yola çıkılmalı ve kaderin hoş bir cilvesiyle pusulayı şaşırmalısınız. Meraklanmayın sizi mutlu edecek haber ansızın gelecektir.

Tesadüflerin buluşlara etkisi

Dr. Erdelez bu tanımla hemfikir. Yani, serendipity şanstan çok, insanların yaptığı bir şey. 1990'ların ortasında, insanların kendi serendipity'lerini yaratıp yaratamayacaklarını test etmek için 100 kişilik bir çalışma başlatmışlar. Anket ve röportajlardan edinilen kalitatif veriler katılımcıların üç belirgin gruba ayrıldığını göstermiş. İlk grup "rastlamayanlar", çok dar bir alana büyük bir konsantrasyonla yaklaşanlar. Bu kişiler yapılacak listelerine sıkı sıkıya bağlanan ve sınırları içinde kalan, kolay kolay kafaları karışmayan, hedeflerinden şaşmayan kişiler. Bilgi edinmek için araştırma yaptıklarında odaklı sorular sorup kendilerini ilgilendiren bilgiler alıyor, alakasız konuları tamamen es geçiyorlar. İkinci grup "nadir rastlayanlar", az da olsa rastlantılara şans veren insanlar. En enteresan grup ise "süper rastlayanlar", sıklıkla ilginç sürprizlere denk geldiklerini dile getirmekteler. Süper rastlayanlar tüm öğleden sonralarını kütüphanede özgürce kitap karıştırmaya ayırabilir, en olmadık küçük kara kaplı kitabın içinden hiç duyulmadık bilgilere ulaşabilirler. Macera dolu bu arayış onların o kadar hoşuna gider ki, kendi işlerini bırakıp arkadaşlarının işleri için bilgi toplamaktan mutluluk duyarlar.[49]

Erdelez'in süper rastlayanların davranış biçimiyle ilgili saptaması, kişinin süper rastlayanlardan olmasının en önemli sırrının buna sıkı sıkıya inanıyor olması. Bu inançla, algılama konusunda özel güçlere sahip olduğunuzu hissediyorsunuz ve âdeta sizi önemli ipuçlarına iten özel antenleriniz var. Görünenin ötesindekini görmek, bilmek istiyorsunuz. Bazen suyun yüzüne çıkan çok aldatıcı oluyor ya da gerçeğin sadece küçük bir kısmını gösterebiliyor. Büyük resmi görmenizi engelleyip bazen de sizi tam tersi yönlere sevk edebiliyor. Detayları gerçek anlamda görebilmek, üzerine düşünmek ve doğru izi sürmek için meraklı ve sabırlı olmak gerekiyor.[50]

Kişilerden bahsedilmediğinde, bu mutlu kazaları tamamıyla şansa bağlamak ve bu rastlantılar meydana gelirken o rastlantıyı gözlemleyen, gören ve kayıt altına alan kişiyi yok saymak

49 *Dünya* Gazetesi'nin Değişim Yelpazesi köşesinde 12.01.2016
50 *Dünya* Gazetesi'nin Değişim Yelpazesi köşesinde 12.01.2016

anlamına gelebilir. Buluşlar, kişilerin dehasının bir göstergesidir. Alexander Fleming'in penisilini keşfi veya Jüpiter'in uydularının Galileo tarafından fark edilmesi tesadüf değil, o kişilerin yeteneğiyle birebir bağlantılıdır. Bilinmeyenle karşılaştığında kişinin yaratıcılığı sadece ve sadece kendine özgüdür.

Bazen ilginç fikirler, enteresan kazalardan sonra hayat bulur. Örneğin bir laboratuvar ortamında dökmeler, kırılmalar, başarısız deneyler yepyeni buluşlara gebe olabilir. Patent alanlar arasında gerçekleştirilen bir çalışma, patentlerin %50'sinin rastlantısal süreçler sonucunda ortaya çıkan ürünler olduğunu göstermektedir. Binlerce deneme yanılmanın sonunda ortaya çıkan ürünlerde yaratıcı yöntemlerin yanında yok etme olasılığı olan kazaların da rolü olması normaldir. Bazen de hiç olmadık bir işle uğraşırken hiç denenmemiş bir fikir aklınıza gelebilir ve bu fikirle patent alacağınız ürüne biraz daha yakınlaşırsınız.

Maceracı olmaktan, yeni şeyler denemekten çekinmeyin. En kötü ihtimal bir başarısız deney daha yapmak olacaktır. İyi ihtimaller ise, sınırsızdır...

Camın Kaçınılmaz Kaderi Can'ı Nasıl Etkiler?

(Kırık Cam Teorisi)

Bir gazeteci olarak daha çok büyük kentlerde gözlemlediğim bir durumdur ancak mutlaka ama mutlaka başka yerlerde de benzer örnekleri vardır. Belki siz de biraz abartılı bulacaksınız ama İstanbul'un neredeyse arka sokaklarında terk edilmiş bir arabayı görmeniz mümkündür. Bu arabaların genellikle camları kırıktır ve lastikleri iniktir. Arabalar eski model olup, talan edildiği için neredeyse çalışan bir parçasını da göremezsiniz. Mahallenin çocukları, uğrak yerleri olan bu arabalar sayesinde arabaya ilişkin ilk acemiliklerini atarlar.

Artık ona araba demenin bin şahit istediği bu araçları gördüğünüzde yazarlık damarı ağır basar, sizi olmadık yerlere çağırır. İnsan bu arabaları böyle görünce hüzünlenir. Şehrin göbeğinde böyle terk edilmiş olmaları insana üzücü gelir. Bu arabalar, hüznün ve yalnızlığın son temsilcileri gibidir.

Mutlaka bu arabanın bir sevdalısı, yani sahibi vardı, acaba onu neden bu sokağa terk etti?

Bu hurdaya dönmüş araçların hayatlarını kaybetmiş, öbür

dünyaya göç etmiş insanların olma ihtimali çok yüksektir. Düşünsenize, sahiplerinden arta kalan bu mirası alacak biri bile yoktur. İnsan babasından, annesinden, amcasından ya da dayısından kalan en küçük bir mirası almak istemez mi? Demek ki durum o kadar vahim ki, bu arabalar hiçbir zaman yeni ya da eski sahiplerini, gelmeyeceklerini bile bile öylece bekler dururlar. O arabalar mahallenin çocuklarının oyun mekânları olurken, çocuklar da onların çürümesine ve paslanmasına tanıklık ederler.

Nelere tanıklık etti kim bilir?

Araç uzun bir zaman aynı yerde hareketsiz duruyorsa sonucu genelde bu oluyor. Yeter ki bir camı kırılsın...

"Suçlarla mücadeleyi nasıl başardın?" sorusuna New York'un efsane Belediye Başkanı Giuliani'nin cevabı şöyle olmuştu:

"Metruk bir bina düşünün. Binanın camlarından biri bile kırılsa, o camı hemen tamir ettirmezseniz, çok kısa sürede, oradan geçen herkes bir taş atıp, binanın tüm camlarını kırar. Ben ilk cam kırıldığında hemen tamir ettirdim. Bir elektrik direğinin dibine ya da bir binanın köşesine biri bir torba çöp bıraksın. O çöpü hemen oradan kaldırmazsanız, her geçen çöpünü oraya bırakır ve çok kısa bir sürede dağlar gibi çöp birikir. Ben ilk konan çöp torbasını kaldırttım."

Bir sokağın suç bölgesine dönüşme süreci önce tek bir pencere camının kırılmasıyla başlıyor. Çevreden tepki gelmez ve cam hemen tamir edilmezse, oradan geçenler o bölgede düzeni sağlayan bir otorite olmadığını düşünüyor, diğer camları da kırıyorlar. Ardından daha büyük suçlar geliyor; bir süre sonra o sokak, polisin giremediği bir mahalleye dönüşüyor.

Bunu anlayan New York polisi, önce küçük suçların peşine düşmüş. Metroya bilet almadan binenleri, apartman girişlerini tuvalet olarak kullananları, kamu malına zarar verenleri, hatta içki şişelerini yola atanları bile yakalayıp haklarında işlem yapmış.

Polis bu kararlılığıyla "Küçük müçük, bizim için hiç fark etmez; bu sokağın, metro istasyonunun veya mahallenin suç üreten bir bölge olmasına izin vermeyeceğiz" demiş.

Meğer ben o koltuğa oturmadan yıllar önce, ABD'de bir araştırmacı, o teyzeye karşı yaşadığım acı mahcubiyetin hesabını yapmışmış. Şimdi haberim oldu. "Kırık Cam Teorisi" hesabıymış bu.

Bir devrim ya da halk hareketi domino taşları gibi birbirini nasıl tetikler?

Mahallelere daha fazla devriye konmasıyla sorunlar aşılabilir mi?

Kırık Cam Suçu Nasıl Tetikler?
Bir sokağın suç bölgesine dönüşme süreci tek bir pencere camının kırılmasıyla başlayabilir.

George Kelling-James Wilson 1982'de Atlantic'e yazdığı makalede 'Kırık Cam Teorisi'ne ilişkin ipuçları saklıdır. Teoriye göre, bir ortama çöp atıldığında, başkaları da aynı yere çöp atarlar. O mekanda her şey kısa zaman içinde kirlenmeye, kötüleşmeye, kırılmaya, bozulmaya... başlar. Ortam, orada yaşayan insanların davranışlarını belirler. Böyle ortamlarda suç oranları artar. Virane bölgelerinde bölgesindeki kişiler uzun süredir onarılmayan birkaç kırık camlı bina görürse daha fazla cam kırmaya özenir ve etrafa zarar verir. Teoriye göre, vandallığı engellemenin yolu, sorunlar küçükken onarmaktır. Kırık camlar ya da diğer kötü davranışların hemen her birini küçükken tamir ederseniz büyümesine engel olursunuz.

Teori, Philip Zimbardo adlı suç psikoloğunun 1969 yılında yaptığı deneye dayanıyor. Zimbardo, 10 yaşında iki arabanın birini (beyazların yaşadığı) zengin, diğerini suç oranları yüksek, fakir bir (siyah) mahalleye bırakıyor... Terk ediyor. Fakir bölgeye terk edilen araç birkaç gün içinde iskelet haline geliyor. Zengin bölgedeki otoya hiçbir şey olmuyor. Deney sahibi Zimbardo, dokunulmamış aracın camını, bir çekiş darbesiyle kırıyor ve çekiliyor. Kısa zaman içinde bu otomobil de yağmalanıyor.

Zimbardo bu durumu şöyle açıklıyor: "Eğer ilk camın kırılmasına izin veriliyorsa ya da derhal müdahale edilerek suçlu yakalanmıyorsa, durdurulmuyorsa, suç artarak devam ediyor. Bir sokağın suç bölgesine dönüşmesi, tamir edilmeyen ya da müdahale edilmeyen bir cam kırığıyla başlamaktadır...

"Kırık Cam Teorisi"nin takipçileri bakın ne diyor: "Metruk bir bina düşünün. Binanın camlarından biri bile kırık olsa, o camı hemen tamir ettirmezseniz, çok kısa sürede, oradan geçen herkes bir taş atıp, binanın tüm camlarını kırar. Ben ilk cam kırıldığında hemen tamir ettirdim. Bir elektrik direğinin dibine ya da bir binanın köşesine, biri bir torba çöp bıraksın. O çöpü hemen oradan kaldırmazsanız, her geçen, çöpünü oraya bırakır ve çok kısa bir sürede dağlar gibi çöp birikir. Ben ilk konan çöp torbasını kaldırttım."

Bunları niye mi anlattım? Kalbimizde ucundan kıyısından kırılmış camlar taşıyoruz sürekli... Ruhumuzun başköşelerine ilk başta önemsiz gözüken, laf etmeye değmez çöpler bırakıyoruz her gün. Küçük küçük günahlar, minik minik hatalar camı kırık araba gibi diğerlerini de camları kırmaya, kapıları çerçeveleri indirmeye teşvik ediyor. Pişmanlığımızı fırsat bilip ortadan kaldıracak kadar ciddiye almadığımız "çöpler"imiz, sürçmelerimiz, kötülüklerimiz, ayıplarımız, kokuşmuş çöp dağlarına, kötülük yığınlarına kapı aralıyor. "Böyle gelmişse, böyle gider" diye kendi kendimizi ağır veballer altında ezdirdikçe ezdiriyoruz.

Kırık camın oradaki varlığı, diğer camların da kırılabileceğine dair bir haklılık üretir içimizde. Çöpün bizden önce oraya atılmış olması, oraya çöp atmanın bir alışkanlık olduğunu söyler bize. Çok geçmeden biz de o alışkanlığa alışır, alışık olunanı yapmakta haklı görürüz kendimizi. Cam ilk kırıldığında hafife alırsak, ağırlaşır cam kırıkları. Çöp ilk atıldığında umursamazsak, umursamazlığımız bir çöp dağını besler.

Yani sonuçta, insan davranışını en çok etkileyen şeylerin başında bulunduğu ortam gelir. Bir insanın nasıl davranması gerektiğini, ailesi ve okul hayatından çok hangi ortamda yaşadığı belirler çünkü kişiler bulunduğu ortamın parçası olarak, o ortamdaki insanlar gibi davranır. Bazı otoriteler, insanların içinde yaşadıkları ortamın onlar farkında olmadan davranışlarını belirleyebileceği gerçeğini hafife alırlar. Onlara göre yeni bir davranışı benimsetmenin yolu, düşüncelerini mantıklı bir şekilde açıklamakla mümkündür. Fakat gelin görün ki, düşüncelerini değiştirmeyi düşündüğümüz insanlar için "ters psikoloji" devreye girer ve buna direnirler. Kendi düşüncelerine ve davranışlarına daha çok sarılırlar. Oysa ortam değişikliği insanların önce davranışlarını sonra da düşüncelerini değiştirebilir. Bildik bir hikâyedir, değişik ortamlarda büyüyen tek yumurta ikizlerinin farklı davranışlara, farklı alışkanlıklara sahip olmaları, ortamın insan davranışlarını ne kadar etkilediğinin en somut kanıtıdır. Çocuk gözünü açtığında kitap varsa ya da müzik aletleri çalan bir baba varsa o çocuk nasıl bir çocuk olur acaba? Tabii ki kitaplara ilgi duyacak, babası gibi müzik aleti çalacaktır. Mafya mensubu bir ailede yetişen bir çocuktan sanırım yüksek fizik mühendisi çıkmasını beklemek biraz saflık olur değil mi?

Birisine kitabın faydaları hakkında vereceğiniz kısa bir konferans yerine onu bir kütüphaneye götürmek, sporun faydaları başlıklı kısa bir konferans yerine onu herkesin spor yaptığı bir çevreye sokmak daha etkili olacaktır. Nasihat vermek yerine göstermek ya da ona ortam sağlamak her zaman daha etkili bir yoldur.

Temel Aksoy üstadımız konuyu daha da derinlere taşır. Der

ki, "Ailemizde, özel ilişkilerimizde, iş hayatımızda bu öğretiyi kullanarak insanların daha doğru davranmalarını sağlayabiliriz. İkna etmek istediğimiz insanların ortamını değiştirerek onların davranışlarını, sonra da düşüncelerini değiştirebiliriz."[51]

Kıssadan Hisse

Sevgili okurlar, mademki artık kitabımızda bu sayfalara kadar geldiniz, o zaman size günün sorusunu sormanın zamanı gelmiştir. Sorarım size, başımıza gelenlerin nedeni bizzat kendimizin yol açtığı olaylar mıdır, yoksa hayatımızın akışını değiştiren başka olaylar var mıdır? Yardımımıza Arjantin'in ünlü öykü, deneme yazarı ve şairlerinden Jorge Luis Borges yetişir. Onun alıntıladığı Doğu masallarından birini aklımıza getirir.

Hikâye odur ki, Bağdat'ta vakti zamanında bir asker pazarda dolaşırken birden bire ölümle karşılaşır. Ölüm ve asker göz göze gelir ve asker ölümün kendisine işmar (göz kırpmak, işaret vermek) ettiğini düşünür ve korku içinde saraya koşar. Sultan'a en hızlı atını vermesi için yalvarır. Niyeti, ölümden kurtulmak için en hızlı şekilde bir gün uzaklıktaki Semerkand'a gitmektir. Askerin bu yalvarmaları karşısında daha fazla dayanamayan Sultan atını verir, o da yola çıkar. Daha sonra Sultan en iyi askerlerinden birini korkuttuğu için ölümü azarlamak üzere saraya çağırır. Ölüm şaşkın bir şekilde Sultan'a yanıt verir: "Onu korkutmak istememiştim ki? Onu pazar yerinde görünce çok şaşırdım çünkü kendisiyle yarın Semerkand'da randevumuz vardı!"[52]

51 http://www.temelaksoy.com/insani-en-cok-icinde-bulundugu-ortam-ikna-eder/
52 Batı, 2015, s. 313

Ne İstediğine Dikkat Et Çünkü Gerçekleşebilir

(Pygmalion Etkisi-Kendini Gerçekleştiren Kehanet, Öğrenilmiş Çaresizlik Sendromu)

"Kamil o adamlardan biridir ki hayatının her anında harikulade bir vakıanın hissikablelvukunu (*) taşır. Her adımında başına mühim bir şey geleceğini hisseder."
Peyami Safa-Bir Akşamdı

(*) Olacak bir şeyi henüz gerçekleşmeden önce hissetmek.

"Kendi kendini gerçekleştiren kehanet, yanlış bir durum tanımlamasıyla başlar. Bu yanlış tanımlama yeni bir davranış doğurur ve bu yeni davranış da başlangıçtaki yanlış düşüncenin doğru çıkmasını sağlar. Böylece kehanet kendi kendini gerçekleştirmiş olur ve aldatıcı haklılığıyla, yanlış bir düşünceye geçerlilik kazandırır çünkü kehanette bulunan kişi, olayların gerçek seyrini, başından beri haklı olduğunun kanıtı olarak gösterecektir. Sosyal mantık işte böylece saptırılmış olur."
Robert Merton, Sosyolog

Hayat kendi mecrasında akıp gitmekteyken kendini gerçekleştiren kehanetler, başta mitoloji, edebiyat, sosyal psikoloji ve pazarlama olmak üzere birçok disiplini etkilemiştir. Güzel Türkçemizde de, "Bir insana 40 gün deli dersen deli olur",

"Sakınan göze çöp batar", "Aklıma gelen başıma geldi", sözleriyle bu durumun karşılıkları vardır. Size konuyla ilgili en güzel hikâyeyi mitolojiden aktarayım.

Mitolojinin güçlerinin cansız varlıklara hayat vermesi sıradan bir şeydi. İncil'in 2. Bölümü olan Yaratılış'a göre, Tanrı insanı tozdan var etmiş, burun deliklerinden içeri hayat nefesini üfürmüş ve insan artık yaşayan bir ruh haline gelmişti. Yunan ve Roma mitolojilerine göre, tanrıça Venüs heykellere can verebiliyordu.

Pygmalion Etkisi
Kendini gerçekleştiren kehanetlere, "Pygmalion Etkisi" denir. Olaylara, ortamlara, kişilere ve ilişkilere dair beklentilerimiz, olacakları da şekillendiriyor.

Yalnız bir heykeltıraş olan Kıbrıs prensi Pygmalion, hayalindeki ideal kadını temsil eden fildişinden bir heykel yapmış ve ona umutsuzca âşık olmuştu. Galatea, yüzünde eşsiz gülümsemesi ve muhteşem vücuduyla gerçek bir kadın gibi görünüyordu. Galatea o kadar güzeldi ki, Pygmalion sonunda ona âşık oldu ve Tanrıça Venüs'e ona hayat vermesi için yalvardı. Bu sırada Galatea'nın yanından bir türlü ayrılmayan Pygmalion âdeta "Mecnuna" dönmüştü. Onun bu durumunu gören arkadaşları üzülüyor ve biraz da onu bu "taş gibi" olan "taş parçası"ndan soğutmak için "Ne kadar güzel olduğu önemli değil, sonuçta bu sadece bir heykel, bir kadın değil" diyorlardı. Fakat Pygmalion onlarla aynı fikirde değildi. Onun gerçeğe, gerçek bir kadına dönüşmesi için bildiği tüm duaları etti. O kadar içten ve samimiydi ki, sonunda "taş gibi olan" bir taş parçasını Venüs gerçeğe dönüştürdü. Pygmalion ile insan olan heykeli mutlu bir aşk yaşadılar. İşte o gün bu gündür, kendini gerçekleştiren kehanetlere "Pygmalion Etkisi" deniyor.

Acaba beklentilerin gerçeklik üzerinde nasıl bir etkisi olmuştur? Bu soru pek çok araştırmaya konu olmuştur. Birçok alanda yapılan araştırmalar, beklenilen sonuçlara ulaşma eğiliminin beklenti olumlu olduğunda da, beklenti olumsuz olduğunda da benzer şekilde, yüksek olduğunu gösterir. Uzun lafın kısası, olaylara, ortamlara, kişilere ve ilişkilere dair beklentilerimiz olacakları da şekillendiriyor.

Pygmalion etkisi hakkında ilk deney, Psikolog Robert Rosenthal ve ekibi tarafından gerçekleştirildi. Bir ilkokulda, 1. ve 2. sınıf öğrencilerine eğitim yılı başında yapılan değerlendirme testi sonucunda Rosenthal öğretmenlere, bazı öğrencilerin büyük akademik başarı yakalayabileceğini söyledi. Bu öğrenciler testte en yüksek puanları alan ya da en yüksek IQ'ya sahip öğrenciler değildi. Yıl sonunda öğrenciler tekrar test edildiğinde, Rosenthal'ın rastgele seçerek öğretmenleri başarılı olacaklarına inandırdığı öğrencilerin gerçekten de en büyük gelişmeyi kaydettiği ortaya çıktı. Görünen o ki, öğretmenler beklenti etkisi sayesinde yıl boyunca bu öğrencilere daha çok destek ve ilgi göstermişlerdi. Bu araştırmadan çıkan sonuca göre, öğretmen öğrenciden beklentisi ne yönde ise öğrenci o beklentiyi doğru çıkartıyor. Öğrencilerin üstün zekâlı olduğuna inanan öğretmenler de öğrencilerin sıradan veya sıra dışı olduğuna inanan öğretmenler de haklı çıkıyor. İnsanlar, sınırlarını kendilerinden beklenen yönde en üst düzeyde zorluyorlar.

Onların çalışmasının ardından Pygmalion Etkisi'ni ve kendini gerçekleştiren kehanet teorisinin sınırlarını araştıran onlarca çalışma yapıldı. Bugün bir heykelin gerçeğe dönüşemeyeceğinden her ne kadar emin olsak da, beklentilerin gerçekliğe etki ettiğini, beklentiler sayesinde kendi performans düzeyimizi ve diğerlerinin performansını etkileyebileceğimizi biliyoruz.

Pygmalion Etkisi'ni bir çeşit döngü olarak da düşünebiliriz. Beklenti, döngüyü şekillendiriyor ve sonunda beklenen şey ve kehanet kendi kendini gerçekleştirmiş oluyor.

Bir de kendini gerçekleştiren kehanetle bağlantılı "öğrenilmiş çaresizlik" konusu var. "Öğrenilmiş çaresizlik" teorisi Martin Seligman'a aittir. Organizmanın göstermiş olduğu tepkilerin sonuca ulaşmaması durumunda, sonucu değiştiremeyeceğine karşı oluşan inançtır. Öğrenilmiş çaresizlik bireyseldir ve sadece bir kehanetten ibarettir. Örnek, ne kadar ders çalışırsa çalışsın sınavdan düşük not alan birinin nasıl olsa yüksek not alamayacağım deyip ders çalışmaktan vazgeçmesi öğrenilmiş çaresizliktir. "Kazanılmış başarısızlık" veya "öğrenilmiş çaresizlik" sendromu zamanla oluşan başarısızlıklar karşısında kişinin bir şeyleri başarma isteğini günden güne kaybetmesi sonucu kendisinin başarısız olacağına karşı geliştirdiği bir ruh halidir. İnsanlar genellikle depresif bir ruh hali içine girerler.

Hadi size başka bir örnek daha vereyim. Fiziksel alanlar, zihinsel sınırlarımızı belirler. Diğer insanların ya da anne-babaların beklentileri sizin sınırlarınızı da belirler. Örneğin pirelerle ilgili yapılan bir bilimsel deneyde, pireler cam bir kavanoz içine konulmuştur. Kavanozun üzerinde kapak olmadığı zamanlar pireler kolaylıkla dışarı atlayabilir. Fakat pire, kapak kapatılarak kavanozda kalacak şekilde eğitilebilir. Sadece üç gün sonra kapak açıldığında, pirelerin görünmez, zihinsel bir bariyer tarafından sınırlandırıldığı görülür. Pygmalion Etkisi, bize bunun nedenini açıklar: Gelecek kuşaklar, ailelerin onların biçtiği alan kadar beklentilerini gerçekleştirir. Ha bu arada, eğer o pirelerden birini o kavanozdan alıp daha yükseğe atlayan pirelerle çevrili daha büyük kavanoza koyarsanız, ayna nöronları etkili olacak ve bizim piremiz daha yükseğe atlayabilecektir.[53]

53 https://www.youtube.com/watch?v=v-Dn2KEjPuc&feature=youtu.be

Ortak Çıkarlar Söz Konusu Olduğunda Tom İle Jerry Kanka Olur!

(Robbers Cave Deneyleri, Bradley Etkisi)

Bu kitabın yazıldığı günlerde Türkiye'de 15 Temmuz'da (2016) başarısız bir darbe girişimi olmuştu. 15 Temmuz gecesi Türk Silahlı Kuvvetleri içindeki bir grubun (FETÖ) darbe girişiminde bulunduğu haberinin duyulmasının ardından iktidar, muhalefet, medya ve tüm halk bir kuvvet oldu. Darbe girişimine karşı durdu. Cumhurbaşkanı Erdoğan, parti liderlerini Külliye'ye çağırdı. Onlara verdikleri destekten ötürü teşekkür etti. 7 Ağustos'ta da Yenikapı Meydanı'nda "Demokrasi ve Şehitler Mitingi" yapıldı. HDP hariç AK Parti, CHP ve MHP'liler katıldı, birlik ve beraberlik mesajları verildi.

Daha düne kadar birbiriyle kavgalı olan siyasi parti liderleri ve halk acaba nasıl oldu da bir anda "birlik olalım" mesajları yayınladı. Bunu nasıl değerlendirmek gerekir?

Normal zamanlarda giderek kendi içerisinde gruplaşan, ayrımlaşan ve birbirine düşmanca davranan gruplardan oluşan toplumsal yapımız gün geçtikçe bozuluyor. Türkiye'de ayrışmanın, düşmanlığın ve kavganın bitmesi için ne yapılabilir?

Türkiye'nin toplumsal düzenine baktığımızda insanlarımızın "sıkışmış bir dünya" içinde bir ikilem yaşadığını görmekteyiz. Bu toplum, laik-antilaik, Doğu-Batı; gelişmişlik-az gelişmişlik ve siyah-beyaz arasında ikilemde kalmıştır. Gelir dağılımı adaletsizliği yaşayan insanlarımız, acaba kime ne şekilde inanmaktadır. Bu ikilem, bu paradoks, Osmanlı'dan beri aydınlarımızın aklını kurcalamaktadır. Bu şartlar altında toplumsal karar ve normlarımızı acaba nasıl alıyoruz?

Toplumsal yapımızı anlamak, çözümlemek ve bu yapıya uygun çözümler üretebilmek için, mikrofonumuzu toplum içerisinde bireylerin yapısını inceleyen bilim dalı olan sosyal psikolojinin kurucularından birine uzatacağız.

Kavga Edenler Nasıl Dost Olur?
Robbers Cave Deneyleri bize göstermiştir ki, düne kadar birbirleriyle kavga eden gruplar ortak hedefler ortaya konduğunda bir araya gelir.

Türkiye'de sol görüşleri sebebiyle hapse giren, hatta işkence gören genç psikolog, doğarken kendisine verilen isimle Muzaffer Şerif Başoğlu veya ölürken tercih ettiği şekliyle Muzaffer Sherif, 1950'li yıllarda ülkesini terk ederek ABD'ye gider ve orada toplumsal psikolojinin önde gelen temsilcilerinden biri olur. 1954'te, yüzyılın psikoloji alanındaki en önemli deneylerinden birini gerçekleştirerek tarihe geçer. Robbers Cave Deneyi (Experiment) adını taşıyan bu deney, Muzaffer Şerif'in Oklahoma'daki Robbers Cave Milli Parkı'nın tam ortasındaki 200 dönümlük kuş uçmaz, kervan geçmez bir yaz kampında gerçekleştirildi.

Üzerinde çok konuşulan ve sonuçları çok tartışılan deneyin bugün bile üniversitelerin psikoloji, medya ve siyaset bölümlerinin müfredat programlarında yeri var. Medya teorisyenlerine göre, Survivor gibi tabiatın ortasında geçen ve grup rekabeti üzerine kurulu reality show'ların ilham kaynağı. Robbers Cave Deneyi ise toplumda ayrımcılık ve ötekileştirme sorununa değinen bir çalışma olarak tarihe geçer.

Robbers Cave Milli Parkı'nda gerçekleştirilen deneyde 12'şer kişiden oluşan iki ayrı grup söz konusudur. Kendilerine isim verirler: Biri "Kartallar", diğeri de "Yılanlar" adını alır. Ayrı gruplara yerleştirilen çocuklardan kimileri arkadaştır. Bu gruplar ilk önce birbirlerinden habersizdir.

Ayrıntıları kâğıt üstünde son derece titizlikle tasarlanan deneyin ilk sonuçları çok geçmeden alınmıştı; iki grubun üyeleri de kendi içlerinde bir hiyerarşi oluşturmuş ve doğal bir şekilde astlar ve üstler belirlenmişti. Astlar üstlere koşulsuz itaat ederken, üstler onlara emir vermekten, hatta zaman zaman sert davranmaktan çekinmez olmuştu. Daha sonra iki grup bir karşılaşır. Muzaffer Şerif'in gözetiminde yarışmalar düzenlenir. Çocuklar karşı gruptaki arkadaşlarına çok sert davranır. Yarışları bir ölüm-kalım meselesine dönüştüren çocuklar, büyük bir azim ve hırsla öne geçmeye çalışırlar. İşin daha da kötüsü, en küçük fırsatta birbirlerine hakaret edip, tuzak kurup saldırırlar.

Sonunda Şerif hoca yarışmaları iptal eder ve iki grubun çıkarlarını da ilgilendiren ortak hedefler belirler. Şerif hoca, iki grubun beraber çalışarak temiz su kaynağı bulmalarını ister çünkü bu, iki tarafın da sorunudur. Öğrenciler bir süre sonra bu sorunu kafa kafaya vererek, fikir teatisinde bulunarak, işbirliği yaparak çözmeyi başarırlar. İlginçtir, düne kadar birbirine giren, kavga eden çocuklar şimdi ortak hedeflerin ortaya konmasıyla barış bir araya gelsiş, barış sağlanmıştır. Hatta işler o derece yoluna girmiştir ki, dönüş yolunda aynı otobüse binmekte ısrar bile ederler.

Sonuç olarak Muzaffer Şerif/Sherif, toplumumuzun bugün bulunduğu sıkıntılı yapı içerisinde sosyal bilimlerin önemini yıllar öncesinden kavramış ve toplumsal yapıya ilişkin önemli çalışmalar yapmış, dikkat çekmiştir. Bir toplumu bölmek kolaydır, sadece onlara iki ayrı isim vermek bile ayrışmaya zemin hazırlayabilir. Arkadaşlıklar ve dostluklar bozulur, savaş başlar. Aslında toplumu birleştirmekte hiç de düşünüldüğü kadar zor değil. Yeter ki bir amaç sunulsun. Veysel Batmaz'ın yayınladığı *Otoriteryen Kişilik ve Uyma* kitabında Şerif'in yaptığı çalışmalara yer verilmektedir. Kitaptan alıntı yapacak olursak; "Büyük bir oranla, toplumsallık içindeki karar ve normlarımızı başkalarına bakarak ve otorite zannettiğimiz ve çoğunluk olarak bize çeşitli baskılar kuran veya kurabilen kişilere göre veriyoruz."

Seçim Tercihlerinde Yalan Söylemek

Türkiye'de anket şirketleri 1 Kasım 2015'te kendi kısa tarihlerinin en kötü sınavlarından birini verdi. İktidar partisi AKP, 7 Haziran 2015 genel seçimlerindeki oy kaybının ardından sadece 5 ay sonra yapılan 1 Kasım seçimlerinde büyük bir toparlanmayla Türkiye'deki oyların neredeyse yarısını aldı. Bir araştırma şirketinin dışında diğer belli başlıları AKP'nin en fazla yüzde 43 oy alacağını öngördü. En yakın tahmini yapan ise yüzde 47,2 ile A&G araştırma şirketi oldu. Seçmen gerçek fikrini söylemekten çekindiği zamanlarda araştırma şirketleri gerçek rakamları öngöremiyorlar. İnsanlar bazen oylarını gizlemeyi tercih ediyorlar.

Bradley Etkisi
(The Bradley Effect)
ABD'de, beyaz bir adayla beyaz olmayan bir adayın karşı karşıya geldiği seçimlerde, beyaz seçmenlerin anketlerde "ırkçı gözükmemek" için beyaz olmayan adaya oy vereceklerini belirtip gerçekte beyaz adaya oy vermelerinin sandık sonuçlarına etkisine "Bradley Etkisi" (The Bradley Effect) adı veriliyor.

Bu durum sadece Türkiye'de değil, ABD seçimlerinde de yaşandı. En canlı ve yakın örneği, Donald Trump'ın başkan seçildiği seçimler oldu. Hatta onlarda bu durum siyasi literatüre de girmiş durumda. ABD'de, beyaz bir adayla beyaz olmayan bir adayın karşı karşıya geldiği seçimlerde, beyaz seçmenlerin anketlerde "ırkçı gözükmemek" için beyaz olmayan adaya oy vereceklerini belirtip gerçekte beyaz adaya oy vermelerinin sandık sonuçlarına etkisine "Bradley Etkisi" (The Bradley Effect) adı veriliyor. 20 yıl boyunca Los Angeles Belediye Başkanlığı yapan Tom Bradley, beklenenin aksine Kaliforniya Eyalet Valiliği seçimini kaybetmişti. Anketlere göre oldukça geride olan beyaz aday Deukmejian, hem de 3 puan farkla Kalifornia Eyalet Valisi seçilmişti. Uzmanlara göre, bazı beyaz seçmenler, eğer siyah adaya oy vermeyeceklerini söylerlerse tercihlerinin ırkçı bir motivasyondan kaynaklandığı algısının oluşmasından korkuyordu. Bu toplumsal ayıplanmaya maruz kalma korkusu da ortamlarda, anketlerde, hatta sandık başında oyunu kullanıp çıktıktan sonra bile sorulduğunda gerçeği gizlemesine neden olmuştu.

Obama Bradley Etkisi'ni nasıl aştı? Philadelphia'nın ırkçı beyazlardan oluşan Fishtown semtinde oyların yüzde 81'ini Obama'nın kazanması ülke genelinde dikkat çeken bir sonuçtu. Nitekim seçime gidilirken ABD, 1929'daki Büyük Buhran'dan beri en büyük ekonomik krize sürüklenmişti. Bu örnek olaydan dolayı, ırkçı beyaz seçmenlerin yoğunlukta olduğu yerleşim birimlerinin tamamen ekonomik endişelerle oylarını siyah adaya vermesine "Fishtown Etkisi" dendi. Bugün gelinen aşamada, Bradley Etkisi'nin seçim sonuçlarındaki belirleyicilik derecesi halen tartışılıyor. Ancak yaşananlara bakılırsa ideoloji yanında kişisel, ekonomik, duygusal, ailevi vb. çok sayıda faktör seçmenin tercihini etkiliyor. Bu şartlar altında, daha doyurucu politika ortaya koyabilen bir aday, eğer Bradley Etkisi gerçekten varsa bile bunu aşıp başarılı olabiliyor.

Çok Arkadaşımızın Olması İyi mi?

Bir teoriye göre, bir zamanlar küçük gruplar haline yaşayan insanoğlu dil becerisi sayesinde zamanla çevresinde olup biten olayları basit bir şekilde anlatmanın daha ötesine geçti. Anlattıklarına yorum katabilme yeteneğine ulaşınca da onu artık daha farklı bir toplumsal aşama bekliyordu. İnsanoğlu, içinde bulunduğu toplulukta kimin kiminle ilişkisi olduğunu, kimin iyi kimin kötü olduğunu değerlendirme ihtiyacı hissediyor ve bunu birileriyle paylaşmak istiyordu çünkü etrafındaki insanların hepsi iyi niyetli ve "düzgün" insanlar değildi. Etraftaki insanlar arasında hilebaz, dürüst olmayan ve nefret edilen insanlar vardı.

İşte biz bugün bu "paylaşım" durumuna "dedikodu yapmak" diyoruz. Ancak kötü olarak bilinen bilgi paylaşımına dayalı "dedikodu yapmak" sanıldığının aksine kötü bir şey değilmiş. Dedikodu yapmak, daha kalabalık gruplar içinde işbirliği yapabilmenin de temelini oluşturuyormuş. Ayrıca bilginin hızlı ve kolay yayılmasını sağladığı için grupları kendi içinde kenetleniyor ve tehlikelere karşı etkin şekilde korunmalarını da sağlıyormuş.

Dedikoduyu kim sevmez ki? Fakat hiç kimse de "Ben dedikodu yapıyorum" demek istemez. Hatta dedikodunun insan ilişkilerine zarar verdiği bile düşünülür. Fakat artık üzülmeyin, bu düşünceyi ispatlamaya çalışan bilim insanları, ispatlamak şöyle dursun, tam tersi bir sonuç ortaya çıkarttılar. Meğer bir toplum olarak bir aradaysak, bunu sağlayan şeylerden biri de dedikoduymuş.[54]

Dedikodu, dünyadaki en ilkel kabilelerden gelişmiş toplumlara kadar en az iki kişinin bulunduğu her yerde karşımıza çıkıyor. Bu durum öylesine yaygın ki, dünyanın en prestijli okullarından Standford ve Berkeley Üniversiteleri bir araya gelip dedikodu üstüne bir araştırma yaptılar. Amaçları dedikodunun bir topluluğa ne kadar zarar verebileceğini kanıtlamaktı. Ancak ortaya

54 (http://www.radikal.com.tr/radikalist/bilim-diyor-ki-toplumu-toplum-yapan-dedikodudur-1448317/)

çıkan sonuç hiç de onların beklediği gibi olmadı.

Matthew Feinberg ve Michael Schultz adlı araştırmacılar tarafından yönetilen ve ayrı gruplara ayrılmış olan 216 denekle yapılan deneylerde amaç, dedikodu yapan topluluğun nasıl bir çöküntü yaşadığını gözlemlemekti. Denekler hakkında her türlü bilgiyle donatılmış gözlemciler bazı gruplardaki belirledikleri kişilere gruptaki diğer insanlar hakkında küçük sırlar verdiler. Gruplardaki kişiler arasında eşcinsel, eski suçlu, psikolojik tedavi görenler vardı. Bu bilgileri alan kişiler grup içerisinde bu sırları başkalarıyla paylaşıp birbirlerinin arkalarından dedikodu yaptılar. Oysa dedikodunun bu gruplarda yer alan insanları kısa sürede birbirinden kopartacağı düşünülüyordu. Ancak öyle olmadı, birbirlerinin sırrını paylaşan ve birbirleri hakkında gereğinden fazla şey bilip arkalarından konuşan insanlar ilginç bir şekilde birbirlerine bağlandılar. Bu, herkesin birbirinin zaafını bilmesinden duyduğu tedirginliğin güvene dönüşmesi sayesinde olmuştu.

Dedikodu bütün grupları bir arada tutmuş ve insanları yakınlaştırmıştı. Diğer denek gruplarındaki insanlara ise herhangi bir bilgi verilmedi ve arkadan konuşmak yasaklandı. Arkadan konuşanları ihbar edenlere ödüller verildi. Bu durum dürüst bir toplum oluşmasını ve insanların birbirine daha iyi gözle bakmasını sağlayacaktı. Tabii ki öyle olmadı. Arkadan konuşamayınca ağzına geleni birbirinin yüzüne söyleyen insanlar önce birbirlerinin kalbini kırdı, sonrasında kalp kırmaktansa susmayı tercih edenler arttı. Susmak, insanları birbirinden uzaklaştırdı. Uzaklaşan insanlar bencilleşti ve paranoyaklaştı. Toplum olmayı bırakın, herhangi bir grupta güven olgusundan söz etmek mümkün bile değildi. Herkes tek başına kalmıştı ve gruptan ayrılmak istiyordu.

Toplum olarak dedikodu yapmanın itibarımızı düşüreceğini düşünüyoruz ancak dedikodu yapmazsak toplum olmaktan uzaklaşıyoruz. Standford Üniversitesi'nde sosyolog olarak çalışan Robb Willer bu durumu şöyle yorumluyor:

"Dedikodu, en nihayetinde bir sosyalleşme aktivitesi olarak görülebilir. Dedikoduyu bir toplumdan tamamen kaldırdığınızda asosyalleşme ortaya çıkıyor. Garip bir durum ama sanırım insanlar, haklarındaki sırların konuşulması normalleştiği zaman kendilerini daha rahat hissediyorlar çünkü insanlar genelde toplum tarafından kabullenilmemekten korktukları için sır saklıyorlar. Eğer birileri o sır hakkında konuşuyorsa ve hâlâ toplumun bir parçasıysanız, kendinizi o topluma ait hissediyorsunuz." [55]

Sosyal Medyada Her Ne Kadar Çoksalar da Şu Hayatta Kaç Arkadaş Gerekli?

Oxford Üniversitesi'nden Psikoloji Profesörü Robin Dunbar, dünya çapında dedikodu hakkında yapılan pek çok araştırma sonuçlarını inceleyerek bazı sonuçlara varmış. Ona göre, dedikoduyu bırakan bir toplumda sosyal bağlarda büyük bir azalma görülüyor. Tamam, dedikodu yapılarak birilerinin özel hayatı ihlal ediliyor ama toplum içerisinde garip bir güven bağı da kurulmuş oluyor. Dedikodu yapılmayan bir toplulukta insanlar birbirlerinden şüphe duymaya başlıyor ve paranoyak düşünceler hâkim oluyor. Sonuçta dedikodu bir dalga gibi yayıldığı için, eğer hakkınızda konuşuluyorsa bir şekilde kulağınıza geliyor ve siz de konuşmaya başlıyorsunuz.[56]

---

55 http://www.radikal.com.tr/radikalist/bilim-diyor-ki-toplumu-toplum-yapan-dedikodudur-1448317/

56 http://www.radikal.com.tr/radikalist/bilim-diyor-ki-toplumu-toplum-yapan-dedikodudur-1448317/

Dedikodunun geniş grupları bir arada tutan bir etkisi olduğu bilimsel olarak kanıtlanmış olduğuna göre, artık dedikodunun öyle hiç de "kötü" bir şey olmadığına inanabilir, bol bol dedikodu yapabiliriz. Bizim de şirket kültürlerimizin bir parçasının dedikodu mekanizması olduğunu söylememiz, hatta bunu savunmamız yanlış olmayabilir. Şirketlerde informal bilgi akışının formal akışa göre çok daha etkili olduğunu bildiğimize göre, neden bunu yadsıyalım ki? Dedikodunun, çalışanların bazı organizasyonel bilgileri hızlıca edinmelerine, iyi ve kötüyü ayırt etmelerine, sektör hakkında öngörüye sahip olmalarına yarayabileceğini de göz ardı etmemek gerek. Araştırmalar, insan gruplarının dedikodudan bile belli bir seviyeye kadar yararlanabildiğini gösteriyor. Bu arada bazı insanlar, sosyal medyadaki arkadaş çokluğuyla gurur duyarlar. Her ne kadar Facebook'taki iki bin arkadaşıyla birebir ilişkisi olmasa da. Peki normal şartlarda kaç insanla ilişkimiz olmalı? Bu sorunun yanıtını Sosyal Kuramcı Jonathan Haidt, *The Happiness Hypothesis* adlı kitap çalışmasıyla veriyor:

"İnsanların 150 kişilik gruplar halinde yaşaması gerekiyor. Beynimize ilişkin logaritmik hesaplar, avcı-toplayıcı gruplar, askeri birimler ve kent rehberlerindeki sarı sayfalar gösteriyor ki, insanların birbirleri hakkında doğrudan fikir sahibi olabilecekleri doğal grup büyüklüğü budur."

"Dunbar Sayısı" olarak da bilinen bu sınır, kişilerin anlamlı ilişki yürütebildikleri arkadaş sayısını ifade ediyor. Bunun ötesindeki sayıda kişilerle ancak daha yüzeysel ilişkiler yürütebiliyoruz. Grup belli bir sayının üzerine çıktığında ise denge bozuluyor ve grup bölünerek yeni gruplar doğuruyor. Yani, Linkedin'de beş bin arkadaşı olan birinin bağlantılarının ne denli sağlıklı olduğunu sorgulamak çok normal! [57]

57 http://kitap.radikal.com.tr/makale/haber/ileri-mi-gidiyoruz-yoksa-geri-mi-433729

Az Sayıda Sıkı İlişki Yerine Çok Sayıda İnsanla Zayıf Bağlantıların Olsun

(Zayıf Bağların Gücü, Medici Etkisi)

Amerikan Sosyolog Mark Granovetter'in 1973'te yazdığı "Zayıf Bağların Gücü" başlıklı ünlü makalesi o dönem oldukça ses getirdi. Bu makale toplumsal düzenin nasıl işlediğini anlamamıza ciddi katkıda bulundu. Ona göre, bireyler ne tamamen atomistik hareket ederler ne de tamamen çevreleri tarafından belirlenirler. Çoğunlukla, çok güçlü ya da zayıf bağlarla oluşturulmuş çeşitli sosyal ağlara dahildirler. "Zayıf Bağların Gücü" makalesinde ve ardından yaptığı çalışmalarda, az sayıda insanla sıkı bir ilişki içinde olmak yerine çok sayıda insanla tanışıp nispeten zayıf bağlantılar kurmanın iş yaşamında başarıyı getirdiğini, bunun da iki temel nedeni olduğunu söyler. Sürekli aynı kişileri görmek, sabit ve sınırlı bir çevreye sahip olmak, kişisel gelişimi engeller. Sürekli ve yalnızca birbiriyle iletişim halindeki bir grubun tüm üyeleri bir süre sonra birbirinden farksız hale gelir. Fakat çok sayıda zayıf bağlarınız olduğu takdirde, hareket ve iletişim kabiliyetiniz yükselecektir. Farklı sorunlara gerekli çözümleri üretecek kişiler, tanıdıklarınız arasında mutlaka bulunabilir.

Peki bir toplumsal hareketin ortaya çıkışıyla zayıf bağların nasıl bir ilişkisi vardır?

Uzmanlara göre toplumsal bir hareket, sosyal arkadaşlık alışkanlıkları ve yakın tanıdıklar arasındaki güçlü bağlar sayesinde olur. ABD'de uzun süre etkili olan "Yurttaşlık Hareketi" bu yöntemle başladı.

Alabama'da da Mahalle Baskısı Vardı

Tarihler 1 Aralık 1955'i gösteriyordu. Alabama'nın Montgomery kentinde işinden çıkan bir kadın evine gitmek üzere otobüsü binmeye hazırlanmaktaydı. Otobüs kalabalıktı ve o sıralarda Amerika'da yasa gereği öndeki dört sıra beyaz yolculara ayrılmıştı. Siyahlar ancak otobüsün arkalarında oturuyordu ve bütün koltuklar dolmuştu. Bu durumda, adı Rosa Parks olan siyah kadın, beyazlara ait sıraların hemen arkasındaki orta sıralardan birine geçip oturdu. O sıralara oturmaya siyahların da beyazların da oturmaya hakkı vardı. Yoluna devam eden otobüsteki koltuklar bir süre sonra tamamen doldu. Kalabalık arasında bir beyaz yolcu da vardı ve yolcular tavandaki demir boruya tutunarak yolculuklarına devam ediyordu. Beyaz yolcunun ayakta kaldığını gören otobüs şoförü, siyahlara bağırarak yerlerinden kalkmalarını ve beyaz adama yer vermelerini istedi. Fakat kimsenin bu isteği yerine getirmeye niyeti yoktu. Otobüs gürültülüydü ve belki de şoförün sesini duymamışlardı. Otobüs bir sonraki durağa geldiğinde şoför yerinden kalkarak "Belanızı aramıyorsanız kalkın yerinizden" diye bağırdı. Üç siyah yolcu koltuklarından kalkarak arka tarafa gitti fakat Parks yerinden kımıldamadı. Beyazlara ait bölümde oturmadığını ve üstüne üstlük sadece bir beyazın ayakta olduğunu söyledi. Parks'ın yerinden kalkmaması halinde polise onu tutuklatacağını söyleyen şoför çok geçmeden dediğini yaptı.

O gün hiç kimse farkında olmasa da ABD'de uzun süre etkili olacak "Yurttaşlık Hareketi" başlatılmış oldu. Bu karşı çıkış, hukuksal olarak mahkeme ve yasama organlarında verilen mücadeleden farklıydı, çünkü eylem toplumsal protestoları başlatan kıvılcımdı. Bir sonraki yıl Montgomery'deki siyah nüfus ayaklanacak ve kamu otobüslerini boykot ederek toplu taşımacılıkta ırk ayrımcılığı getiren kanun yürürlükten kaldırılınca eylem sona erecekti. Boykot, otobüs hattını finansal olarak çökertecek, on binlerce protestocuyu yollara dökecek, toplumu Martin Luther King gibi bir liderle tanıştıracaktı. Parks, bir anda kahramana dönüşecek, Başkanlık Özgürlük Madalyası alacak ve sadece tek bir itaatsizlik eyleminin toplumu nasıl değiştirebileceğinin somut bir kişisi olacaktı.

Toplumsal Hareketler Nasıl Başlar?
Bazı girişimlerin hiçbir etkisi olmazken bazılarının da dünyayı değiştiren toplumsal harekete dönüşmesinin sebebi nedir?

Uzmanlara göre toplumsal bir hareket, sosyal arkadaşlık alışkanlıkları ve yakın tanıdıklar arasındaki güçlü bağlar sayesinde başlar. Parks'ın tutuklanması da bir dizi arkadaşlık ilişkisini tetikledi. Arkadaşları onun Montgomery'deki onlarca sosyal ağa üyeliği sayesinde toplu bir tepkiyi organize ettiler. Parks, bu ağlar içinde tanınan, sevilen ve sayılan bir kişiydi. Parks'ın, Montgomery'nin her yerinden, birbiriyle teması olmayan gruplarla güçlü bağları vardı. Bu bağları içinde yer alan işçilerle de, profesörlerle de arkadaştı.

Eylemcileri, belli bir protestoya katılmaya çok da istekli olmayan insanları bile mecbur bırakmaya yönelik en önemli araçlardan biri "mahalle baskısı"dır. Bu baskı da çoğunlukla zayıf bağlar aracılıyla hayata geçer. Mahalle baskısı toplumsal bir harekete güç vermeye yetmez ama arkadaşlığın güçlü bağlarıyla mahalle baskısının zayıf bağları birleşince ortaya muazzam bir devinim kuvveti çıkar.

Dünyayı Değiştiren Akımlar İşbirliğiyle Doğdu

Dünyayı değiştiren çoğu akım, farklı alanlarda deneyim sahibi olan insanların işbirliğiyle gerçekleşti ve gerçekleşmeye devam ediyor. İnovasyon, yenilikler ve yaratıcı düşünce işte bu işbirliklerinin başarısına bağlı. Yaratıcı fikirlerin ortaya çıkması için bu fikirlerin yeşereceği ortamlar gerekir. Alanların, disiplinlerin ya da kültürlerin kesişim noktasına adım atmayı başarırsanız olağanüstü yeni fikirler bulabilirsiniz.

Yazar Frans Johansson, bu olguya "Medici Etkisi" adını veriyor. Medici Etkisi adını, on beşinci yüzyıl İtalya'sında yaşanan yaratıcılık patlamasından alıyor. Mediciler, Floransa'da her alandan yaratıcılara mali destek sağlayan bir ailenin adı. Bu ve benzeri birkaç aile sayesinde pek çok heykeltıraş, bilim adamı, şair, filozof ve ressam Floransa şehrinde bir araya geldi. Burada birbirlerinden bir şeyler öğrenip disiplinler ve kültürler arasındaki engelleri yıktılar. Bu kitap ne Medici Ailesi ne Rönesans hakkında. Medici Etkisi Yaratmak, Rönesans'ı ortaya çıkaran şeyin ne olduğu hakkında.

Wikipedia'dan ödünç aldığımız bilgilere göre, Medici ailesi 13. ve 17. yüzyıllar arasında Floransa'da (İtalya) yaşamış güçlü ve etkin bir aile. Aile üç papa (X. Leo, VII. Clement, XI. Leo), çok sayıda Floransa hükümdarı ve daha sonra Fransa kraliyet mensupları yetiştirmiş, ayrıca İtalyan Rönesansı'nı etkilemiş.

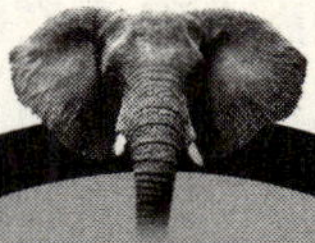

Medici Etkisi

"Medici Etkisi" adını, on beşinci yüzyıl İtalya'sında yaşanan yaratıcılık patlamasından aldı. Bugün bir şirketin farklı disiplin ve kültürlere mensup insanları bir araya getirerek onların değer üretmesine imkân sağlamasına "Medici Etkisi Yaratmak" deniliyor. Günümüzün yenilikçi şirketleri ya da insanları inovasyonlarını açık kaynaklardan beslenerek gerçekleştiriyor. Farklı insanları işin içine katarak çok daha geniş, çeşitliliği olan kaynaklara ulaşıyorlar.

Önceleri tüccarlık yaparak işe başlayan, sonra işlerini büyüterek Floransa'nın ve Avrupa'nın en önemli bankacıları arasına giren Medici ailesi, önce Floransa'da, sonra da İtalya ve Avrupa'da politik güce kavuştular. Charles Darwin, Michelangelo, Leonardo Da Vinci, Raphael gibi Rönesans'ın ustalarına mali destek vererek Rönesans'a ön ayak olan Mediciler'in sofralarında ağırladıkları düşünürler, mimarlar, heykeltıraşlar, ressamlar ve müzisyenlerin ürettikleri eserler ve fikirler insanlık tarihinin gurur tablosunu oluşturdu.

Mediciler'in yaptığı en önemli şey, farklı disiplinlere mensup insanları bir araya getirerek, onların özgürce tartışmalarını sağlamak ve herkesin birbirinden yeni şeyler öğrendiği bir ortam oluşturmaktı. Mediciler sanatı ve bilimi destekleyen cömert tavırlarıyla kendi etraflarında çok değerli bir ekosistem yaratmışlardı. Bu ekosistem Rönesans'ı tetikleyerek dünyayı değiştirdi.

Mediciler, sundukları imkânlar sayesinde Rönesans ortamın oluşmasına neden oldu.

Frans Johansson, *Yaratıcılık ve İnovasyon: Medici Etkisi Yaratmak* isimli kitabında, farklı disiplin ve kültürlerin aynı potada doğru ısıda eritilmesiyle olağanüstü fikirlere hayat verilebileceğini savunuyor. Biz de hayatlarımızda ve işimizde Medici Etkisi'ni yaratabiliriz. Yapmamız gereken, zihinlerimizdeki görünmez duvarları ve önyargıları yıkmak. Bu da birlikte olduğumuz kişilerle birbirimizden bir şeyler öğrenip disiplinler ve kültürler arasındaki engelleri yıkmakla mümkün.

Güçlü Olan Değil Dayanıklı Olan Hayatta Kalır

(Moral Etkisi, Lotusan Etkisi)

"1941... İtalyan savaş uçakları Saraybosna'ya yaklaşırken sirenler çalardı. Herkes panik halinde sığınaklara kaçar, bense Halide ile buluşmaya koşardım. Issız sokaklarda dolaşır, parklarda otururduk. Şehirde yalnızca ikimiz vardık. Birbirimize, 'Korkma, bize bir şey olmayacak' derdik. Bombardımanlar sıklaşmıştı. Böylece biz de daha sık buluşuyorduk. Sanırım şehirde sirenlerin çalınmasından ikimiz hoşnutluk duyuyorduk. Felaketi haber veren sesler, bizim aşk şarkımızın uvertürüydü."

Aliya İzzetbegoviç

Sürekli bir anlam arayışıdır yaşamak. Hayatımız, seçimlerimizle bir anlam katana dek bir şey ifade etmeyebilir. Hayata dair seçimlerimizle yarattığımız anlamlar ve inandığımız algılar dünyası vardır. Varoluşçuluğun önemli kalemlerinden Albert Camus, insanın varlığını ve amacını açıklamak için Yunan miti Sisifos'u kullanmıştır. Sisifos, tanrıları kandırdığı için çok büyük bir kayayı bir dağın tepesine yuvarlamakla cezalandırılır. Sisifos tepeye her ulaştığında kaya aşağıya doğru yuvarlanır ve bir kez daha en baştan başlamak zorunda kalır. Sisifos, yaptığı şeyi sonsuza kadar yapmakla cezalandırılmıştır. Camus, insan hayatının da Sisifos'un görevi gibi tam anlamıyla anlamsızlık ifade ettiğini söyler. Belli bir amacı yoktur, dolayısıyla saçmadır. Fakat Camus bütün bunlara rağmen umutsuzluğa düşmememiz gerektiğini söyler. Peki intihar etmeyi düşünmeli miyiz? Tabii ki hayır. Sisifos'un kayayı tepeye yuvarlayarak çıkarırken mutlu olduğunu düşünmeliyiz. Bu yuvarlama çabası, yaşamını yaşanmaya değer kılan bir eylemdir. Sonuçta kesinlikle ölüme tercih edilen bir durumdur.

Gel de Camus'a hak verme?

Tam evinizden çıkmak üzeresiniz ve birdenbire yağmur yağmaya başlıyor. Arkadaşınızla da randevunuz var, ne yapmalısınız? Ya yağmurluğunuz alıp çıkacaksınız ya da randevunuzu iptal edeceksiniz. Çok can sıkıcı bir durum. Peki bunun için üzülmeli misiniz? Yoksa filozofça bir tavır -ki "filozofça tavır" değiştiremeyeceğiniz şeyleri kabul etmek anlamına gelir- bunun için yeterli midir?

İnsanlar başlarına gelen olaylar karşısında "filozofça" davrandıklarını söylediklerinde bu sözcüğü Stoacıların kullandığı anlamda kullanırlar. Onların temel düşüncelerine göre, sadece değiştirebileceklerimiz üzerine endişelenmemiz gerekir. Diğer konularda da kaygılanmamıza gerek yoktur. En çok değer verdikleri konu, zihinsel kontroldü. Stoacılar arasında en iyi bilinenlerden biri de Epiktetus'tur. Hayatına köle olarak başlayan ve birçok badire atlatan filozofumuz, açlığı, acıyı öğrendi ve bir ayağını sokan böcek nedeniyle topal kaldı. "Bedenlerimiz birer köle olsa da zihinlerimiz özgür kalabilir" dediğinde de aslında bir anlamda kendi yaşam felsefesini anlatıyordu. Öğretisine göre, insanlar acı ve dertlerle nasıl başa çıkabileceklerini öğrenmeliydiler.

Onun, "Düşüncelerimiz bize bağlıdır" felsefesi Vietnam Savaşı'nda, Kuzey Vietnam üzerinde vurulan ABD'li savaş pilotu James B. Stockdale'ye esin kaynağı olmuştu. Pek çok kez işkenceye maruz kalan, dört yıl boyunca yalnız başına hücrede kalan ABD'li pilot, üniversite yıllarında aldığı bir derste Epiktetus'un öğretisinden hatırladıklarını uygulayarak hayatta kalmıştı. Paraşütle atlayarak düşman bölgesine düştüğünde ve savaş esiri olarak ele geçtiğinde düşmanları ona ne kadar kötü davranmış olsalar da o, duygularının esiri olmadı, değiştiremeyeceği şeylerin onu etkilemesine izin vermedi çünkü hayat her şeye rağmen yaşamaya değer, bütün olumsuzluklarına ve acılarına rağmen.

Kimi insanlar bunun farkında olmayabilir, hayatı anlamsız bulabilir ve yaşamını kendi eliyle sonlandırabilir. Ancak bazı özel şartlarda insanlar çok farklı bir psikoloji içinde olabilirler. Ucuz atlatılan bir facia insanların yenilmez olduklarını düşünmelerine zemin hazırlayabilir.

Hayat Sınırlarda Gelişir

Doğayla ve tarımla uğraşan insanların çok eski zamanlardan beri bildiği, ekoloji ile ilgili bir kavram vardır: "Kenar Etkisi". Buna göre, hayat farklı ortamları birbirinden ayıran "kenarlarda" zenginleşmiş ve çeşitlenmiştir. Bir anlamda çeşitlilikten kuvvet doğar lafının doğadaki karşılık bulmuş halidir.

Hayat dediğimiz şey, genellikle her zaman farklı ortamları birbirinden ayıran "sınırlar" veya "kenarlar" üzerinde gelişir. Bir tohumu toprağa attığınızda, tohum, hava ile toprağı ayıran o ince kenar tabakasında gelişip serpilir ve her iki ortama doğru genişler. Havaya doğru dallarını, yerin içlerine doğru da köklerini uzatır. Böylece hava ve toprak arasındaki o kenar bölgesi ağacın yaşamına beşiklik eder ve onun gelişmesi için en uygun ortamı sağlar. Gelişen ağaç, havadan kendine gerekli gazları ve güneş ışığını, yerden ise besin maddelerini alarak büyüme ve gelişmesine devam eder. Hem yerin derinliklerine, hem de göklere doğru gelişir ve yayılır. Onun için hayatın sınırlarında yaşayanlar gelişmeye her zaman daha açık olurlar.

Çok farklı ülke, toplum ve dinde yer bulan, 5 bin yıldan fazla zamandır insanlar için kutsal sayılan, günlük hayatta ve sanatta yaygın şekilde kullanılan lotus bitkisi, sonsuz yaşamın simgesi ve tanrısal bir bitki olarak kabul edilir. Saflığın sembolü olan lotus bitkisi, çamurlu ve kirli ortamlarda yaşamasına rağmen yaprakları tertemizdir çünkü yaprakları hem hidrofobik (su itici) hem de mumsu özelliğe sahiptir. Bitki, üzerine en ufak toz parçası geldiğinde hemen yapraklarını sallar ve tozu belli bölgeye doğru iter. Yağmur yağmaya başladığında da yağmur damlalarını aktif bir biçimde kullanarak yaprak temizlenir. Buna, "Lotusan Effect" deniyor ve lotus bitkisinin bu özelliği mimari alanda birçok projeye örnek oldu. Binaların dış kaplaması nanoteknolojik olarak lotus bitkisinin yapraklarına benzetiliyor. Böylece yağmur yağdığında bina yüzeyi daha iyi temizleniyor. Daha iyi bir temizlenme sağlanması için benzer özelliklere sahip boyalar üretilmiş. Lotus Etkisi bununla da sınırlı kalmadı, yaprağın nano yapısının bilinmesiyle birlikte bina kaplamaları, uçaklar, arabalar ve tekstil gibi birçok alanda kullanılmaya başlandı.

Lotusan Etkisi

İnsanlar, üzerlerindeki etkiden, kirden ve fazlalık ne varsa ondan, belki lotus çiçeği gibi "kendi kendilerini temizleyebilir" ve kurtarabilirler.

Ne demek mi istiyorum? Yani insanlar da üzerlerindeki etkiden, kirden ve fazlalık ne varsa ondan belki lotus çiçeği "kendi kendini temizleyebilir" ve kurtarabilirler. İnsanların uzun dönemde ayakta kalabilmeleri güçlü olmalarına değil ne kadar dayanıklı olduklarına bağlıdır. İnsanın güçlü olmasıyla dayanıklı olması ayrı ayrı şeylerdir. Dayanıklılık, insanın gücü yettiği ölçüde mücadele etmek ve sonuç alana kadar bundan vazgeçmemektir. Psikolojide dayanıklılık, "yaşanan zorluklar karşısında gösterilen pozitif bir adaptasyon süreci" olarak tanımlanır. Zorluklar karşısında mücadeleyi bırakıp kendini koyveren ve kaybeden birçok insan vardır. Bazı insanları da zorluklar daha da çok biler, mücadele gücünü artırır. II. Dünya Savaşı'nda Nazilerin kamplarından kurtulan insanların en önemli ortak özellikleri, güçlü ve kuvvetli olmalarından çok daha dayanıklı ve mücadele becerileri yüksek kişiler olmalarıdır.

II. Dünya Savaşı döneminde Britanya Hükümeti endişeliydi. Askerler, Almanların Londra'ya bir hava saldırısı gerçekleştirmesi halinde saldırıyı püskürtemeyeceklerini düşünüyorlardı. Hava saldırısında Londra tam anlamıyla savunmasız kalacak, 3-4 milyon insan şehir dışına kaçacaktı. Bombardımanda 600 bin kişinin ölebilir, 1 milyonun üzerinde kişi yaralanabilirdi. Dolayısıyla insanlar işe gidemeyecek, hayat durma noktasına gelecekti. Londra'ya yönelik beklenen saldırı 1940'ın sonbaharında gerçekleşti. Yaklaşık iki ay süren saldırıda 40 bin insan öldü, 46 bin kişi yaralandı, 1 milyon bina hasar gördü. Saldırının ardından Britanya Hükümeti'nin Londralıların vereceği tepkiler konusundaki bütün beklentileri boşa çıktı. Halk panik yaşamadı. Bombardıman karşısında halkın sergilediği tavır sadece cesaret değil, aynı zamanda umursamazlıktı.

Güçlü Olan mı Dayanıklı Olan mı...

II. Dünya Savaşı döneminde Londra bombardıman karşısında halkın sergilediği tavır sadece cesaret değil, aynı zamanda da umursamazlıktı. Zorluklar karşısında mücadeleyi bırakıp kendini koyveren ve kaybeden birçok insan vardır. Bazı insanları da zorluklar daha da çok biler, mücadele gücünü artırır.

Cümlenin gidişatından sizin de anladığınız üzere, bu nasıl oluyordu? 1940'ın Ekim ayında Londra'nın güneydoğusuna bir dizi saldırıdan sonra giden bir İngiliz psikiyatrın savaştan sonra yazdıkları çarpıcıdır:

"Her 100 metrede bir ya bir bomba krateri ya da bir evin veya dükkânın enkazı görülüyor. İkaz sireni çaldı ve ne olacak diye etrafıma baktım. Bir rahibe, yanındaki bir çocuğun elini tuttu ve aceleyle yürüdü. Sanki uyarıyı sadece ben ve o duymuştuk. Küçük çocuklar kaldırımda oynamaya, alışveriş yapanlar pazarlıklarına devam ettiler, bir polis heybetli bir sıkıntıyla trafiği yönlendirdi ve bisikletliler ölüme ve trafik kurallarına kafa tuttu. Görebildiğim kadarıyla kimse göğe bakmadı." [58]

Bu durum gerçekten de inanılmazdır çünkü hava bombardımanı savaşın ta kendisidir. Buna rağmen acaba Londralılar hava bombardımanına "kafa tutma" gücünü nereden alıyordu? Onların bu tepkisi İngilizler için söylenen sakin ve metanetli

58 Gladwell, 2014, s.123

olma halleriyle açıklanabilir miydi? Çok geçmeden onların bu şekilde davranmalarının nedeni ortaya çıktı. Bu şekilde davrananlar sadece İngilizler değildi. Başka ülkelerdeki sivillerin de bir bombardıman karşısında beklenmedik bir şekilde dayanıklı olduğu anlaşıldı. Bu durum tespiti, savaş sonunda Kanadalı Psikiyatr J.T. MacCurdy'nin *The Structure of Morale* (Moralin Yapısı) isimli kitabıyla ortaya konuldu.

MacCurdy, bir bomba düştüğünde bundan etkilenen grubu üçe ayırıyordu. İlki ölenlerdi ve tabii ki onlar için yapılacak bir şey yoktu. Topluluğunun morali, ayakta kalanların tepkisine bağlıdır. İkinci grup, "kıl payı kurtulanlar"dı:

"Patlamayı hissederler, yıkımı görürler, kıyım karşısında dehşete düşerler, belki de yaralanırlar; ama hayatta kalırlar ve çok etkilenirler. Burada 'etkilenmek' demek, bombalamayla ilişkili korku tepkisinin güçlü bir şekilde pekiştirilmesi demektir. Bu, tanık olunan dehşet karşısında sersemleme halinden gerçek bir şuursuzluğa, ürkekliğe ve endişeye kadar her şeyi kapsayan gerçek bir kavram olan 'şok'la açıklanabilir." [59]

MacCurdy'ye göre üçüncü grup ucuz atlatanlardır. Ki zaten bizim de konumuz onlarla ilgili. Onlar siren ve bombardıman uçaklarının seslerini duymuş, patlayan bombalara tanık olmuş insanlardı. Fakat gelin görün ki, bombalar onların hemen yanı başlarındaki yan mahalleyi ya da bir sokak ötesini vurmuştu. Onlar "kıl payı kurtulanlardan" daha farkı bir psikoloji içindeydi. Evet kurtulmuşlardı, bu durum ikinci ve üçüncü kez olduğunda saldırıyla ilişkili duygu, MacCurdy'nin ifadesiyle kıl payı kurtulmak insanları travmatize edebilir ancak ucuz atlatmak yenilmez olduğunuzu düşünmenize neden olabilir. Hava bombardımanına maruz kalmış birçok Londralının günlüklerinde bu olgunun sayısız örneği vardır.[60]

"Kıl payı kurtulanlar" ile "ucuz atlatanlar" arasında da şöyle

59 (Gladwell, s. 124)
60 (Gladwell, aynı yer)

bir ilişki var. Yaşanan aynı olay bir grubu derinden etkilerken bir diğer grubu ise daha iyi bir konuma getirebiliyor.

Sınırlarını Beyin Değil Kalp Belirler!

"Herkes kendi zihnindeki sınırlar içinde yer alır."
Arthur Schopenhauer

Hepimiz her gün mali, fiziksel ve zihinsel sınırlarla karşılaşırız. Bunların bir kısmı tartışılmaz bir şekilde gerçektir fakat bir kısmı da yapaydır. İnsanların hayal güçlerini standart olarak kabul eden bir anlayışla hazırlanan, yine insanların yaratıcılıklarını ve hırslarını dikkate almadan yürürlüğe konan böylesine sınırlamalar gerçekçi değildir.

Yapay sınırların engelleyici bir yönü ve bunu anlatmanın da basit bir yolu vardır. Diyelim ki uzun bir süredir egzersiz yapmıyorsunuz ve tekrar forma girmek istiyorsunuz. İlk başta 10 tane yapayım dersiniz ve bir çırpıda yapar bitirirsiniz. Ha bu arada dikkat edin, kaçıncı mekikte yorulmaya başladınız? 7 ya da 8'inci mekikte mi? Tamam, bu sefer 20 mekik çekmeye karar verin. Yine 7 ya da 8. mekikte mi yorulursunuz yoksa 10'ncu mekiği rahatlıkla geçtikten sonra mı yorulmaya başlarsınız. Bu durumu nasıl açıklamak gerekir?

Bir millik mesafeyi dört dakikadan kısa sürede koşan ilk insan olarak bilinen ünlü Nörolog Roger Bannister'ın insanı çerçeveleyen sınırlarla ilgili çok çarpıcı tespiti vardır. "Kritik organ kalp veya akciğerler değil, beyindir" der.

"Saatleri 1 Saat Değil 25 Yıl Geri Alsak

Belli ki Harvard Üniversitesi'nde Psikoloji Profesörü olan Ellen Langer isimli bir araştırmacı da onun gibi düşünüyor. Konunun başlangıç noktası gün ışığından daha fazla faydalanmak. Enerji tasarrufu yapmak için saatleri 1 saat geriye ya da ileriye alıyoruz. Burada bir tartışma yok. Langer diyor ki, "Peki ya saatleri 20 veya 25 yıl geri alabilsek ne olur?". Uzun yıllar bu konuyu araştıran Langer, "Eğer saatleri psikolojik olarak geriye alabilirsek onu aynı zamanda fiziksel olarak da geriye almış olur muyuz?" sorusuna kafa yormuş.

Sınırlarımızı Ne Belirler?
Bizi sınırlayan fiziksel durumumuz değil, daha çok fiziksel sınırlarımızla ilgili akıl setimizdir.

Konuyu "Saat Yönünün Tersine" adlı kitabında işleyen Langer, şunları söylüyor: "Zihnimizi imkânsızlıkları kabullenmek yerine olası olanlara açarak hangi yaşta olursak olalım daha sağlıklı olabiliriz."

Langer ve öğrencileri, 1979 yılında saatleri psikolojik olarak geriye almanın insanların fiziksel durumları üzerinde ne tür etkiler yaptığını araştırdılar. Yaklaşık 80 yaşındaki denek erkeklerle yapılan mülakatlarda, insanlar eskiden beri uğraştıkları faaliyetlerini sayıp dökmüşler, artık yemeklerin lezzetli gelmediğini, faaliyetlerinden ve hayattan zevk alamadıklarını söylemişlerdi. Eski bir manastırda 1959 yılının dünyasını yeniden yarattılar. Bu ortama 1959 yılına ya da önceki yıllara ait mobilyalar, gazeteler, dergiler, kitaplar, TV'ler dahil edildi. Bir hafta boyunca denekler, 1959'un bir haftasını yaşayacaklar ve "geçen yıl" ve ABD'nin ilk uydusu gibi güncel olaylarını konuşacaklardı. 1959'un sonrası hakkında konuşmak yasaktı. Denekler bütün sohbetlerinde 1959 yılı içinde kalmak şartıyla birbirlerine yardım edeceklerdi.

Bir hafta süren bu etkinlik sonunda denekler tekrar sağlık testlerine tabi tutuldu. Alınan sonuçlar çarpıcıydı. İşitme artışı ve hafızanın iyileşmesi; kavrayış gücünde dikkate değer artış; zekâ testlerinde yüzde 63 puan artış; boy, kilo, yürüyüş ve genel görünüşte düzelme olmuştu. Langer ve ekibi şu sonuca varmıştı: "Bizi sınırlayan bizim fiziksel durumumuz değil, daha çok fiziksel sınırlarımızla ilgili akıl setimizdir" [61]

Langer'ın araştırmasına katılan denekler bu deneye belirli bir tutum ve akıl setiyle gelmişlerdi. Kendilerinin yaşlı ve kapasitelerinin tükenmiş olduklarını düşünüyorlardı. Bu araştırmadaki fiziksel ve sosyal ortam sayesinde onların kendileri ve birbirleri hakkındaki düşünme sistematikleri değişmişti. Eğer, pozitif düşünüp şimdinin, bugünün ve yarının pozitif olasılıklarla dolu olduğuna inanırsak bu yaptığımız her işe ve ilişkiye etkisi olacaktır. Bu deney, doğru tutumun davranışlar üzerinde olağanüstü etkisi olabileceğini düşüncesini doğrular niteliktedir.

İnsanlar, hayatın kötü etkilerinden kurtularak ve iradi olarak kontrolü ele alarak bireysel olarak kendi gibi olma şansını yakalar. Acaba zihnimiz, isteklerimiz ve eylemlerimiz üzerindeki kontrolü ele geçirirsek, insanlığın geleceğini daha olumlu bir seviyeye yükseltmemiz mümkün olabilir.

61 David Bork, "Saatleri Geri Almak" *Capital*, Eylül, 2014

Gerektiğinde Vazgeçmelisin

(Concorde Yanılgısı)

Neden birileri kendisine bir hedef koyup ulaşmak için çaba sarf ederken ve de hayallerine ulaşırken bir diğeri yarışa bile başlamaz, risk almaz, sıradan bir hayatı kendisine uygun görür? Bu iki insan arasındaki fark nedir? Zekâ düzeyi mi? Maddi koşullar mı? Eğitim imkânsızlıkları, aile sıkıntıları, politik bağ yanlışlıkları mı? Yoksa bir insanı hayallerine ulaşabileceği yolda hedefe iten de, daha emeklerken çelmeleyen de sadece kendine olan özgüveni ve kişiliği midir?

Belki de sadece şans ve kısmettir!

Ne konuda olursa olsun bugün hayallerine koşan, ulaşan, ulaşamasa bile o yoldaki çabalarıyla kendiyle gurur duyulan her bireyin beyni, ya bir öğretmeni, ya takip ettiği bir rol modeli tarafından ya da medyada lanse edilen başarılı bir isim tarafından "uyandırılmış" kişilerdir. Gerisi, bahaneler saymak yerine bu yolda birilerinin başarıyı hediye paketi içerisinde kendisine sunmayacağının bilinciyle ve kendine güvenle, sabırla, dimdik, azimli bir insan olarak yürümesinden ibaret.

DNA onarımı mekanizmaları konusunda yaptığı çalışmalarla Nobel Kimya Ödülü alan Prof. Dr. Aziz Sancar, "Çoğu insan zekâya inanır, ben inanmıyorum, bizi birbirimizden ayıran emektir, ben çalışmaya inanıyorum," der.

Zekâ mı, Çalışmak mı Bizi Başarıya Götürür? Nobelli Türk bilim insanı Prof. Dr. Aziz Sancar'ın *"Çoğu insan zekâya inanır, ben inanmıyorum, bizi birbirimizden ayıran emektir, ben çalışmaya inanıyorum,"* sözleri çalışmanın önemini bir kez daha gösterir bize.

"Concorde Yanılgısı"na Düşmek

İlk söylendiği günden bu yana onca yıl geçmiş olmasına rağmen, aşağıdaki sözler kulaklarımızda çınlamaya devam eder:

"İster büyük, ister küçük, ister önemli, ister önemsiz olsun, hiçbir şey için asla pes etme, asla vazgeçme, asla asla!"

Bu sözlerin sahibi, yıllar sonra mezun olduğu okula konuşmaya giden İngiltere Başbakanı Winston Churchill'dir. Churchill'in, Harrow Yatılı Okulu'nda gençlere yönelik yaptığı bu konuşma, tavsiye niteliğindeki alışılagelmiş konuşmalardan biri değildi. Tarihler, II. Dünya Savaşı'nın en gergin günlerinin yaşandığı 29 Ekim 1941'i gösteriyordu. İngiltere'nin en büyük rakibi olan Hitler Avrupa'yı işgal etmiş, ABD savaşa henüz girmemişti. Almanlar İngiltere'yi bombalıyor, binlerce sivil insan ölüyor ve İngiltere'nin işgal edileceği konuşuluyordu. Dolayısıyla bu şartlar altında İngiltere'nin Almanya'ya karşı daha ne kadar ayakta kalıp kalamayacağı bilinmiyordu. İngiltere Başbakanı Churchill, işte o günkü şartlar altında "asla, asla sakın pes etmeyin" sözleriyle sadece onu dinleyen gençler üzerinde değil, sonraki yıllarda da milyonlarca insan üzerinde önemli bir etki bırakmasını bildi.

Nereye Kadar Pes Etmeyeceğiz?

İngiltere Başbakanı Winston Churchill, II. Dünya Savaşı'nın en gergin günlerinin yaşandığı bir dönemde, *"Asla, asla sakın pes etmeyin"* sözleriyle sadece onu dinleyen gençler üzerinde değil, sonraki yıllarda da milyonlarca insan üzerinde önemli bir etki bırakmasını bildi. Peki ne zaman vazgeçmeliyiz?

Kendi başarı hikâyelerini yazan liderlerin, sanatçıların, mucitlerin, yazarların, yenilikçi fikirleriyle hayatlarımızda yeni yollar açan, çözümler geliştiren insanların tek ortak noktası, inatçı ve asi oluşlarıdır. Hangi tarihsel dönüşüm anına, hangi keşfe ya da markaya neresinden bakarsanız bakın, bütün bu olguların başında hep itiraz vardır. Bugün mesleklerinin zirvesinde gördüğümüz insanların büyük bir kısmı "her başarının bir bedeli vardır" ilkesinden hareketle bu bedelleri fazlasıyla ödediler. Birçok engelle karşılaştılar, aşağılandılar ya da fikirleri değersiz görüldü. Fakat bu reddedilmişliklerine rağmen arkalarına bakmadan yollarına devam ettiler.

Rivayet odur ki, ünlü ressam Van Gogh hayatı boyunca sadece bir tabloyu, onu da bir arkadaşına çok ucuza satabilmiştir. Yaşadığı süre boyunca para kazanamasa da, o, ressamlıkta ısrarcıydı. Yeri geldi, bilinen 800 tablosunu bitirebilmek için aç kaldığı günler oldu. Bugün gelinen aşamada, her başarılı sanatçının değerinin ölümünün ardından anlaşıldığı üzere onun tabloları da milyonlarca dolar ediyor.

Yayınevleri ve editörler, daha sonra birer ünlü edebiyatçı olan Paul Auster, Ernest Hewingway, Umberto Eco, J.K. Rowling ve Virginia Woof'un kitaplarını defalarca reddetti. Amerikalı yazar Alex Haley, milyonlar satan ve televizyon dizisi haline de getirilen kitabı *Kökler*'i bastırabilmek için, 4 yıl boyunca elinde müsvedde, kapı kapı yayınevlerini gezdi. Tanınmış Amerikalı yazar Jack London her zaman bu kadar başarılı değildi. *Beyaz Diş* ve *Vahşetin Çağrısı* gibi kitaplar, yayınlayacak olan London'ın ilk hikâyesi kabul edilmeden önce tam 600 ret aldı.

Ünlü eseri *Martı* ile 18 yayınevi tarafından reddedilen Richard Bach ilk filminin ardından, asla bir film yıldızı ışığına sahip olmadığı söylenen Harrison Ford birçok model ajansı tarafından, şansını sekreterlikte araması öğütlenen Marilyn Monroe bir müzik hocası tarafından reddedilmişti; Beethoven için ise, "Bir besteci olarak kesinlikle umutsuz" şeklinde yorum yapılmıştı. Tüm zamanların en çok satan şarkıcılarından biri olan Elvis, Grand Ole Opry'nin menajeri Jimmy Denny tarafından tek bir performanstan sonra "Senden bir şey olmaz evlat. En iyisi kamyon şoförlüğüne geri dön" diyerek reddedilmişti. Bugün adı dev bütçeli yapımlarla anılan Spielberg,

Güney Kaliforniya Üniversitesi Tiyatro, Sinema ve Televizyon Okulu tarafından üç kez reddedildi. Sonunda başka bir okula devam eden Spielberg, yönetmen olmak için burayı da bıraktı. Okula başlamasından 35 yıl sonra, 2002'de okula döndü ve diplomasını aldı.

Egemenler ve mevcut düzenden yana olanlar, Galileo'nun dünyanın şekli hakkındaki dine aykırı bulgularını, Wright Kardeşler'in uçağını, Xerox'un ilk kopya makinesini, ilk TV'yi, ilk micro işlemciyi, faks makinesini ve Post-it Not fikrini de reddetmişlerdi.

Soichiro Honda, Toyota Motor'la yaptığı iş görüşmesinde ret cevabı alınca evinde kendi başına scooter üretmeye başladı. Kentucky Fried Chicken'ın kurucusu Colonel Sanders, kendi tavuklarıyla hazırladığı özel tarifi götürdüğü 1009 restoran tarafından reddedildi. Ünlü TV yıldızı Oprah Winfrey, muhabir olduğu dönemde "televizyona uygun olmadığı" gerekçesiyle işten kovuldu. Walt Disney, "Hayalgücü yoksunluğu ve iyi fikirlere sahip olmaması" gerekçesiyle bir editör tarafından işten kovuldu. Bugün müzikleri hâlâ dünyanın dört bir yanında dinleyicilerine ulaşan Beatles Grubu, müziğe ilk başladığı yıllarda bir yapım şirketi tarafından reddedildiler. Şirketten, "grubun tınısını beğenmedikleri ve gitarlı müziklerin modasının geçtiği" yanıtını aldılar.

Çoğunluk kendisine verilen görevi suya sabuna dokunmadan yerine getirme telaşı içindeyken acaba birileri neden rahat duramaz, alışılagelmiş düşünce kalıplarının dışına çıkarak neden yeni fikirler üretir? Neden, onca baskıya rağmen bazıları risk alarak gerekirse "mahalleyi terk etmeyi" göze alır? Çünkü onlar, günün sonunda başarı öyküsünü, her türlü olumsuzluğa rağmen mücadeleden vazgeçmeyen ve sonuna kadar dayanan inatçı kişilerin yazdığını bilirler. "Reddedilenler" hem çok çalışkanlar hem de ısrarcılar. O nedenle siz siz olun, tutkulu bir fikriniz varsa asla vazgeçmeyin.

Concorde Yanılgısı
Bazen de vazgeçmesini bilmek gerekir. "Vaçgeçmezsem mutlaka başarıya ulaşacağım" şeklinde düşünmek ve akıntıya kürek çekmek doğru değildir.
Bu vazgeçememe haline, Biyolog Richard Dawkins'in süpersonik Concorde uçağından esinlenerek verdiği isimle, "Concorde Yanılgısı" denir.

Fakat gelin görün ki, bazen de vazgeçmesini bilmek gerekir. "Vaçgeçmezsem mutlaka başarıya ulaşacağım" şeklinde düşünmek ve akıntıya kürek çekmek doğru değildir. Kimi masraflar vazgeçmenizin önünde engel olabilir. Rasyonel akıl vazgeçmeyi tavsiye edebilir. Bir projeye büyük bir yatırım yaptığınızda vazgeçmenin sakıncalı olduğunu düşünmeye başlarsınız.

Bu vazgeçememe haline, "Batık Maliyet Yanılgısı" ya da Biyolog Richard Dawkins'in süpersonik Concorde uçağından esinlenerek verdiği isimle "Concorde Yanılgısı" deniyor. Concorde uçaklarının sahibi İngiliz ve Fransız hükümetleri, bu uçakların ekonomik açıdan ayakta kalamayacağından şüphe duyuyorlardı. Fakat projeye son veremeyecek kadar da çok para harcamışlardı. Yani, bu duruma "zararlı işi kurtarmaya çalışırken daha fazla para kaybetmek" denirdi.

Dünyayı Değiştirebileceksen, Kelebek Gibi Neden Uçmayasın?

(Kelebek Etkisi, Fibonacci Dizisi)

Her şeyin birbirine değdiği, birbiriyle bağlantılı, ilişkili olduğu ve her an birbirini değiştirdiği "yeni nesil bir dönem"de yaşıyoruz. Hiçbir şey tek başına hayatta kalamıyor, hayatımızdaki ve doğadaki her şey birbirine dokunuyor, temas ediyor, birbirini etkiliyor ve harekete geçiriyor. Değişim yaratıyor, değişiyor ve dönüştürüyor.

Doğaya baktığımızda canlıların hayatta kalma şekilleri çeşitlilik arz eder. Doğa, spirallerle doludur. Peki ama neden? Yanıt çok basit. Spiral şekil bazı bitki ve hayvanların hayatta kalmasına yardım eder. İri boynuzlu koç, çiftleşme döneminde kendine eş bulabilmek için mücadele etmek zorundadır. Rakibiyle mücadele ederken bütün gücünü spiral şekilli iri boynuzundan alır. Spiral şekli natilius gibi deniz canlılarında da görülür. Hayvanın yumuşak gövdesini korumak için sert bir kabuğa ihtiyacı vardır. Derisinden salgılanan bir maddeyle sert bir kabuk oluşturur, büyüdükçe kabuğa yeni halkalar eklenir. Böylelikle kabuk bir korunma spiraline dönüşür. Spiral şekilleri ayçiçeğine yakından baktığınızda da görürsünüz. Doğadaki spiraller çoğunlukla özel bir sayı sıralaması izler. Bunun neden böyle olduğunu tam bilinemez ama nasıl bakılması gerektiğini bilirsen bu gizemli şablonu kolaylıkla görebilirsin.

1200'lü yıllarda Fibonacci adlı bir İtalyan matematikçi sayılarla ilgili bir kitap yazdı. Kitapta belirli bir düzende devam eden sayı dizisinden bahsediliyordu. Sayı dizisi şöyle devam ediyordu: 0, 1, 1, 2, 3, 5, 8, 13,..Fibonacci dizisi, her sayının kendinden öncekiyle toplanması sonucu oluşan bir sayı dizisidir. Haklı olarak, bütün bunların konumuzla ne ilgisi var diye soracaksınız. Sayılardaki bu dizinin doğadaki spirallerle bağlantılı olduğu ortaya çıktı. Ayçiçeğinin merkezinden dışarıya doğru sağdan sola ve soldan sağa doğru tohumlar sayıldığında çıkan sayılar Fibonacci dizisini gösterir.

Benzer durum papatyada ve çam kozalağında da böyledir. Kendimizdeki spiralleri bulmak için matematiğe ihtiyaç yok, sadece kendimize ve etrafımıza daha dikkatli bakmamız ve biriktirmemiz gerekiyor. Ha bu arada, Fibonacci sayı dizisindeki sayıların birbirleriyle oranı olan ve altın oran denilen 1,618 sayısı ise doğada, sanatta ve hayatın her alanında görülen ve estetik ile bağdaştırılan bir sayıdır. Antik mimari eserler bu orana uygun ve bazı modern mimari eserler buna uygun tasarlanmakta. Altın orana uygun ölçülerdeki nesnelerin ve canlıların daha estetik olduğu ve güzel göründüğü savunulur.

Sonuçta hepimiz muazzam bir ekosistemin parçasıyız. Bağımsız gibi görünen olaylar pekâlâ birbirini tetikliyor. Edward Norton Lorenz'in "Kelebek Etkisi" ile anlattığı da işte budur: Dünyada her şey birbiriyle ilintilidir ve bir sistemin başlangıç verilerindeki küçük değişiklikler büyük ve öngörülemez sonuçlar doğurabilir. Yani en bilindik şekliyle söylersek, bir kelebeğin kanat çırpması, dünyanın öteki ucunda bir kasırgaya yol açabilir.

Küreselleşmenin günlük hayatlarımıza somut yansımalarını her geçen gün daha fazla hissediyoruz. İnternet ve akıllı telefonlar sayesinde dünyadaki herkes sanki yanı başımızda. Küresel markalar Amerika'dan Japonya'ya kadar hepimize aynı ürünleri sunuyor. Galiba gerçekten "küçük bir köyde" yaşıyoruz.

Sürekli akış içinde olan bu yeni dönem aslında kendi içinde muazzam bir zenginlik potansiyeli de taşıyor. Eğer bu zamanın ruhunu iyi kavrarsak hayatımıza değen herkes için daha büyük bir değer yaratma imkânı bulabiliriz. Eğer daha esnek, yeni sorular sormaya, öğrenmeye ve değişmeye açık olabilirsek sadece kendimiz için değil, şirketlerimiz ve markalarımız için de çok daha iyi fırsatlar yaratabiliriz.

Bugünün dünyasında, artık 20. yüzyılın büyük ideolojilerinin hükmü kalmadı. Neredeyse her şeyin birbirine benzeyip birbirinden etkilenerek "melezleştiği" bir zamanda kendi kimliklerimizi ve siyasetimizi kendimiz yaratmak zorundayız. Farklı kültürlerin bilgi, görgü ve deneyimlerini barındıran "melez kimlikler", "eklektik tarzlar" bu zamanın ruhunu oluşturuyor. Herkes kendi kimliğinin yanı sıra diğerinin duruşundan, varoluşundan da bir parçayı içinde barındırıyor.

Bugün "Kelebek Etkisi" konusunda sanırım hemen hemen herkes hemfikir. Toplumsal yaşama ve doğaya baktığımızda, bu teorinin doğruluğunu kabul edeceğimiz sayısız örnek vardır. Ancak nasıl oluyor da bir kelebeğin narin kanatlarının çok ama çok uzak bir mesafede hortumlara, kasırgalara, sellere neden olabileceği fikrini kabul edip benimserken, küçük dünyalarımızda, günlük hayatımızın akışı içinde bizzat kendi davranışlarımızın, hem de hiç mi hiç uzaklarda olmayan yanı başımızdakilere etkilerini görmezden gelebiliyoruz?

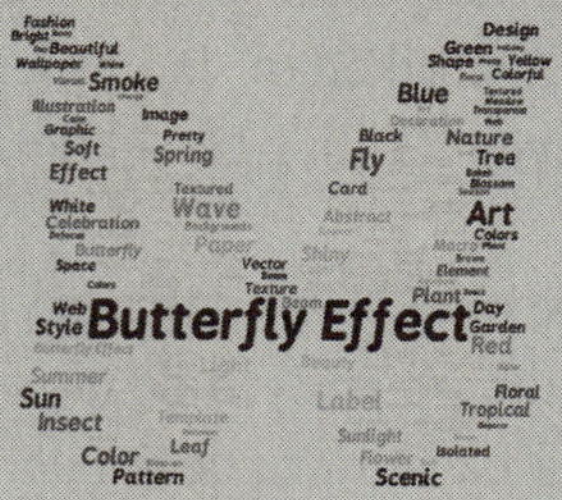

Kelebek Etkisi

"Kelebek Etkisi, 1961'de ünlü matematikçi ve meteorolog Edward Lorenz tarafından geliştirildi. Lorenz, hava tahmininde bulunmak amacıyla bir bilgisayar programı geliştirmeye çalışıyordu. Lorenz, halihazırda etkileri ve sonuçları bilinen bir veriyi, 0.506 değerini girmesi gerekirken, 0,506127 değerini girdi. Bu ufak farklılığın bile beklenen sonuçtan çok farklı bir sonucu doğurduğunu fark etti. İlk başta buna bir anlam veremedi. Daha sonra bunun "Kelebek Etkisi" olduğunu anladı ve terim o zamandan beri popüler olarak bilim dünyasında yerini aldı.

Tabii ki hiçbir kelebeğin kanat çırpışı tek başına bir kasırga ya da hortum meydana getiremez. Ancak bir kelebeğin kanat çırpışının yarattığı etki olmadan ortaya çıkamayacak, yani eşik enerjisine ulaşamayacak bir hortum, kelebeğin kanat çırpışlarının etkisiyle o eşiği aşabilir ve hortum meydana gelebilir.

Kelebek Etkisi, çok sayıda kitaba ve filme konu oldu. Bu filmlerden biri de Ashton Kutcher'in başrolde oynadığı 2004 yılı yapımı aynı adı taşıyan (The Butterfly Effect) filmidir. Filmde çocukluğundan gelen korkunç hatıralarıyla mücadele etmek zorunda kalan genç bir adam zaman içinde geçmişe yolculuk yapabildiğini ve olayları değiştirebildiğini keşfeder. Ne var ki her değişiklik hem kendi hayatını hem de çevresindeki insanların hayatını büyük ölçüde etkilemektedir. Üstelik de çoğu zaman beklenenin tam aksine!

Kelebek etkisi yaratmak için ilk adım dünyanın bizim tarafımızdan da değiştirilebileceğine inanmaktır. Bu inanç olmaksızın yapabileceğimiz hiçbir şey yoktur. Önemli olan, herhangi bir eyleminizin gücü ölçüsünde dünyada bir iz bırakmanızdır. Büyük bir kelebek etkisi yaratmış Gandhi, pasif direniş yöntemi ve inançlı kararlılığı sayesinde vizyonunun yaşama geçmesini sağladı. Gandhi, bu ufak tefek adam Hindistan'ın özgürleşmesini bir seçim yapıp harekete geçerek sağlamıştır. O ne bir politik liderdi ne de asker. Ama kesinlikle vizyoner ve kararlı bir adamdı. Bunun ötesinde dünyayı etkileyebileceğinin farkına varmıştı. Kendi gücünün bittiği yerle sınırlı olmadığını anlamıştı. Kendi gücünün eyleminin bittiği yerde olduğunu anlamıştı.

Hayatının Seçimlerine Hile Karıştırma

(Öğrenilmiş İyimserlik, Dalga Etkisi-Ripple Effect, Çarpan Etkisi)

Diyarbakırlı Yahya Kamçı sosyal bilgiler öğretmeni olduğunu söylese de onu tanıyanlar branşını "barış" olarak açıklıyor. Sıra dışı bir öğretmen olan Kamçı, bölgede 200'e yakın kan davasının barışla sonuçlanmasında rol oynamış. Engellilere tekerlekli sandalye alınabilmesi için 2012 yılında 150 bin su şişesi kapağı, 2014 yılında 2 bin litre atık yağ, 2015 yılında da 250 kilogram atık pil toplamış. 2013-2014 ve 2015 yıllarında Diyarbakır'da sivil toplum kuruluşlarının "yılın öğretmeni" seçtiği Kamçı, görev yaptığı okullarda fark yaratan bir öğretmen. Onu öne çıkaran asıl özelliği ise bambaşka. Kamçı, çevresindekilerin tanımıyla bir "barış" öğretmeni. Yahya Kamçı, asli görevi olan öğretmenlikten kalan tüm zamanını ve enerjisini davalı ailelerin barışmaları için sarf ediyor. Ölene kadar da böyle yapacağını söylüyor.[62]

Şimdi siz bu hikâyeyi okuduğunuzda ne düşünürsünüz. Mutlaka sizin de Diyarbakırlı Yahya Kamçı öğretmen gibi tanıdığınız, isimlerini

62 http://www.aljazeera.com.tr/al-jazeera-ozel/baris-ogretmeni

duyduğunuz insanlar vardır. Onlar da bir anlamda isimsiz kahramanlardır. Onlar sayesinde ülkemiz daha yaşanabilir bir toplum haline gelir.

Evet sevgili okurum, her ne kadar farklı kişilik yapılarına sahip olsak da "etkiler" dediğimiz şey hayatımızı çoğunlukla olumsuz yönde etkiler. Tabii ki bu olumsuz etkilerden insanın kendisini koruyabilmesi mümkündür çünkü irade dediğimiz şey size ziyadesiyle yardımcı olacaktır. O da olmadı, bu sefer size şiddetle konunun uzmanı profesyonel arkadaşlara yönelmenizi tavsiye ederim.

İnsan olmamızın ve daha yaşanabilir bir hayat sürmemizin bir gerekliliği de, kendisine bir misyon edinmiş kişi, kurum ve diğerlerinin yarattıkları olumlu etkilerdir. Bu durumsa demokratik ve barışçıl bir ortamın gelişimine hizmet edecektir. Dolayısıyla bir toplumda olumlu yöndeki etkiler ne kadar çoğalırsa ve artarsa o toplumun gelişimi de fark yaratacaktır.

"Öğrenilmiş çaresizlik" teorisiyle meşhur olan Martin Seligman aynı zamanda "öğrenilmiş iyimserlik" kuramının da yaratıcısıdır. Öğrenilmiş çaresizliğin etkisine girmiş insanlar başarısızlığı kalıcı görürler, ne yaparlarsa yapsınlar sonucu değiştiremeyeceklerini düşünürler ve bu durum da onların dirençlerini kırar.

Öğrenilmiş çaresizliğin tam tersi ise "Öğrenilmiş İyimserlik"tir. Bir işi başarmanın mutlaka bir yolunun olduğuna inanmak, yaşanan başarısızlığı geçici bir durum olarak görmek ve sorunlara çözüm geliştirmek için hamle üzerine hamle yapmak üzerine kurulu bir zihin durumudur. Seligman, Öğrenilmiş İyimserlik kuramıyla, davranışlarımızın en sonunda düşünce ve tutumlarımızı da değiştireceğini, insanları iyimser ve mutlu kılacağını anlatır. Her gün küçük de olsa iyi bir şeyler yapmanın, bir süre sonra hayata bakışımızı ve düşüncelerimizi olumlu yönde değiştirebilme ihtimali vardır.

Biriktirdiklerinle Bir Avuç İyilik Yapmaya Ne Dersin?

Evet, arkadaş, "Bu ülkede ya da dünyada güzel şeyler de olmuyor mu?" dediğinizi duyar gibiyim. Doğru söylüyorsunuz, bu aşamaya kadar hep olumsuz etkilerden bahsettim. Ama aslolan ve kitabın da iddiası hepimizin hayatta olumlu etkiler bırakacağımız üzerinedir. Şu kısacık hayatımızı daha anlamlı kılmak ve yaşadığımız ülke için olumlu etkiler bırakmak elimizde. Düşünün ki, bir ülkede ne kadar çok pozitif etki olursa o ülke o oranda daha yaşanır hale gelir. Hadi biraz örneklere geçelim. Onlar aslında birer "isimsiz kahraman" çünkü onlar herhangi bir maddi ve manevi beklenti içinde olmadan yaptıklarıyla ortak geleceğimiz için hayatlarımızı daha da yaşanır hale getiriyorlar çünkü iyi şeyler yaparak dünyanın değişebileceğine inananlar hâlâ var. Bu kişilerden biri de, bir iş kadını ve hayırsever yazar Shari Arison'dur. *Yararlılığınızı Etkinleştirin* isimli kitabında, kendiniz ve başkaları için iyi şeyler yaparak yaşamınızda ve çevrenizdekilerin yaşamında hızla gerçekleşebilecek olumlu gelişmeler için esinlenmeler sağlayacağımızı savunuyor. Ona göre, insan güzel düşünerek, güzel konuşarak ve güzel işler yaparak önce kendi hayatını sona da ona dokunan dokunmayan kim varsa onların da hayatlarını etkileyecektir. Bu durumda bir somut örnek farz oldu. İyilik, durgun suya atılan bir taş gibidir, etrafında olan herkesi ve her şeyi etkiler.

Örnek bir müzik öğretmeni olan Hüseyin Başkadem'in bireysel çabalarıyla yıllardır Afyonkarahisar'da caz festivali yapılıyor. Mücadelenin içindeyken hakaret, dayak, aşağılama ve sonunda da takdir gördü. Muhammed Yunus, mikro kredi ile tüm dünya yoksullarının hayatların değiştirdi ve onun yarattığı etki dalga dalda yayıldı.

Biz buna "Dalga Etkisi" (Ripple Effect) diyoruz. Başlangıç halinde oluşan bir etkiyle dışa doğru adım adım genişleme durumudur; tıpkı suya bir cisim düştüğünde dalgaların dairesel yayılması gibi. Sosyolojide benzer duruma örnek olarak, topluluklar arası hızla büyüyebilecek hayır aktiviteleri gösterilebilir. Dalga Etkisi'nde, başlangıç durumunu yaratan etkileşimle buna bağlı olmayan diğer etkileşimler peş peşe sonuçlar doğurur.

Nelson Mandela öldükten sonra sosyal mecralarda, basın ve televizyonda ona gösterilen sevgiden etkilenmemek mümkün değildi. Gördüklerim, bir devlet başkanının cenaze merasiminden öte, herkesin sevgilisi olmuş bir insanı uğurlama töreniydi sanki. İnsanlar onu "Madiba" lakabıyla anıyor, sanki çok yakın bir dostlarını kaybetmişler gibi konuşuyorlardı. Mandela'nın hayatı bu çağın en sıra dışı, en etkileyici öykülerinden biri oldu hiç şüphesiz. Güney Afrika başta olmak üzere birçok ülkede ırkçı rejime karşı direniş ve mücadelenin sembolü haline gelmiş bu bilge adamın kendi topraklarında başardıkları, bütün insanlığı etkiledi.

Gandhi'ye herkes "baba" anlamına gelen "Bapu" derdi. Halbuki o, bir çift takunya, bir peştamal ve gözlüklerinden başka hiçbir şeye sahip değildi. Serveti ya da hiddeti değil, misyonunun gücü, bu ufak tefek adamın bir dünya lideri olmasını sağladı. Misyonuna olan inancı, bu sakin ve mütevazı adamı yeryüzünün en zengin insanlardan daha güçlü kıldı. Bütün dünya Gandhi'yi "Mahatma" ismiyle bilir. Mahatma "Yüce Ruh" anlamına gelir. Gandhi haksızlıklarla mücadele etmek için şiddet içermeyen bir direnme yolunu seçmişti, hayatını uzlaşma ve barışa adadı. Bu inançlarıyla Gandhi sadece İngiltere gibi güçlü bir ülkeyle değil, kendi toplumu içindeki binlerce yıllık kemikleşmiş geleneklerle karşı da mücadele verdi. Sadece hısımları değil, dünyanın en güçlü liderleri Gandhi'nin bu misyoner liderlik ruhunun önünde eğildi. Dr. Martin Luther King, "Gandhi, yaşadığı süre içinde, dünya tarihinde başka hiç kimsenin seferber edemediği sayıda insanı harekete geçirebildi. Yalnızca biraz sevgi ve anlayışla, iyi niyetle ve kötü bir yasaya uymayı reddederek, Büyük Britanya imparatorluğunun direncini kırabilmiştir" dedi.

Düşünsenize, fikirleri, keşifleri ve yazdıklarıyla dünyayı etkilemiş, entelektüel dünyamızda bıraktığı etkileriyle insanlığı bugünkü aşamaya getirmiş insanlar olmasaydı acaba hayatımız nasıl olurdu?

Belki de onların yarattığı etkilerin ismi şimdiye kadar konmadı ama onların tartışılmaz bir şekilde toplumların üzerinde etkileri oldu. Onlar farkında olarak ya da olmayarak, bilerek ya da bilmeyerek hayatlarımızı değiştirdiler. Onlardan aldığımız etkiler sayesinde hayatımızı daha anlamlı ve dolu dolu geçirdik. Onlar sadece ilham kaynağı olmadılar, oyunun kurallarını değiştirip kendi dönemlerine damgalarını da vurdular. Zira onlar, hayatlarımızı değiştirme yetkisine sahipler. Bazen yazdıkları bir kitapla, bazen yaptıkları bir direniş yöntemiyle ve bazen attıkları bir golle hayatlarımızı etkilediler. Bize ilham verdiler, hayatlarımıza dokundular, rol modeli oldular, hayallerimizi süslediler ve yeri geldi hayat yolculuğumuzda bize mihmandar oldular.

Bugün medeniyet adına sahip olduğumuz her şey, güzeli ve iyiyi düşleyen insanların verdikleri mücadele sayesinde oldu. Bugüne kadar en etkili insanlar, hayattaki bütün zorluklara rağmen hayallerine sadık kalan insanlar arasından çıktı. Düşlerini her ne pahasına olursa olsun hiç terk etmemiş insanların başkalarını mıknatıs gibi çeken, ilham veren hikâyeleri vardır.

Olumsuz etkilere rağmen olumlu etkiler de insanları ve toplumu daha da ileri götürür. Olumlu sözler ve davranışlar da bulaşıcıdır. Aslolan, toplumların içinde yer alan isimsiz kahramanların, yaptıkları ve yarattıkları etkilerle toplumlarının daha da yaşanır hale gelmesine zemin hazırlamaktır.

Hikâyenizin ya da savunduğunuz düşüncenin özünü hissedebilecek ve yansıtabilecek kitlenizi bulduğunuzda bu yansıtma etkisini çoğaltmak üzere hikâyenizle onları etkilemeniz gerekir. Amacınız, hikâyemizin ona en çok ilgi gösterecek hedef kitle vasıtasıyla çoğalarak yaşamaya devam etmesini sağlamaktır.

Belki en keyifli olanı da günün sonunda, dokunduğunuz hayatların nasıl değiştiğine, çarpan etkisiyle yaratılan müthiş değişime defalarca tanıklık etmektir.

Sözün özü, aslolan Çarpan (çoğaltan) Etkisi yaratmaktır.

Bizden Söylemesi :) Aman Dikkat! Bu Kitap Kişiler Üzerinde Bazı Olumsuz ya da Yan Etkiler Yaratabilir

Yapılan deney ve araştırmalarda, bu kitabın taslağını okuyan yazarın şanslı arkadaşlarının dünyaya bakış açılarının bayağı değiştiği, gereksiz bir miyop bakış açışıyla hayatlarını sorguladıkları görülmüştür. Bu nedenle bu kitabı okuyacak okurlarımızda da aşağıdaki yan etkiler görülebilir. Aman dikkat diyoruz. Lütfen dikkatli olunuz!

Kafayı gereksiz yere ayrıntılara veya küsuratlı rakamlara takmak: Gerçi "10 dakikaya oradayım" yerine "8 dakika 45 saniye sonra oradayım" demenin psikolojik olarak daha etkili olduğunu bilsek de bazen küsuratların farklı amaçlar uğruna da kullanıldığı ortadadır. Hatta tüketicileri etkilemenin en bildik ve en eski ucuz numaralarından biridir. Kimi mağazalar satışlarda ya da indirim etiketlerinde 9.99 TL ya da 99, 99 gibi fiyatlar koyarak mallarını satmak için müşterileri ikna etmeye/etkilemeye çalışırlar. Sonuçta tüketici o ürünü 10 ya da 100 liraya almamış olur. Buna rağmen ille de alışverişinizi nakitle yapacaksınız o bir kuruşu isteyip istememek de size kalmış bir şeydir fakat bakalım kasiyerin size verecek 1 kuruşu var mı?

Seksten uzaklaşmaya başlamak. Pazarlamada klişe haline gelmiş bir söz vardır: "Seks satar." Meğer bu söz de bir şehir efsanesiymiş. ABD'de yapılan bir araştırmaya göre, çıplak bir adamın tıraş olduğu veya yarı çıplak bir kadının protein tozu satmaya çalıştığı cinsellik içeren reklamlar, ürünün satışı üzerinde herhangi olumlu bir etki yapmamış. *Independent*'ın haberine göre, Kaliforniya, Illinois ve Indiana üniversitelerinden araştırmacılar, son 30 yılda yapılan cinsellik içeren 78 reklamı kullanarak binlerce denek üzerinde bir çalışma yapmış. Cinsellik içeren reklamlar, metninde veya görsellerinde tamamen veya kısmen çıplak oyuncuları kullanan, cinsellik veya müstehcenlikle iç içe geçmiş ve cinsel imalara veya mesajlara sahip olanlar olarak kabul edilmiş. Araştırmanın başında olan John Wirtz şunları söylemiş: "İnsanların, seksapele sahip reklamları öyle olmayanlardan daha çok hatırladıklarını fark ettik ancak bu, markanın veya ürünün satışı üzerinde hiçbir etki yapmıyor. Çalışmamıza göre, 'cinsellik satmıyor'. Bunun olumlu etkisi olduğuna dair hiçbir bulgu yok." Wirtz, cinsellik içeren reklamların kadınlar üzerinde ne kadar olumsuz bir etki yarattığını görmenin de kendilerini fazlasıyla şaşırttığını söylemiş.[63]

Şehrin dışına kaçmak istemek! Modern insanlar şehirden uzaklaştıkça aslında şehirde yaptıklarının aynısını yapmalarına rağmen bambaşka bir tat alırlar. Daha tam anlamıyla şehrin dışına henüz çıkmamışsınızdır. Pendik ya da Silivri taraflarındası-

---

63 http://www.diken.com.tr/arastirma-seks-satar-sozu-yalanmis/

nızdır. İşte o sıralar vücudunuzda çok enteresan hisler yaşamaya başlarsınız. Diyelim ki arabanızla Sapanca Gölü taraflarındasınız ve mola verdiniz. Size orada yediğiniz domatesin, yoğurdun, içtiğimiz suyun tadı bambaşka gelir. Her ne kadar oradaki esnaf arkadaş sofranıza koyduğu o ürünleri zincir marketlerden almış olsa da siz yine de acayip bir tat alırsınız. Ben buna "Pendik ya da Silivri Sendromu" diyorum. Kısa bir not: Bu sendroma yakalanan kişiler, tatil bölgelerine gittiklerinde o bölgeden arazi bakar, fiyatları öğrenmeye çalışır, sanki çoluğunu çocuğunu alıp orada yeni bir yaşam kuracakmış gibi. Cafe kurma fikri de cabası!

Çok şüpheci bir kişiliğe bürünmek ve sürekli kendini sorgulamak. Genelde gençken olmadık şeyler yapan ve büyüdükten sonra pişmanlık duyan yetişkinler, biraz da vicdani duyguları da varsa bu hatalarını tamir etmeye ve iyi bir insan olmaya çaba sarf eder. Doğrusu da budur. "Aman Tanrım! Ben ne yapıyorum, nasıl bir şey oldum?" gibi sözler sayıklar fakat bazen de korktuğu şeye dönüşür. Sonunda hayatta en çok yaralanan, zamanla en çok yaralayan kişi olur âdeta. Kendisi nasıl incitilmişse aynı şekilde o da incitir. Şimdiye kadar bu duruma bir isim verilebilmiş değil. Burada anlatılmak istenen, insanların zamanla, bir süre önce eleştirdikleri kişilere benzemesi, onun gibi davranması. İlk akla gelen örnek, Yahudilerin gücü ve iktidarı ele geçirdiklerinde Naziler gibi davranması... Bu etki Stockholm Sendromuna benziyor ancak farklı. Stockholm Sendromu'nda, eleştirdiği ve zulüm gördüğü kişiye benzeme değil bağlanma durumu söz konusudur.

Geceleri uykuya dalamamak ve iyice bir "meraklı Melahat" olmak! Merak genellikle olumlu bir şeydir ve bilimsel ilerlemenin de motorudur. Fakat aynı zamanda da olumsuz bir tarafı vardır. Örneğin meraklı Türkler kaza seyretmeye bayılır, özellikle de karşı şeritteki kazaları. Bu arada karşı şeritteki kazaya bakmaktan trafiğin yavaşlaması olayının bir de ismi var. Buna "Gaper's Block" deniyor. Bu Gapers Block da pandora etkisi nedeniyle oluşuyormuş.[64]

Müziğe ve özellikle klasik müziğe çok büyük anlam yüklemek. Müzik dinlemek insan ruhuna iyi gelir ancak bu işi de abartmamakta fayda var çünkü "çocuğum zeki olsun" diye Mozart dinletmek de faydasız bir uğraşmış. Amerika'da bir grup araştırmacı, bir grup deneğe Mozart, başka bir gruba farklı müzikler dinletiyor. Sonrasında birtakım aritmetik işlemler yapmalarını istiyorlar. Bu çalışmada, Mozart dinleyen grupta o sırada diğerlerine göre olumlu bir değişim bulunuyor, fakat bu bulgu daha sonra tekrar edilemiyor, yaygınlaştırılamıyor, dolayısıyla rastlantısal bir bulgu. Fakat bulgu bilimsel makale olmadan önce, basın bu araştırmayı alıp haber yapıyor. O kadar çok ilgi çekiyor ki, hâlâ birçok kişi kendinden emin bir şekilde Mozart dinlemenin zekâyı geliştirdiği "mit"ini paylaşıyor. Fakat kesinlikle tekrar edilemeyen bir bulgu.

Gereksiz özgüven duygusu yaşamak. İnsan en büyük hatalarını "ben bilirim" dediği zaman yapar. Kanadalı Psikolog Gerald Wilde, *Target Risk* kitabında şöyle bir iddiada bulunur: Belli koşullar altında bir sistemi ya da kuruluşu daha güvenli hale getirmesi beklenen değişiklikler gerçekte bunu yapamıyor çünkü insanlar bir alanda daha yüksek riskler alarak eşitlemek gibi bir temel eğilime sahip görünüyor. Yıllar önce Almanya'da ünlü bir deneyde, Münih'te taksi filosunun bir bölümü özellikle kaygan zeminlerde fren yapmayı geliştiren teknolojik yenilik olarak kilitlenmeyi önleyici (ABS) sistemle donatıldı. İki grup

64 https://www.newscientist.com/article/2099388-the-pandora-effect-why-curiosity-usually-beats-common-sense/?utm_medium=Social&utm_campaign=Echobox&utm_source=Twitter&utm_term=Autofeed&cmpid=SOC%7cNSNS%7c2016-Echobox#link_time=1470079417

üç yıl boyunca dikkatlice takip edildi. Daha iyi frenlere sahip olanların daha güvenli araba kullanmalarını beklersiniz. Oysa bunun tam tersi oldu. Bazı şoförlere ABS vermek onların kaza oranında hiçbir değişiklik yaratmadı, hatta onları açıkça kötü sürücülere dönüştürdü. ABS sistemlerini olası kazaları atlatmak için değil, daha hızlı ve kayıtsız araba kullanmak için kullandılar. Ekonomistlerin deyişiyle, "azalan riski tasarruf etmeyip" tükettiler. Peki, ilaç şişelerinde çocukların açamadığı güvenli kapakların kullanılmaya başlanması neden çocuk zehirlenmelerini önemli ölçüde artırdı? Çünkü yetişkinler, üzerinde zaten uyarı olduğu için ilaç şişelerini çocuklardan uzak tutmak konusunda daha dikkatsiz davrandılar. Bu arada konuyla ilgili şuna da dikkat çekelim. 1960'ların sonlarında İsveç'te trafiğin yolun sol tarafından sağ tarafına geçmesinin kaza salgınına sebep olacağı düşünülüyordu. Tam tersi gerçekleşti. İnsanlar yeni trafik modeli konusundaki yabancılıklarını daha dikkatli araba kullanarak telafi ettiler.

Kaynaklar

- Charles Duhigg, *Alışkanlıkların Gücü,* Boyner Yayınları, 2012
- Daniel Kahneman, *Hızlı ve Yavaş Düşünme,* Varlık Yayınları, 2015
- Dan Arıely, Türk Henkel Yayınları, 2009
- Elliot Aronson, Timothy D. Wilson, Robin M. Akert, *Sosyal Psikoloji,* Kaknüs Yayınları, 2012
- Jheni Osman, *Dünyayı Değiştiren 100 Fikir,* Kolektif Kitap, 2012
- Malcom Gladwell, *Davut ve Golyat,* 2014, Mediacat Kitapları
- Malcom Gladwell, *Outliers,* 2009, Mediacat Kitapları
- Malcom Gladwell, *What The Dog Saw* (*Köpeğin Gördüğü*), 2011, Mediacat Kitapları
- Martin Seymour, Smith, *Yüzyılların 100 Kitabı, Dünden Bugüne İnsanlığın Düşünsel Serüveni,* Boyner Holding Yayınları
- Micho Kaku, *Geleceğin Fiziği,* ODTU Yayıncılık, 2013
- Nigel Warburton, *Felsefenin Kısa Tarihi,* Alfa Yayınları, 2015
- Uğur Batı, *Marka Yönetimi,* Alfa Yayınları, 2015
- Uğur Batı, *Tüketici Davranışları,* Alfa Yayınları, 2015
- Philip Kotler, *David Hessekiel &Nancy R.Lee,* Optimist Kitap, 2012
- Philip Ball, Merak, *Bilim Nasıl Herşeyle İlgilenir Oldu?,* Kolektif Kitap, 2012
- Robert Fulford, *Anlatıcının Gücü,* Kolektif Kitap, 2014
- Roelf Bolt, *Yalancılar ve Sahtekârlar Ansiklopedisi,* Domingo Yayınları, 2015
- Steven D. Levitt-Stephen J. Dubner, *Görünmeyen Ekonomi,* Boyner Yayıncılık, 2015
- Yuval Noah Harari, *Hayvanlardan Tanrılara - Sapiens,* Kolektif Kitap, 2011

WEB SİTELERİ

- http://www.acikbilim.com/
- http://www.bbc.com/turkce
- http://www.dunya.com/
- http://www.temelaksoy.com/
- http://www.uplifers.com
- http://tanrivarmi.blogspot.com.tr
- https://yalansavar.org/